서울역사 중점연구 15

서울의 국채보상운동

서울역사편찬원

발간사

1997년 외환위기에 수많은 시민들은 '금모으기 운동'에 동참하며 전 세계의 이목을 집중시켰었습니다. 비록 당시 모금된 금은 외환부채에 비해 부족하였지만, 국민참여의 소중한 경험과 의지는 경제 위기를 극복하는 든든한 정신적 자산이 되었습니다. 20세기를 마무리하던 당시 많은 사람들은 20세기 초에 있었던 '국채보상운동'을 떠올렸습니다. 일제의 경제 침탈에 대항하여 국민들이 힘을 모았던 국채보상운동의 기록물들은 2017년 유네스코 세계기록유산으로 등재되기도 하였습니다.

서울역사편찬원에서는 그간 대구에서의 활동만 강조되던 국채보상운동이 서울에서도 이루어졌음에 주목하여 《서울의 국채보상운동》을 발간하게 되었습니다. 1907년 1월 대구에서 발의한 국채보상운동은 신문을 통해 순식간에 전국으로 확대되었고, 수도 서울 역시 예외는 아니었습니다. 체계적인 모금활동을 위한 방안은 서울을 중심으로 추진되었고 시민운동으로 진전시킨 단체와 주인공들은 서울을 중심으로 활동하였습니다.

이 책은 총론과 각론에 해당하는 6편의 논문으로 구성되어 있습니다. 각론에서는 서울에서 국채보상운동이 확산되는 전개 양상을 다양한 관점에서 접근하였습니다. 모금 활동을 위해 서울에서 조직된 단체들과 여성 등 다양한 참여인들을 비롯하여, 국민운동으로 성장하는 데 기여한 언론의 역할을 상세하게 살펴보았습니다. 아울러 국채보상운동이 확산됨에 따라 일제가 의연금 조사에 개입하며 이를 탄압하는 과정까지 함께 다루며, 국채보상운동의 역사적 의미를 되짚어 보았습니다.

국채보상운동은 일제에 의해 국권이 침탈되기 전 짧은 기간 많은 국민이 힘을 모아 국난극복에 힘썼던 국민운동이었습니다. 서울뿐만 아니라 전국가적으로 이루어지며 다양한 계층이 참여하였던 만큼, 그 모습을 이 한 권의 책으로 모두 이해하기는 어려울 것입니다. 다만 본 연구서의 발간을 토대로 그 옛날 하나로 결집하여 국난을 극복하였던 국채보상운동을 되새겨 보며, 향후 국채보상운동과 같은 시민이 주인이 되는 활동들에 대한 후속 연구가 이어지기를 기대합니다.

끝으로 이 책이 나오기까지 수고를 아끼지 않은 집필자 선생님들과 서울역사편찬원의 연구원들, 그리고 심사자와 토론자 등 여러분의 도움에 깊이 감사드립니다. 앞으로도 새로운 서울 역사 발굴을 위해 서울역사편찬원이 더욱 노력할 것을 약속드리며 많은 연구자와 시민 여러분의 관심을 부탁드립니다.

2023. 5.

서울역사편찬원장 이상배

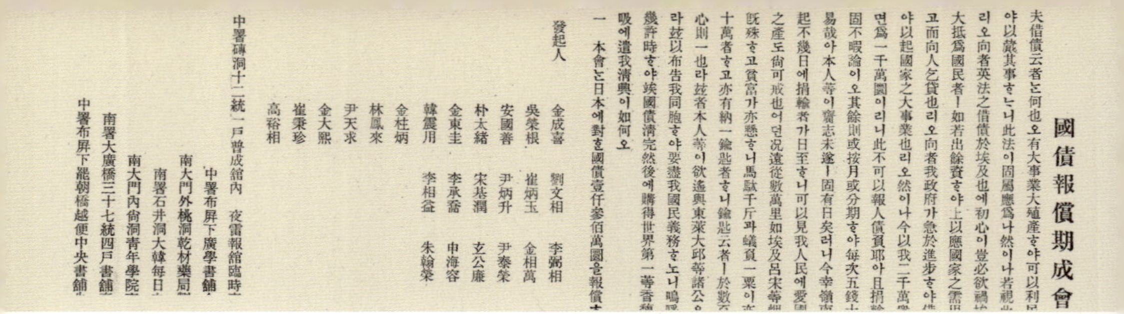

國債報償期成會

夫借債云者는何也오有大事業大殖産ᄒᆞ야可以利
야以蕆其事ᄒᆞᄂᆞ니此法이固屬應爲나然이나若視
리오向者英法之借債於埃及也에初心이豈必欲禍
大抵爲國民者ㅣ如若出餘資ᄒᆞ야上以應國家之需
고而向人乞貸也리오向者我政府가急於進步ᄒᆞ야
야以起國家之大事業也리오然이나今以我二千萬
면爲一千萬圜이리니此不可以報人債貧耶아且捐
固不暇論이오其餘則或按月或分期ᄒᆞ야每次五錢
易哉아本人等이齎志未遂ㅣ固有日矣러니今幸嶺
起不幾日에捐輸者가日至ᄒᆞ니可以見我人民에愛
之産도尙可戒也어던況遠從數萬里如埃及呂宋等
旣殊ᄒᆞ고貧富가亦懸ᄒᆞ니馬馱千斤과蟻負一粟이
十萬者ᄒᆞ고亦有納一鑰匙者ᄒᆞ니鑰匙云者ㅣ於數
心則一也라玆者本人等이欲遙與東萊大邱等諸公
라玆以布告我同胞ᄒᆞ야要盡我國民義務ᄒᆞ노니嗚
幾許時ᄒᆞ야竢國債淸完然後에購得世界第一等香
吸에遺我淸輿이如何오

一 本會는日本에對ᄒᆞᆫ國債壹仟參佰萬圜을報償

發起人

金成喜 劉文相 李弼相
吳榮根 崔炳玉 金相萬
安國善 尹炳升 尹泰榮
朴太緒 宋基潤 玄公廉
金東圭 李承喬 申海容
韓震用 李相益 朱翰榮
金桂炳
林鳳來
尹天求
金大熙
崔秉珍
高裕相

中署磚洞十二統一戸曾成舘內 夜雷報舘臨時
中署布屛下廣學書舖
南大門外桃洞乾材藥局
南署石井洞大韓每日
南大門內倉洞靑年學院
南署大廣橋三十七統四戸書舖
中署布屛下罷朝橋越便中央書舖

차 례

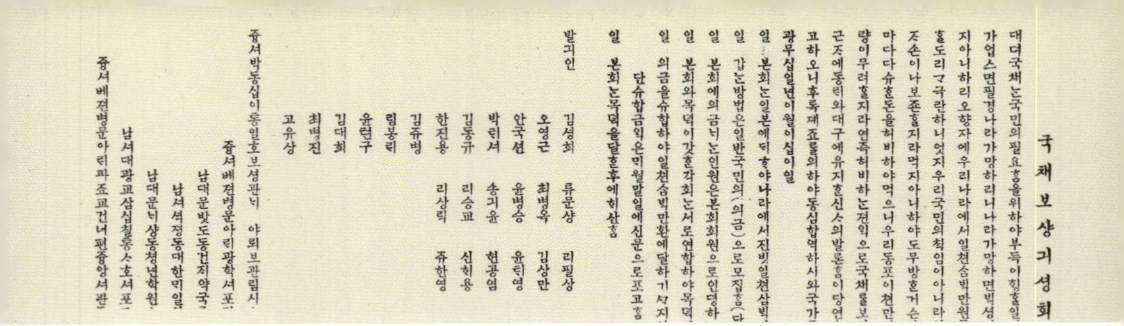

제4장 국채보상운동 전개 과정에서 언론의 역할과 서울지역 의연 사례 보도 양상 _ 박상준

제5장 일제의 탄압과 의연금 행방 _ 이승윤

제6장 서울지역 국채보상운동의 역사적 성격 _ 김형목

총 론

서울에서 국채보상운동의 전개 양상과 의의

김형목 국채보상운동기념사업회 이사

1997년 외환위기는 한국인들에게 쓰나미와 같은 커다란 충격파로 다가왔다. '한강의 기적'으로 상징되는 경제적인 번영을 구가하던 기업들은 줄줄이 도산하는 가운데 많은 기업인들은 고귀한 생명까지 포기하는 참담한 현실에 내몰렸다. 미증유 사태에도 이를 타개하려는 대안조차 제대로 제시하지 못한 채 허둥거리는 안타까운 상황이었다. 마치 기다리기라도 한 듯이 외국 투자사회는 비관적인 전망으로 혼란을 더욱 부추겼다. 막강한 자금력을 앞세운 외국 투자기관은 한국 '기업사냥'에 달려들었다. "장밋빛 미래는 가식이고 허울"이라는 자학적인 목소리도 만연하였다.[1]

위기 속에서 돌파구를 찾으려는 한국인의 눈물겨운 몸부림이 모색되는 순간을 맞았다. 20세기를 마무리하는 역사적인 시민운동으로 '금모으기 운동'이 마침내 깃발을 올렸다. 암울한 일제침략에도 한민족이 혼연일체가 된 이전 국채보상운동이 다시 살아나는 현장이었다. 시민단체와 방송사·신문사를 포함한 언론사 등은 여론 확산과 분위기 반전에 노력하였

1 김형목, 〈국채보상운동에서 21세기 국민통합을 모색하다〉, 한국여성독립운동연구소·국채보상운동기념회, 《국채보상운동과 여성구국운동 재조명》, 천지당, 2017, 3쪽.

다. 자발적·경쟁적인 모금대열은 대단한 열기의 도가니 속에서 이루어졌다. 약 227톤에 달하는 모금된 금은 21억 3,000달러로 약 304억 달러라는 외환부채에 비해 크게 부족했다.[2] 그럼에도 참여에 의한 소중한 경험과 의지·자신감은 국채보상운동 이래 경제적인 위기를 극복하는 든든한 정신적인 유산으로 자리매김할 수 있었다.

이는 국가경제가 파탄되기 직전에 성공한 대표적인 사례로서 세계인의 주목을 받았다. 물론 처리 과정이나 활용하는 방안 등에서 미숙한 부분도 적지 않았다. 시민을 상대로 한 '기만적인' 운동이었다는 부정적인 평가도 있다. 하지만 한국인의 자발적인 참여에 세계인들은 찬사와 아울러 부러운 시선으로 바라보았다. 국가부채를 자신의 부채로 인식하고 이를 갚으려 한 사례는 세계사에서 유래를 찾아보기 드물기 때문이다. 국내는 물론 어려운 형편에도 국외 한인들이 동참하는 저력을 보여주었다. 국난을 극복한 밑거름은 바로 시민들의 숭고하고 아름다운 책임의식이 아닐까.

국채보상운동기념사업회는 2007년부터 선조들이 남겨준 위대한 문화유산을 세계적인 기록물로 남기려는 노력을 진행하였다. 각국의 자국 기록유산을 인정받으려는 경쟁은 예상보다 훨씬 치열하고 대단한 기세이다. 이를 위한 국민적인 합의와 아울러 지혜를 모아 세계인들에게 널리 알려야 마땅하다. 박제화되거나 파편화된 기록물이 아니라 지구촌시대에 부응하는 새로운 정신유산으로 자리매김하도록 하는 노력이 필요하다. 어쩌면 이는 우리에게 부여된 시대적인 책무일지도 모른다. 대구 국채

2 국사편찬위원회, 〈1998년 1월 23일〉·〈1998년 3월 14일〉《대한민국사연표》, 경인문화사, 2008.

보상운동기념사업회의 끈질긴 노력으로 10년 만인 2017년 10월에 유네스코 세계기록유산으로 등재되는 성과를 거두었다. 현재까지 한국근대사 기록물 중 유일하다.

이 책은 대한제국기 시민운동 시발점인 국채보상운동의 역사적 성격을 서울지역을 중심으로 살펴보고자 한다. 21세기 20년이 지난 현재 지구촌은 '자국우선주의'에 입각한 무한경쟁으로 한치 앞조차 내다볼 수 없는 현실이다. 우승열패優勝劣敗에 의한 약육강식을 국제질서라고 강변하던 엄혹한 제국시대와도 너무나 흡사하다. 그럼에도 국제화·다문화라는 시대적인 흐름에 거슬릴 수 없는 오늘날이 아닌가. 이를 거부한다면 우리에게 미래를 과연 장담할 수 있을까. 서로의 다름을 인정하는 현명한 지혜가 무엇보다 우선적인 현안이다.[3] 국채보상운동에서 보여준 '나눔과 책임'이라는 본질이 무엇인지를 다시 밝히려는 의도는 오늘날 어려움을 극복하려는 의도와 무관하지 않다.

청일전쟁에 이어 발발한 러일전쟁은 동아시아 질서를 재편하는 결정적인 계기였다. 대한제국은 전쟁 소용돌이에서 벗어나고자 '엄정한' 국외중립을 선언하였다. 무력을 앞세운 일제는 자의적으로 군용지를 설정하는 한편 군수품 운반에 인력을 강제로 동원했다. 인적·물적 수탈이 공공연하게 자행되는 불법천지이자 무법천지와 같은 현장은 한반도였다. 승기를 잡은 일제는 시정개선施政改善을 핑계로 사실상 대한제국을 무능한 '식물정부'로 만들었다. 이른바 화폐개혁은 민족자본을 파탄시키는 동시에 기형적인 경제구조를 만들었다. 물가고에 따른 '금융공황'은 사회적인 불안과 더불어 민중생존권을 위협하는 괴물이었다. 1906년까지 4차에 걸

3 〈모금의 도화선, 국채보상운동 역사적 의미〉《제주일보》2017년 5월 15일.

쳐 일본으로부터 1,150만 원에 달하는 막대한 차관이 도입되었다. 이는 대한제국정부 1년 예산에 버금가는 너무나 많은 거액이었다. 이를 갚으려는 의지조차 지배층에게 찾아볼 수 없었다. 오히려 '로비자금[口文]'을 차지하려는 한심한 분위기만이 확산되었다.

난국을 타개하는 방안은 국채보상에 의한 자립경제 수립이었다. 일제 침략 강화와 더불어 반일의식은 모든 분야로 확산·고조되었다. '국채상환=국권회복'이라는 현실인식 심화는 사회적인 책무를 일깨우는 든든한 밑거름이나 마찬가지였다.[4] 모순된 현실을 회피하거나 무시할 수 있는 여유도 없는 '바람 앞에 놓인 등잔불'이었다. 이제 국채는 민족생존권과 직결된다는 절박한 현실문제로서 인식되기에 이르렀다. 폭풍 전야와 같은 고요한 흐름 속에서 움직임이 감지되고 있었다. 정부가 아닌 자주적인 국민국가 건설을 모색하는 이들이 바로 역사무대 주인공으로 등장했다.

국채보상운동은 대구광문사大邱廣文社 사장 김광제金光濟와 부사장 서상돈徐相燉 등의 발의로 1907년 1월부터 시작되었다. 〈국채1,300만원보상취지〉는 신문을 통해 순식간에 전국 방방곡곡으로 알려졌다. 국민적인 관심사로서 부각되는 가운데 대구 북후정에서 개최된 군민대회는 전국적인 이목을 집중시켰다. 국채보상은 들불처럼 국내는 물론 국외 한인사회로 순식간에 널리 파급되었다.

의연금 모집을 조직적으로 추진하기 위한 국채보상회 조직과 이를 선전·홍보하기 위한 취지서도 곳곳에서 발표되었다. 1907년 8월까지 조직된 단체는 최소한 100여 개소 이상에 달할 정도로 대단한 기세였다. 1907년 뜨거운 감자 중 하나는 바로 국채보상운동이라고 해도 결코 과언

4 김형목, 《김광제, 나랏빛 청산이 독립국가 건설이다》, 도서출판 선인, 2012, 99쪽.

이 아니었다. 활동가들은 취지서를 신문에 광고하는 동시에 사람들이 운집한 장날을 이용하여 왕래가 많은 곳에 이를 내걸었다. 상인들은 각지에서 전개되는 소식이나 미담을 실시간에 알리는 '전령사'를 자임하고 나섰다. 농민이나 노동자는 물론 빈한한 살림살이를 맡은 이름 없는 아낙네들도 동참을 마다하지 않았다. 그야말로 한민족 '하나됨'을 위한 국민운동으로 전개되는 결정적인 계기를 맞았다.

충주에 거주하던 어떤 사람은 의연금을 모아 상경하는 도중에 도둑떼에게 이를 빼앗겼다. 그는 도둑을 향하여 "이는 국채보상금이니 내 비록 의연금을 빼앗겼으나 너희는 불과 몇 십리 못가서 죽음을 면하지 못하리라."고 항의했다. 도둑떼는 놀라서 말하기를 "이것이 국채보상금인 줄 전연 몰랐노라."면서 즉시 되돌려 주었다. 더욱이 10원을 건내주면서 '국채보상에 보태 쓰라'고까지 말하였다. 침착함을 잃지 않고 성명을 물은 즉 "노출이 불가하니 상경하거든 충주 등지의 도둑떼가 국채보상금 10원을 의연한 사실을 신문에 게재하라."는 대답이었다.[5] 아름답고 열정적인 미담사례는 언론을 통하여 순식간에 전국적으로 알려졌다. 걸인·죄수·백정白丁·야장冶匠 등 참여도 심금을 울리기에 충분한 내용을 담고 있었다. 세뱃돈을 의연금으로 내는 아동들도 연일 소개되었다.[6] 모금대열에는 남녀노소를 불문하고 한민족이 혼연일체로 참여하였다.

심지어 미국 샌프란시스코에 소재한 공립협회원 김성무·임치정·이교담 등은 3월 25일 국채보상의연발기문을 발표했다. 이를 계기로 미주지역 한인사회는 취지서를 발표하는 한편 적극적으로 참여하였다. 로스앤

5 김형목, 〈충청북도 국채보상운동의 지역운동사상 의의〉《한국민족운동사연구》 69, 2011, 69쪽.

6 홍성헌, 《국채보상운동 의연사례》(국채보상운동연구총서 20), 도서출판 선인, 2021.

젤레스에 거주하는 박형모·남궁염·신봉희·염달욱 등도 취지서 발표와 동시에 의연금 수금위원 등을 맡았다. 대동보국회를 중심으로 173원 50전과 고달픈 외국생활에도 212원을 대한매일신보사로 의연금을 보냈다. 중앙회장 이병호와 서기 변창수 명의로 취지서를 발표하는 등 적극적인 동참을 유도하였다. 이에 뉴욕에 거주하는 한인들도 역시 취지서를 발표함으로 한인사회 주요 관심사로서 부각시켰다.[7]

러시아 연해주 소왕령에 거주하는 김인수·박국보·박형준·김병극 등은 국채보상운동을 주도한 발기인이었다. 한인 36명은 55원을 의연금으로 모집하여 국채보상기성회로 보냈다. 모금 활동은 1회에 그치지 않고 연해주 한인사회로 확산을 거듭하는 밑거름이었다. 이동국·최재형 등 12명도 국채보상취지서를 발표하는 등 발기인으로 활동을 다짐했다. 적지인 일본 유학생들도 효율적인 국채보상운동을 위한 대안을 제시하는 동시에 의연금을 국내로 보냈다.[8]

한편 체계적인 모금활동을 위한 방안은 서울을 중심으로 추진되었다. 김성희·유문상·오영근 등 발기인 24명은 〈국채1300만원보상취지〉가 발표된 다음날에 국채보상기성회를 조직하였다. 국채보상운동은 국민운동으로 진전하리라는 전망 속에서 시작되었다. 이는 요원의 불길처럼 일어나는 국채보상운동 총괄기구로서 출범을 알리는 희소식이나 마찬가지였다. 의연금수전소는 광학서포와 대한매일신보사 등 7개소로 선정했다. 이

7 〈국채보상취지서〉《공립신보》 1907년 4월 26일; 〈居留民出義〉《대한매일신보》 1907년 4월 20일; 〈海外義捐〉《대한매일신보》 1907년 4월 26일; 〈海外義捐〉《대한매일신보》 1907년 7월 12일; 〈北美紐育留韓人國債報償趣旨書〉《대한매일신보》 1907년 7월 21·23일; 〈旅美韓人國債報償趣旨書〉《대한매일신보》 1907년 8월 16일.

8 김형목, 〈국외 한인들의 국채보상운동〉《강원도·제주도·국외 국채보상운동》(국채보상운동연구총서 15), 도서출판 선인, 2021.

와 별도로 서병염·윤홍섭·박규순 등 59명도 〈국채보상포고문〉 발표와 함께 중앙기구로서 국채보상중앙의무사를 설립했다. 의연금 수납처로 황성신문사를 지정하는 등 적극적인 홍보에도 나섰다.[9]

시민운동으로 진전을 거듭하자 통일적으로 이끌어갈 기구의 필요성이 대두되었다. 김광제·이종일·오영근 등은 국채보상지원금총합소를 조직했다. 당시 소장은 한규설(후에 윤웅렬로 교체), 부소장 김종한, 회계감독 박용규·서병규, 검사원 이강호·양기탁·이면우, 평의원 12명 등으로 구성되었다. 이와 동시에 국채보상연합회의소도 조직되었다. 기존 단체와 긴밀한 협조에 따라 의연금 수합을 체계적으로 추진하려는 의도였다.[10] 물론 통합적인 국채보상운동 추진을 위한 노력은 뚜렷한 성과를 거두지 못하였다. 모금 방안이나 관리 등을 둘러싼 이견은 통합을 가로막는 장애물 중 하나였다. 하지만 다양한 의견을 조정·통합하려는 시도는 민족적인 역량 확대를 모색한 점에서 중요한 의미를 지닌다. 강제병합 이후 전개된 항일투쟁에서 주요한 슬로건인 '대동단결'은 이와 같은 역사적인 경험의 산물이기 때문이다.

여성들은 상상을 초월할 정도로 적극적이었다. 서울 원동에 사는 94세 노파와 70대 딸 등 의연 소식은 신선한 '청량제'였다. 이들은 반찬값을 절약하거나 비녀·가락지·은장도 등을 의연품으로 기꺼이 내놓았다. 평양에서는 술집 여자종업원 30여 명이 의연금으로 가락지를 모았다. 고故 판서 김영목金永穆 부인은 의연금 소식을 접하고 자기 집을 팔아 1,000냥을

9 〈국채보상포고문〉《황성신문》 1907년 2월 25일; 〈국채보상기성회취지서〉《황성신문》 1907년 3월 2일; 통감부, 〈한국 지방정황 통보의 건(1907. 7. 31.)〉《통감부 정황보고와 잡보》, 1907.

10 김형목, 앞의 글, 2017, 9쪽.

내놓았다. 대신 조그마한 집을 구입하여 자신의 처소로 삼았다. 더부살이 70세 노파도 생명과 같은 임금 1원을 의연하였다. 주인공은 손수남孫壽男으로 의연금은 연말에 주인이 준 고용살이 댓가였다.[11]

국내에 거주하는 외국인들도 참여하는 등 열기를 고조시켰다. 어느 서양인은 "세계 어느 나라에서도 볼 수 없는 일이라"고 감탄하면서 4원을 의연하였다. 평남 영유군 이화학교李花學校 일인교사 마사야나기 요시아키[正柳好彬]도 2원을 의연하는 등 외국인 동참도 증가를 거듭했다.[12] 충북 옥천군 창명학교彰明學校에 재직 중인 쓰쓰미 고키치[堤廣吉]는 5원을 수금소로 보내는 한편 단연을 결심한 후 학생들에게 다음과 같이 강조하였다.

> 나는 본래 일본인이나 지금은 한국 강토에서 생활하니 당연히 萬國通義에 의하여 한국을 위할 것이라. 금일로 시작하여 나도 단연동맹하노니 학생 여러분의 본국을 사랑하는 마음이 어찌 나에 못 미치리오 하고 의연을 권고한다더라.[13]

그는 일본인이나 한국에 거주하는 사람으로서 당연히 사회운동에 참여함이 마땅하다. 한국을 위한 활동은 만국통의에 전혀 저촉되지 않는 지극히 상식적인 일이다. 이는 학생들에게 경쟁시대에 처한 현실에서 경제적인 자립의 중요성을 일깨웠다. 민족의식은 현실에 나타난 모순을 직시

11 〈是夫是婦〉《황성신문》1907년 3월 8일; 〈義無貧賤〉《황성신문》1907년 3월 16일; 〈國債報償發起會〉《황성신문》1907년 4월 8일; 〈義無貧賤〉《대한매일신보》1907년 3월 16일; 〈賣舍연金〉《대한매일신보》1907년 4월 27일.

12 김형목, 《충청도 국채보상운동사》(국채보상운동연구총서 13), 도서출판 선인, 2021, 34쪽.

13 〈筆下層瀾〉《대한매일신보》1907년 4월 5일.

하는 가운데 보다 심화될 수 있었다. 개항장에 거주하는 일본인이나 중국인은 이러한 분위기를 유도하였다. 안중근이 삼화항에 설립한 삼흥학교三興學校 재학생 중국인 진기남은 대표적이었다. 일본유학생 단지동맹에도 의연금을 내는 등 국가를 초월하는 소통을 발휘하였다. 어쩌면 안중근이 〈동양평화론〉에서 국제적인 연대를 강조한 시사점을 이러한 경험에서 모색되었으리라 짐작된다.[14]

단천군국채보상소 발기인 이병덕李炳德·김인화金麟化 등은 〈국채보상가〉를 지어 각지로 보급하였다.[15] 이는 국채보상운동이 사회적인 책무임을 일깨우는 유효한 방안 중 하나였다. 〈단연동맹가〉도 역시 이러한 의도와 맞물려 널리 애창되었다. 대한자강회 임원진은 국채보상운동 진전과 확산을 위하여 이를 특집으로 다루었다. 특히 장지연張志淵은 초기부터 직접 대구를 방문하여 현장 상황을 상세하게 알렸다. 이처럼 국민적인 시민운동으로 진전은 다양한 계층에 의하여 각인되는 동시에 확산을 거듭했다. 가정부인이나 주모·기생·노파 등 동참은 이러한 사실을 그대로 보여주는 역사적인 산물이다.

대구 기생 앵무鸚鵡는 100원이라는 거금을 의연하여 전국적인 주목을 받았다. 그녀는 "금번 국채보상은 국민 의무이거늘 여자로서 감히 남자보다 일분一分이라도 덜 낼 수 없으니 누구든지 기幾천원을 출연하면 나도 그만큼 출연하겠다"라고 선언하였다. 진주 기생 부용·국향·난초 등은 진주국채보상부인회 조직하는 등 적극적인 활동에 나섰다. 이들은 취지서를 통하여 부인들 참여를 자발적으로 유도하는 등 대대적인 선전활동을 전

14 김형목, 〈안중근의 국내 계몽활동과 민족운동사상의 위상〉《숭실사학》29, 2012, 95~97쪽.

15 〈국채보상가〉《대한매일신보》1907년 4월 14일.

개하였다. 당시 부인들이 모금한 금액은 신화 573원 88전에 달하는 거금이었다.[16]

기생 부용 등의 활동은 시사에 조금이라도 관심을 가진 여성들을 크게 자극시켰다. 판서 김규홍 부인인 신소당申蕭堂은 《만세보》를 통하여 찬사를 아끼지 않았다. 이러한 활동은 각지 기생들의 집단적인 의연금 동참으로 이어졌다. 생계가 어려운 주모인 노파도 의연금 대열에 앞장섰다. 단천군 신소사와 맹인 참여는 참신한 자극제이자 분위기를 반전시키는 요인이었다.[17] 미담사례는 삽시간에 전국을 강타하는 커다란 울림이었다. 국채보상운동으로 여성들 참여는 자기존재성과 사회적인 책무를 인식하는 새로운 계기였다. 사회적인 약자에 대한 배려는 바로 우리는 물론 후세들 삶을 풍성하게 만드는 소중한 정신적인 유산임이 분명하다.

대구에서 시작된 국채보상운동은 순식간에 국내외로 파급되었다. 고종의 단연과 영친왕 길례 연기는 지배층 참여를 촉진하는 중요한 계기였다. 대한제국기 대표적인 친일단체인 일진회 회원들도 동참하였다. 극소수 매판자본가나 친일세력을 제외한 한민족이 일치단결하는 모습을 보여주었다. 물론 모금 과정에서 갈등도 일부 상존하였다. 이를 핑계로 사리사욕을 도모하는 경우도 있었다. 불분명한 의연금 관리에 대한 의문 제기는 대표적인 경우이다. 이러한 분위기는 점차 극복되어 한민족 열망과 국민국가 건설을 향한 열정은 든든한 밑거름으로 작용했다.

누구나 다 아는 바처럼 수도 서울은 우리나라의 정치·경제·문화 등

16 〈진주 부용형 젼ᄉ 례셔〉《대한매일신보》 1907년 3월 27일; 〈請平論價〉《대한매일신보》 1907년 3월 28일.

17 〈義出男子〉《황성신문》 1907년 3월 26일; 〈긔부용형셔〉《만세보》 1907년 4월 2일; 〈端民奮義〉《대한매일신보》 1907년 4월 30일.

모든 분야를 상징하는 중심지이다. 국채보상운동도 대구에서 깃발을 올렸으나 이를 주도하거나 시민운동으로 진전시킨 단체나 주인공 등은 이곳을 중심으로 활동하였다. 신문사는 국내외에 국민적인 관심사가 무엇인지를 알리는 '전령사'나 다름없었다. 자발적인 의연금 모금은 신문을 통하여 국민운동으로 진전시키는 신선한 자극제였다. 그럼에도 서울에서 전개된 국채보상운동은 전개 양상이나 역사적인 성격을 이해하기에 너무나 소략하고 개괄적인 수준에 불과하다.

이 책은 선행연구를 참고하여 그동안 간과하거나 주목하지 않았던 다음과 같은 사실을 상세하게 밝히고자 한다. 첫째로 대구에서 시작된 국채보상운동이 왜 서울을 중심으로 전개되었는가 하는 점이다. 국채보상기성회나 국채보상지원금총합소가 곧바로 서울에서 조직된 사실과 결코 무관하지 않다. 대구광문사 회원들은 의연금 모금과 '투명한' 관리의 중요성을 인지하고 있었다. 더욱이 고립분산적인 지역적인 한계를 극복하려는 의도가 강하게 작용했다.

둘째로 국민운동으로 전개될 수 있었던 배경이다. 시작과 동시에 '십시일반十匙一飯'이라는 국민적 열화 속에서 최소한 40여 만 명 이상이나 참여했다. 근대사회로 이행하는 과도기 과정에서 이와 같은 참여가 어떻게 가능할 수 있었을까. 가장 중요한 요인은 언론사의 '시대소명'과 '자기역할'에 충실함에서 비롯되었다. 연일 보도되는 '미담사례'는 한민족 '하나됨'을 실현하려는 든든한 밑거름이었다. 계몽단체도 여기에 호응하는 등 지역사회로 확산에 크게 이바지하였다. 공동체적 삶을 지향한 의지와 사회구성원으로서 책무(국민의무)는 이와 같은 변화를 이끄는 원동력 중 하나였다. 이는 3·1운동 당시 한민족의 저력을 지구촌에 알리는 에너지원이라고 해도 과언이 아니다.

마지막으로 일제의 대응에 주목했다. 과연 모금된 의연금이 어떻게 처리되었는가 하는 사실이다. 지금까지는 막연하게 추측만 할 뿐이지 구체적인 상황을 거의 알 수 없다. 이는 국채보상운동의 역사적인 위상과 성격을 가늠할 수 있는 중요한 문제임이 분명하다. 이와 더불어 과연 의연금액도 어느 정도인지 베일에 가려져 있다. 통감부는 회유와 탄압이라는 '이중적인' 잣대로 한민족 분열을 획책하는 데 혈안이었다. 베델[裵說, Ernest Thomas Bethel]과 양기탁梁起鐸을 비롯한 대한매일신보사에 대한 탄압은 대표적인 경우이다. 나아가 국채보상금 처리를 둘러싼 갈등 조장은 일제의 집요한 방해공작에 대한 실상을 엿볼 수 있다.

이 책을 구성하는 개별 연구에서 새롭게 밝힌 사실을 정리하면 다음과 같다.

성주현은 〈서울지역 국채보상운동의 전개 양상〉에서 국채보상운동 단체의 발기인 또는 관련 인물은 대부분 대한자강회·대한협회·서우학회·대한흥학회·서북학회·태극학회 등 애국계몽운동 단체에서 활동한 지식층이거나 대동상회, 보부상 단체인 대한상무조합 등 상인층, 그리고 부인 즉 여성들로, 이들은 국채보상운동을 애국계몽운동의 일환으로 인식하였음을 밝혔다. 의연활동은 고종과 황실, 관료·승려·군인·학생·여학생·문중·인력거꾼·상노·매춘녀 등 다양했다. 3월부터 4월까지는 가장 활발하게 전개되었으나 6월 이후에는 사실상 의연활동이 중단되었다. 다만 서울이라는 지역적 특성으로 전국의 국채보상운동을 이끌어간 점을 높이 평가했다.

이동언은 〈서울지역 국채보상운동 단체의 모금 활동〉에서 국채보상기성회·국채보상중앙의무사·국채보상지원금총합소·국채보상연합회의소 등의 활동에 주목했다. 수전소는 출판사를 겸하는 책방, 신문사와 잡지사, 학교 등이었다. 의연금 수합·관리를 위한 기구는 국채보상지원금총합소와 국채보상연합회의소 두 단체로 이원되었다. 이원화는 바람직하지 못하고 분열을 초래할 수 있다는 여론에 따라 두 단체의 통합이 추진되어 국채보상지원금총합소로 단일화됨으로 어느 정도 체계적인 의연금 모금을 전개할 수 있었다. 그럼에도 통합적인 관리가 미비하여 의연금 행방을 둘러싼 잡음이 그치지 않아 분위기 반전에 실패했다는 논지였다.

김혜진은 〈여성들의 현실 인식과 국채보상운동〉에서 남성을 중심으로 하는 가부장적 질서 속에 일반 여성보다 더 차별받았던 부실이나 기생 등의 사회진출은 여성해방이라는 관점에서 의미를 부여했다. 남성들의 국채보상운동을 실천하는 핵심적인 방안은 단연인 반면 여성들은 참여 방법을 현금 의연형, 패물 의연형, 절미감찬節米減餐 의연형, 기타 등으로 나누었다. 서울의 가장 큰 특징은 대안동 국채보상부인회와 부인감찬회에서 알 수 있듯이 부실들의 활약이 두드러졌다는 점이다. 가정 내에서도 비난과 차별의 대상이었던 부실들은 적극적으로 국채보상운동에 참여했다. 이들은 참여를 통해 사회구성원으로서 '자기존재감'을 보여주었다.

박상준은 〈국채보상운동 전개 과정에서 언론의 역할과 서울지역 의연 사례 보도 양상〉에서 당시 언론이 단순히 기사를 보도하는데 그치지 않고 사내에 수금소를 설치하여 의연금 모집을 활성화했음을 밝혔다. 당시 언론사와 연계되어 설립된 국채보상 단체는 의연금의 모집-관리-광고로 이어지는 과정을 수행했으며, 많은 의연사례 보도가 이루어졌을 뿐만 아니라 주제도 다채로웠다. 종교계에 대한 보도는 활발하지 않았으나 아동·청년·여성들의 의연사례가 두드러졌다. 서울지역은 1907년 상반기가 채 지나지 않아서부터 약화되기 시작하였는데, 이에 대해 향후 관련 자료 발굴과 보다 면밀한 분석과 원인을 규명해야 할 과제라고 했다.

이승윤은 〈일제의 탄압과 의연금 행방〉에서 의연금을 상세히 조사하여 국민들의 의혹을 풀겠다는 목적으로 국채보상금조사회·국채보상금검사소·국채보상금조사정리회·국채보상검정통합회 등의 단체가 연이어 결성되었음에 주목했다. 여러 단체들의 주도권 경쟁으로 의연금 조사 감독은 제대로 이루어지지 않았다. 대한협회 계열 인사들은 국채보상금조사회와 국채보상검정통합회에 이어 국채보상금처리회를 장악했다. 국권의 완전한 박탈로 '국채보상금'은 명분을 잃었고, 처리회 임원들은 단체명을 교육기본금관리회로 바꾸었다. 의연금을 교육 목적으로 활용한다는 당초 계획은 변함이 없었으나 정치적 환경 변화와 명분 상실로 해당 금액을 원만히 운영하기 어렵다고 판단한 관리회 임원들은 의연금을 일제의 수중에 넘겨버리고 말았다. 특히 의연금 조사와 처리 과정에 개입한 인사들 중 상당수는 국채보상운동과 무관한 사람이었다. 이러한 가운데 일제는 손쉽게 국채보상운동을 좌절시키고 결과물인 의연금까지 거두어들인 셈이다.

김형목은 〈서울지역 국채보상운동의 역사적 성격〉에서 민중 주도의 '국가재난극복운동'이라 규정했다. 민중이 주체가 되고 민중이 주도하여 국가 위기상황에서 국민의 일원으로서 책무를 다한 자발적인 실천은 국채보상운동임을 밝혔다. 양반·상인·양인·군인·백정·기생·종교인·부인·학생·걸인·죄수 등 신분 고하를 막론하고 국가에 책무를 다하기 위해 자발적으로 참여한 구국운동이며 재난극복의 과정이었다. 사회적인 공공성에 입각한 대한제국기나 일제강점기 민족운동 진전은 이러한 역사적인 배경에서 가능할 수 있었다. 또한 권고문·취지서·의연금 명단 등은 국가위기를 극복하기 위한 근대 '국민참여기록물'로서 역사적 의미를 지닌다. 전개 과정에서 민족 전체가 '구국'을 위해 참여하는 가운데 이전과 전혀 다른 인식과 제도의 틀을 뛰어넘었다. 명분화 과정도 국민 전체를 대상으로 시도되고 알리는 등 국민참여기록물로서 높이 평가되어야 마땅하다는 논지였다.

이 책은 서울지역 국채보상운동이 차지하는 다양한 관점에서 접근하여, 그것이 지닌 역사적인 의미를 밝혔다. 우선 의연금 행방에 대한 처리과정에서 나타난 상황은 애국계몽가들의 현실인식을 그대로 보여주었다. 항일보다 현실에 순응하는 모습은 참으로 답답함을 금치 못하는 안타까운 현실이었다. 국민국가를 수립하려는 소망은 처참하게 산산조각이 되고 말았다. 하지만 언론 활동은 의연금 모금 소식뿐만 아니라 당대인을 각성키는 결정적인 요인이었다.

향후 밝혀야 할 부분도 적지 않다. 초기 방관적인 입장이었던 대한매일신보사가 국채보상운동의 '전령사'임을 자처한 배경은 여전히 오리무중이다. 제국신문사는 취지서가 발표되기 전 1907년 2월 16일에 최초로 의연한 기사를 알렸다. 물론 대구광문사 회원들과 사전 교감 등은 유추할 수 있으나 객관적인 상황은 잘 파악하기 힘들다. 각 신문에 게재된 관련기사에 대한 치밀한 비교·분석도 요청된다. 특히 계층별 인식이나 참여동기 등도 구분해서 살펴보아야 국채보상운동이 갖는 참된 의미를 이해하는데 도움이 된다. 일진회 간부 최영년崔永年의 부실을 비롯한 참여는 이와 관련하여 많은 시사점을 던져준다. 이러한 부분에 대한 사실이 보다 객관적으로 밝혀져야 한다. 나아가 일제강점기 토산품 애용운동이나 물산장려운동으로 어떠한 과정을 거쳐 계승·발전되었가 하는 문제도 마찬가지이다. 국채보상운동이 미래지향적인 가치관으로 새롭게 밝혀지기를 기대한다.

제1장

서울지역 국채보상운동의 전개 양상

성주현(청암대학교 연구교수)

1. 머리말

일제는 청일전쟁의 승리로 조선에 대한 청나라 영향력을 사실상 축출하게 되자, 조선에 대한 침략을 노골화하였다. 이에 일제는 대한 차관을 서두르게 되었고, 1895년 주한일본공사 이노우에 가오루[井上馨]는 조선의 이권을 독점적으로 확보하고 내정간섭의 기회를 마련하기 위해 30만 원의 차관과 300만 원의 차관을 성립시켰다. 이로 인해 조선 정부의 대일차관은 여러 가지 명목으로 늘어나 1905년부터 1910년까지 갚아야 할 대일부채는 4,500만 원에 달하였다. 이중 1907년 대한제국 정부가 일본에 진 부채는 1,300만 원이었다. 이러한 일제의 경제적 침략은 대한제국의 경제발전을 저해뿐만 아니라 일반 민중들의 삶까지 영향을 미치게 되었다.[1]

이와 같은 일제의 경제적 침략에 의해 점차 국권은 상실되어 감에 따라 국내에서는 국권침탈이라는 위기의식을 갖게 되었다. 1905년 이후 국내에서 전개된 이른바 애국계몽운동에서는 지식인 외에도 일반 민중에게까지 위기의식이 확산되었다. 이로 인해 항일 민족의식은 국가적 위기뿐만 아니라 자신들의 생존권 문제로 인식하게 되었다. 당시 국가의 부채를 갚자는 움직임은 국민운동으로 전개되는 결정적인 계기를 맞았다. 이를 국채보상운동이라고 한다.[2]

1 안병직, 〈19세기 말 20세기 초의 사회경제와 민족운동〉《창작과 비평》 8-4, 1973, 110~118쪽.

2 국채보상운동 관련 연구성과는 다음과 같다.
김상기, 〈한말 국채보상운동의 전개와 이념〉《충청문화연구》 10, 2013; 김윤희, 〈국채

국채보상운동은 1907년 대구에서 시작되어 전국적으로 확산되었다.[3]

보상운동의 허와 실〉《내일을 여는 역사》 21, 2005; 김형목, 〈국채보상운동 이전 동양자 김광제의 민족운동〉《충청문화연구》 15, 2015; 박용옥, 〈국채보상운동에의 여성 참여〉《사총》 12·13, 1968; 〈국채보상운동의 발단 배경과 여성 참여〉《한국민족운동사연구》 8, 1993; 박희진·김영호·엄창옥, 〈대구 수창사의 활동과 국채보상운동〉《대구사학》 131, 2018; 신용하, 〈애국계몽운동에서 본 국채보상운동〉《한국민족운동사연구》 8, 1993; 엄창옥 외, 《국채보상운동 사람·기억·공간》, 경북대학교출판부, 2019; 이상근, 〈국채보상운동에 관한 연구〉《국사관논총》 18, 1990; 이송희, 〈한말 국채보상운동에 관한 일연구〉《이대사원》 15, 1978; 이승윤, 〈불교계의 국채보상운동 참여와 성격〉《한국근현대사연구》 83, 2017; 정진석, 〈국채보상운동과 언론의 역할〉《한국민족운동사연구》 8, 1993; 조항래, 〈국채보상운동의 발단과 전개과정〉《한국민족운동사연구》 8, 1993; 최준, 〈국채보상운동과 프레스·캠페인〉《백산학보》 3, 1967; 한규무, 〈국채보상운동과 한국 개신교계〉《숭실사학》 26, 2011; 한상구, 〈1907년 국채보상운동의 전국적 전재양상 연구〉《인문연구》 75, 2015.

3 국채보상운동의 지역별 사례 연구는 다음과 같다.
구본욱·이경규, 〈고령지역 국채보상운동의 전개과정에 관한 고찰–홍와 이두훈 가(家)의 고문서를 중심으로–〉《인문과학연구》 31, 2017; 권대웅, 〈고령군단연상채회의 설립과 의연금 모집〉《한국근현대사연구》 77, 2016; 금중현·엄창옥, 〈상주 국채보상운동의 발단과 전개〉《대구사학》 125, 2016; 김기주, 〈광주·전남지방의 국채보상운동〉《전남사학》 10, 1996; 〈전북지방의 국채보상운동〉《전북사학》 19·20, 1997; 김도형, 〈한말 대구지역 상인층의 동향과 국채보상운동〉《계명사학》 8, 1997; 김형목, 〈충남지방 국채보상운동의 전개양상과 성격〉《한국독립운동사연구》 35, 2010; 〈충북지역 국채보상운동의 지역운동사상 의의〉《한국민족운동사연구》 69, 2011; 〈성주지역 국채보상운동의 지역운동사에서 위상〉《한국민족운동사연구》 78, 2014; 〈강원도 국채보상운동의 전개양상과 지역운동사에서 위상〉《한국민족운동사연구》 82, 2015; 《충청도 국채보상운동》, 선인, 2016; 우진웅, 〈홍와 이두훈의 포고천하문과 고령지역 국채보상운동의 전개〉《영남학》 67, 2018; 윤병남, 〈한말 국채보상운동에 관한 연구〉, 총신대학교 교육대학원 역사교육과 석사학위논문, 1999; 이문기, 〈국채보상운동 초기, 발상지 대구지역의 운동 전개 양상에 대한 재검토〉《대구사학》 142, 2021; 이상근, 〈영남지역의 국채보상운동〉《일제의 한국침략과 영남지방의 반일운동》, 한국근대사연구회, 1995; 〈경기지역 국채보상운동에 관한 연구〉《한국민족운동사연구》 24, 2000; 〈인천광역시 지역의 국채보상운동〉《인천학연구》 2-1, 2003; 이승윤, 〈충청지역 종교계의 국채보상운동〉《한국사상사학》 57, 2017; 이형주, 〈전남지역의 국채보상운동〉《호남문화연구》 26, 1998; 주형일, 〈대구에서 발원한 국채보상운동의 사회문화적 전개양상과 함의〉《대구경북연구》 18-2, 2019.

서울지역에서도 국채보상기성회와 국채보상중앙의무소, 대안동국채보상부인회 등 관련 단체가 조직되었으며, 여성과 학생을 비롯한 일반 기층민이 국채보상운동에 참여하였다.

이 글에서는 서울지역에 전개되었던 국채보상운동의 전개 양상을 당시 발행된 《제국신문》, 《대한매일신보》, 《황성신문》, 《만세보》 등을 토대로 주목하고자 한다. 먼저 서울지역에 조직된 국채보상운동 관련 단체와 참여층을 살펴보고자 한다. 그리고 이를 통해 서울지역에 국채보상운동에 참여하는 각계각층의 다양성을 추적하고자 한다.

2. 국채보상운동 단체의 조직

1907년 1월 30일 대구광문사[4]에서 처음으로 시작된 국채보상운동은 《대한매일신보》, 《황성신문》, 《만세보》 등 언론을 통해 전국적으로 확산되었다. 국채보상운동 관련 기사가 처음으로 언론에 등장한 것은 《제국신문》 1907년 2월 16일자였다. 이어 《대한매일신보》는 〈국채1,300만원보상취지〉라는 제목으로 게재되었는데, 내용은 다음과 같다.

> **大邱廣文社長 金光濟, 徐相敦 씨 등 공문**
>
> 삼가 아룁니다. 신민이 된 자가 충의를 숭상하면 그 나라는 흥하고 백성은 편안하며, 충의가 없으면 그 나라는 망하고 백성은 없어지는 것은 다만 고

4 대구광문사에 대한 연구는 이진현, 〈1907년 2월 대구광문사의 위치에 관한 연구〉 《대구경북연구》 13-1, 2014를 참조.

금의 역사가 아니더라도 분명하게 증거할 수 있습니다. 지금 유럽에서 부강한 나라와 멸망한 나라가, 충의를 숭상하는 것이 어떠하였는가에 따라 결정되지 않은 것이 없었습니다. 옛날의 역대 역사와 먼 유럽의 경우에도 오히려 이와 같은데 지극히 가까운 우리 동양의 최근 일을 살펴보아도 눈으로 직접 볼 수 있는 것이 있으니 바로 일본이 그것입니다.

지난번 (일본이) 청나라와 러시아와 전쟁을 한 것은 작은 나라가 큰 나라를 이긴 것이었습니다. 병사들은 죽을 각오로, 부대는 결사적으로 싸우려는 마음을 가져서 피와 살이 날리는 싸움터를 낙원으로 가는 듯이 하였으며, 집에 있는 백성들은 신을 만들어서 팔고 여자들은 반지를 모아서 전쟁의 비용으로 보내어 마침내 동서양 역사상에서 비교할 수 없는 전공을 세워서 빛나는 위엄이 온 세상에 진동하게 하였습니다. 이러한 일은 오천만 민족 구성원 각각의 뜨거운 정성이 충의에서 나온 까닭입니다. 이 어찌 아름답고 본받을 만하지 않습니까.

아! 우리 2천만 동포여. 이 나라가 위태롭고 어려운 때를 당하여 한 사람도 결심하는 사람이 없고 한 가지도 계획하는 일이 없이, 다만 우리 皇上이 밤낮으로 깊이 걱정하는데, 우리는 팔짱을 끼고 강 건너 구경만 하다가 나라가 망하게 된다면 좋겠습니까.

근세의 새로운 역사를 보십시오. 나라가 망하면 민족은 이어서 모두 죽으니, 이집트·월남·폴란드에서 모두 증명할 수 있습니다. 다만 자신의 몸과 가정이 있는 줄만 알고 임금과 나라가 있는 줄 알지 못하면 이것은 곧 스스로 함정에 빠지고 자멸하는 것이 됩니다. 지금의 상황에 당하여, 정신을 가다듬어 충의를 분발해야 할, 바로 그때가 아니겠습니까? 지금 나랏빚 1,300만 원은 곧 우리 대한의 존망에 관계된 일입니다. 갚으면 나라를 보존할 수 있고 갚지 못하면 나라가 망하게 되는 것은 필연적인 이치입니다.

현재 국고는 빚을 갚기 어려운 형편입니다. 그러므로 삼천리 강토는 장차 내 나라의 소유도 내 백성의 소유도 아닌 게 될 것입니다. 국토를 한 번 잃어버리게 되면 회복할 방법이 없을 뿐만 아니라 월남 등 망국 백성의 처지를 어찌 벗어날 수 있겠습니까.

이 채무에 대하여 일반 국민들은, 의무로써 말한다면 "알지 못하겠다."라고 하는 것은 옳지 못한 일이고, 時勢로써 말한다면 또한 "갚지 못하겠다."라고 하는 것도 옳지 못한 일입니다. 다만 보상할 한 가지 방법이 있으니 능히 수고롭지도 않고 손해도 아니면서 재물을 모으는 방법입니다. 가령 2천만 동포가 3개월 동안까지 담배를 끊고서 그 대금을 한 명당 매달 20전씩 징수하면 대강 계산하여 1,300만 원이 될 수 있습니다. 설사 채워지지 않은 것이 있더라도 1원부터 10원, 100원, 1,000원씩 특별히 기부하는 사람이 있을 것입니다.

사람이 당연히 해야 할 의무이니 이에 잠시 결심하는 것을 일본의 결사대와 신을 삼는 백성과 반지를 모으는 부녀의 일과 비교한다면 무엇이 무겁고 무엇이 가벼우며 무엇이 어렵고 무엇이 쉽겠습니까. 아! 우리 2천만 동포 가운데 털끝만큼의 애국심이 있는 사람이라면 반드시 두 마음을 갖지 않을 것입니다. 저희들은 감히 이러한 내용으로 발기하여 서신을 보내어 알립니다. 피눈물로 바라기는 우리 대한의 백성인 여러 군자들께서는 보시는 대로, 말로써 글로써 서로 전하고 서로 고하여, 한 사람이라도 모르는 잘못이 없도록 하여 위로는 聖上에 보답하고 아래로는 강토를 유지할 수 있기를 기약할 수 있다면 천만 다행이겠습니다.[5]

5 〈국채1,300만원보상취지〉《대한매일신보》 1907년 2월 21일(번역문은 국채보상기념사업회,《국채보상운동 기록물》 1, 선인, 2017을 참조).

이 기사는 대구광문사에서 시작된 국채보상운동을 전국적으로 알리는 크게 기여하였다. 이를 계기로 서울에서도 국채보상운동에 참여하는 사례가 보이기 시작하였다.《대한매일신보》에 국채보상 관련 기사가 게재되기 이전부터 국채보상 의연에 참여하였다.

《제국신문》에 1907년 2월 16일자로 국채보상운동에 대한 기사가 보도되었다. 이틀 후인 18일자 신문 광고란에 의연한 사람과 금액을 알렸다.

> 양력 2월 16일 귀신문 잡보란에 중국채보상계라 한 기사를 열람하온즉 대동광문회원 서상돈의 제의로 매달 20전씩 3개월만 거두면 족히 국채를 갚겠다고 하였으니 장하다 이 말이여. 2천만 동포가 한 마음이 되면 무엇이 어려우리오. 본인들이 이 말을 듣고 서씨의 애국지심을 찬양하여 2천만 분에 1분을 보충할가 하여 25인이 매달 20전씩 3개월을 거두어 바치려고 결심하였으니 이 뜻을 (대구)광문회에 전달하시는 동시에 2천만 동포에게 권고하심을 바라나이다.(광무 11년 2월 17일)[6]

놀랍게도 최초 의연자는 서울 정동에 거주하는 고인雇人 즉 노동자 등이었다. 이경헌·조중식·윤명태·이영순·강영규·김덕수 등 25명은 각각 20전씩 5원을 거두었다. 모금된 금액은 정동에 사는 이영순李永淳이 제국신문사에 전달하여 장차 대구 광문회로 보낼 것임을 알렸다.초기에 서울지역에서 국채보상운동에 참여한 인물은 박승직朴承稷, 전득영田得永의 아들, 이소사李召史 등이었다. 이러한 분위기 확산으로 일신의숙도 참여를 결의하였다.

6 《제국신문》 1907년 2월 18일.

> 梨峴 포목전 하는 朴承稷이 開明上에 주의하여 근일 국채 1,500만(1,300만 오류) 원 보상하는 일에 대하여 70여 원을 모집하여 (대구)광문사에 기부하였다는데 부자 全安峽은 이를 냉소하며 한 푼도 의연하지 아니함으로 모두가 욕을 한다더라.[7]

> 나랏빚을 갚을 계획으로 烟金을 모집하는 일에 대하여 出義錢을 가지고 오는 사람이 매일 문전성시를 이루어 그중에 특이한 사람은 남문(남대문) 내에 포목전 하는 全得永 아들 12세 學童이 애국하는 양심이 발동하여 세뱃돈 舊貨 2원을 출연하였다. 상사동 이소사는 부녀 편견으로 국가사상에 담배를 피우지 않아 은가락지를 팔아 구화 4원을 본사(대한매일신보사)와 제국신문사에 보냈으니 비록 부인과 아동이라도 忠義가 대단하니 한국의 전진에 크게 유망하리라더라.[8]

> 근일 종로 근지 동상전 도가에 설립한 사립 일신의숙에서 발기하여 대구 광문사회에서 국채보상 하는 일에 대하여 이 단체에 의조할 계획으로 다소 불구하고 의금을 모집한다더라.[9]

앞의 기사에 의하면, 이현에서 포목점을 운영하고 있는 박승직은 국채 모금 소식을 듣고 70여 원을 의연하였다. 박승직은 1864년 6월 22일 경기도 광주에서 아버지 박문회朴文會와 어머니 허씨許氏의 셋째 아들로 출생하였다. 대한제국기에 성진감리서 주사, 중추원 의관, 공익사公益社 사장

7 〈애국성의〉《대한매일신보》 1907년 2월 23일.
8 〈충의소격〉《대한매일신보》 1907년 2월 24일.
9 〈일신출의〉《대한매일신보》 1907년 2월 24일.

을 지냈다. 일제강점기에는 박승직상점 사장을 지내면서 직물상공제회 회장, 경성상공회의소 회장, 국민총력조선연맹 평의원 등으로 위촉되었으며 1950년 12월 20일 사망하였다. 그는 오늘날 일군 두산그룹의 창업주였다. 서울지역에서 국채보상 의연금에 앞장선 박승직이 일제 협력에 참여한 것은 역사의 아이러니가 아닌가 한다.

남문 안에서 포목점을 하는 전득영의 12세 아들은 세뱃돈 구화 2원을, 상사동의 이소사는 비녀를 팔아 구화 4원을 각각 의연하였다. 이소사는 그동안 '국가사상'이 남성의 전유물로 여겼던 편견을 깨고 의연한 최초의 여성이었다. 사립 일신의숙에서도 의연금을 모집할 계획임을 밝혔다. 이러한 의연에 대해 포목점 부자인 전안협은 한 푼도 의연하지 않을 것이라고 냉소를 보내기도 하였다. 그렇지만 전안협의 아들 전명기全命基[10]가 의연을 하고 냉소를 했다는 기사는 이른바 '가짜뉴스'라고 박광혁의 이름으로 광고하였다.[11]

또한 이날 신문에는 "한성 내에 병문屛門 노동인이 충분소격忠憤所激에 연초 대금을 쟁성취합爭相聚合ᄒᆞ니 현금 정부 대신은 노동자 보기가 어떠할꼬"[12]라는 가십 기사가 있었다. 노동자들도 의연에 참여하는 상황에서 정부 대신들이 모르는 채 하는 것을 비판하는 내용이었다. 다른 의미로 본다면 노동자들이 국채보상 의연에 적지 않게 참여하고 있음을 알 수 있다.

이처럼 서울에서 부유층·학생·여성·노동자 등이 국채보상 의연 모

10 전명기는 대한협회 본회 회원으로 참여한 바 있다(〈회원명부〉《대한협회회보》 8, 1908. 11, 64쪽).

11 〈광고〉《대한매일신보》 1907년 2월 24일.

12 〈청평일곡〉《대한매일신보》 1907년 2월 24일.

서울에서 처음 조직된 국채보상운동기성회의 취지서에 관한 기사

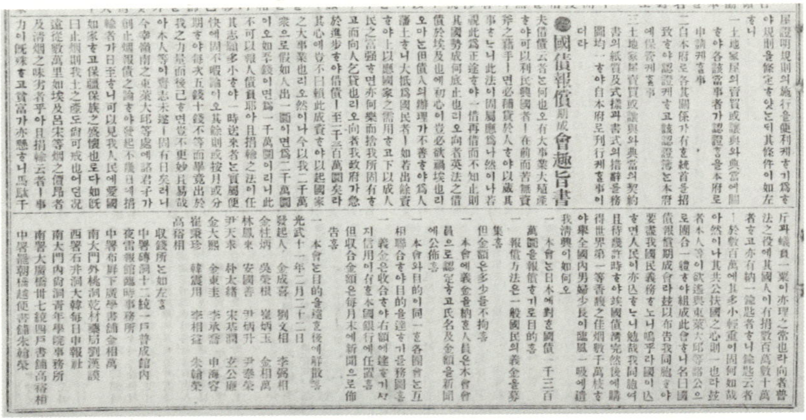

출처: 《황성신문》 1907년 2월 25일.

금에 활발하게 참여[13]함에 따라 김성희金成喜 · 유문상劉文相 · 오영근吳榮根 · 안국선安國善 등은 2월 22일 국채보상기성회를 조직하고 취지서를 발표하였다. 이 취지서는 《황성신문》에 게재되었는데 다음과 같다.

> 대저 무엇을 빚이라고 합니까. 크게 사업을 하고 재산을 불려서 백성을 이롭게 하고 나라를 흥하게 할 만한 것이 눈앞에 있는데, 만약 재화와 기용이 자신에게 없으면 반드시 남에게 빌려서 그 일을 하게 될 것입니다. 이러한 것이 진실로 마땅한 방법이기는 하지만, 만약 이것을 바른길이라 여겨 그칠 줄 모르고 한 번 빌리고 두 번 빌리다 보면 나라의 형세가 어떠한 상황에까지 이르겠습니까. 예전에 영국·프랑스가 이집트에 돈을 빌려줄 때 애

13 《대한매일신보》 1907년 2월 24일에 의하면, 의연하려는 사람들이 "每日 盈門하였다." 고 한 바, 이는 상당히 많은 사람들이 참여하였음을 알 수 있다.

초부터 이집트에 재앙을 주려고 한 것이겠습니까. 다만 빚을 얻은 이들의 일 처리가 옳지 못하여 남의 나라 땅이 되었습니다. 대저 국민 된 자들이 만약 남은 돈을 내어 위로는 국가의 필요한 것에 부응하고 아래로는 국민들의 부강을 이루게 한다면, 또한 무엇이 좋다고 우리들이 본래 가지고 있던 것을 버리고 남에게 돈을 빌리려 하겠습니까. 지난번 우리 정부가 발전에 성급하여 빌린 외채가 1,300만 원에 이릅니다. 그 마음에, "이것을 밑천 삼아 국가의 대사업을 일으키겠다."고 어찌 말하지 않았겠습니까.

그러나 지금 우리 2천만 국민들이 가령 한 사람이 1원씩 낸다면 2,000만 원이 될 것이고, 만약 50전씩 낸다면 1,000만 원이 될 것이니, 이렇게 하여 남에게 진 빚을 갚을 수 있지 않겠습니까. 또 의연금을 내는 방법이 원하는 액수의 많고 적음에 따라 한 번에 내겠다는 사람은 편한 대로 하는 것은 참으로 말할 것도 없고, 그 나머지는 곧 달이나 분기로 나누어 매번 5전, 10전 등 차이가 있더라도 마지막에는 나의 역량대로 내고 마친다면 어찌 묘하고도 쉬운 방법이 아니겠습니까.

본인 등이 뜻을 이루지 못한 것이 진실로 여러 날이 되었는데, 지금 다행히 영남의 동래(부산)와 대구 등지의 여러 군자들이 단연보상의 논의를 내어서 발기한 지 며칠이 되지 않아 의연금을 내는 사람들이 날마다 이르니, 우리 백성들이 자기 집처럼 나라를 사랑하고 강토를 보존하고 종족을 보존하는 훌륭한 마음을 볼 수 있겠습니다.

만약 이미 금연을 하였다고 말한다면 우리 땅에서 나는 담배조차도 오히려 경계하여야 하는데, 하물며 수만 리 떨어진 애급(이집트)과 여송(필리핀) 등의 비싼 담배와 맛이 떨어지는 청연(중국 담배)과 같은 것은 어떠하겠습니까. 또 의연금을 내는 일이라고 하는 것은 사정과 재력이 다르고 빈부 또한 격차가 심하니, 말에는 천 근을 실을 수 있지만, 개미는 좁쌀 한 알을 짊어질 수 있다는 것이 또한 같은 이치입니다.

예전, 보불전쟁(프로이센-프랑스 전쟁)에서 그 나라 사람들이 수백만, 수십만 원을 내는 사람도 있고, 또한 놋숟가락 하나를 낸 사람도 있었습니다. 놋숟가락이라고 하는 것이 수백만 원과 많고 적고 가볍고 무거운 것을 비교한다면 진실로 어떠하겠습니까? 그렇지만 공을 받들고 나라를 바로 세우는 마음은 한 가지입니다. 이에 저희들이 멀리 동래(부산)와 대구 등의 여러분들과 함께 하나로 뭉쳐 이 회를 조직하여 '국채보상기성회'라고 이름을 지었습니다.

이에 우리 동포들에게 널리 알려 우리 국민들의 의무를 다하기를 바라니, 아! 나라가 망하면 국민도 망하니, 힘씁시다. 우리 동포들이여! 또 얼마의 때를 기다려 나라의 모든 빚을 갚은 뒤에, 세계 제일의 향기롭고 아름다운 담배 수천만 개비를 사서, 온 국민 남녀노소가 바람결에 담배 한 번 피면서 우리의 맑은 흥을 풀어보는 것이 어떻겠습니까.[14]

이 취지서에 의하면, 정부가 빌린 외채가 1,300만 원이며, 이를 갚기 위해 전 국민이 금액의 많고 적음에 구애받지 말고 의연을 하자는 것이다. 서울에서 처음으로 조직된 국채보상기성회에 참여한 발기인은 김성희·유문상·이필상李弼相·김주병金柱炳·오영근·최병옥崔炳玉·김상만金相万·임봉래林鳳來·안국선·윤병승尹炳升·윤태영尹泰榮·윤천구尹天求·박태서朴太緖·송기윤宋基潤·현공렴玄公廉·김대희金大熙·김동규金東圭·이승교李承喬·신해용申海容·최병진崔秉珍·한진용韓震用·이상익李相益·주한영朱翰榮·고유상高裕相 등

14 〈국채보상기성회 취지서〉《황성신문》 1907년 2월 25일.
국채보상기성회 취지서는 《황성신문》 외에 《만세보》 1907년 2월 26일과 《대한매일신보》 1907년 2월 27일에도 게재되었다.

24명이었다.

이 국채보상기성회 취지서에 의하면, 활동 방침을 다음과 같이 정하였다.

一. 본회는 일본에 대하여 국채 1,300만 원을 보상하는 것을 목적으로 함.

一. 보상 방법은 일반 국민의 의연금을 모집함. 단 금액은 많고 적음에 구애받지 않음.

一. 본회에 의연금을 납부한 사람은 본회의 회원으로 인정하고, 성명과 금액을 신문에 공고함.

一. 본회와 목적이 같은 각 단체는 서로 연합하여 목적을 이룰 것을 힘써 도모함.

一. 의연금은 모아서 위의 금액에 이르기까지 믿을 만한 우리나라의 은행에 맡겨둠. 다만 수합된 돈은 매월 말에 신문에 공고함.

一. 본회는 목적을 달성한 뒤에 해산함.

위의 활동 방침에 따르면, 국채보상기성회는 1,300만 원의 국채 보상을 목적으로 일반 국민의 의연금을 모집하고, 이를 신문에 공고하며 목적을 달성한 후에는 해산하기로 하였다. 그리고 임시사무소와 의연금을 모금할 수전소收錢所를 다음과 같이 정하였다.

중서 전동 12통 1호, 보성관 안 야뢰보관 임시사무소.

중서 포병 아래 광학서관 김상만. 남대문 밖 도동 건재약국 유한모.

서서 석정동 대한매일신보사. 남대문 안 상동청년학원 사무소.

남서 대광교 37통 4호 서포 고유상. 중서 파조교 건너편 중앙서포 주한영.

이들 수전소 중 보성관은 국민계몽을 위해 1907년 2월 5일 창간된 《야뢰보》의 임시 발행처였다.[15] 《야뢰보》를 창간한 오영근·유문상·현공렴·김대희 등은 국채보상기성회의 발기인으로 참여하였다. 광학서관[16]과 서포,[17] 중앙서포 등은 출판사를 겸한 《초등소학》 등을 판매하는 서점이다.[18] 이들 서점주 김상만·고유상·주한영 역시 국채보상기성회 발기인으로 참여하였다. 이들 수전소는 대부분 출판 또는 도서를 매매하는 서점이었다.

한편 국채보상기성회는 일반 민중과 여성들을 위해 한글로 작성한 취지서를 배포하기도 하였다.[19] 이는 목적에서도 밝히고 있는 바와 같이,

15 〈잡지발간〉《대한매일신보》 1907년 1월 31일.

16 광학서관은 1906년에 설립되었다.

17 '서포'는 고유상이 1897년에 세운 회동서관이다.

18 〈광고〉《황성신문》 1907년 1월 26일.

19 국채보상기성회 한글 취지서는 다음과 같다.
"대저 국채는 국민적 필요를 위하여 부득이하게 행한 일입니다. 만일 前例로 알고 빌리기만 하다가 갚을 도리가 없으면 결국 나라가 망할 것이니, 나라가 망하면 백성이 없을 것이요, 백성이 없으면 나라도 없을 것입니다. 어찌 두렵지 않겠습니까? 얼마 전에 우리나라에서 일천 삼백만 원의 국채를 쓴 일은 부득이한 일이지만, 지금 財政이 곤란하여 빚을 깨끗이 갚을 방법이 몹시 딱하고 어려우니, 어찌 우리 국민의 책임이 아니라고 하겠습니까? 가령 밥은 먹지 아니 하더라도 나라는 있어야 동포의 자손이라도 보존할 수 있을 것입니다. 먹지 아니 하여도 괜찮은 것은 南草(담배)이니, 근래 埃及(이집트) 卷煙(종이로 말아 놓은 담배)이나 呂宋煙(담뱃잎을 썰지 아니하고 통째로 돌돌 말아서 만든 담배. cigar)같은 값이 비싼 것을, 날마다 많은 돈을 헛되이 쓰면서 먹으니, 우리 동포 이천만의 몇 달 담뱃값 허비하는 것을 합산하여도 무려 수천만 원가량이 될 것입니다. 그러하니 허비하는 전액으로 나라 빚을 갚으면, 백성에게 해로움이 없고 나라에 이익이 있다고 할 수 있을 것입니다. 근래에 東萊(부산)와 대구에 뜻있는 紳士가 논의를 끄집어낸 것이 당연한 일이기로 '국채보상기성회'를 조직하여 동포에게 널리 알리오니, 뒤에 기록한 여러 조항들에 의하여 한 마음으로 힘을 합치시어 나라를 보존합시다."(국채보상운동기념사업회, 앞의 책, 2017, 36쪽)

국채보상중앙의무소의 동포서

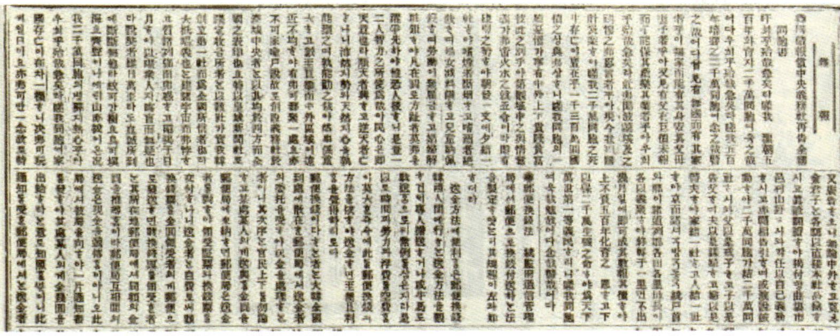

출처:《만세보》1907년 4월 18일.

전 국민의 적극적인 참여를 권유하기 위한 방안이기도 하였다.

이처럼 국채보상기성회가 조직되어 의연 활동을 전개함에 따라 국채보상을 지지하는 단체들이 연이어 조직되었다. 국채보상중앙의무사, 국채보상서도의성회, 단연동맹상무회의소, 국채보상의무소, 한북국채보상단성회, 국채보상부인회, 국채보상연합회의소 등이다. 이들 단체도 각각 취지서 등을 발표하고 의연 활동을 독려하였다.

국채보상중앙의무사는 서병염·윤흥섭 등이 조직했으며,[20] 포고문을 발표하고 2천만 동포가 각출 의금하여 보상을 하기로 열심히 진력할 것을 당부하고 있다. 국채보상중앙의무사의 초기 명칭은 국채보상의무사였으며, 의연금 수금소를 황성신문사에 두었다.[21] 국채보상중앙의무사는 "2천만 동포의 생사존망이 오로지 1,300만 원 국채를 갚느냐 못 갚느냐에 달려 있다."고 하는 글을 발표하고 전 국민의 의연 활동을 독려하였다.[22] 이

20 〈의무사우기〉《황성신문》1907년 2월 27일.

21 〈국채보상 포고문〉《황성신문》1907년 3월 2일.

22 〈국채보상중앙의무소 재고 전국동포서〉《만세보》1907년 4월 18일.

러한 중앙의무사의 활동에 대해서 백성의 애국 정성과 단결력이 점차 발전되는 것이라고 축하하기도 하였다.[23]

국채보상서도의성회는 서울지역의 서도西道, 즉 관서지역 출신들이 조직한 것으로 서도 지역인들에게 국채보상 의연에 참여할 것을 적극 권유하는 취지서를 발표하였으며, 의연금을 수합할 곳으로 중서 장통방 장교 4통 2호 김윤영의 집으로 정하였다. 국채보상서도의성회는 국채 1,300만 원을 보상 즉 목적을 달성하면 해산키로 하였다.[24] 단연동맹상무회의소는 조직 주체는 불분명하지만 뜻을 함께 하는 사람들에게 이를 널리 알려 단연운동에 적극 참여할 것을 밝히고 있다.[25]

국채보상의무소는 효령대군의 주손 이정재李貞宰가 종친회를 중심으로 국채보상 의연에 적극 참여할 것을 알리면서 의무소를 자신의 집인 중서 대사동에 두었다.[26] 이는 왕실이 국채보상운동에 참여하였다는 점에서 의미가 있었다. 한북국채보상단성회 역시 국채보상을 위해 박유풍·장기흡·김연우 등이 발기인으로 참여하여 설립하였음을 밝히고 다동에 임시 사무소를 두었다. 특히 단성회는 "개인적으로 의연금을 빼돌린 사람 및 금액이 있으면 세상에 용납되지 못하도록 한다."는 경고를 하기도 하였다.[27]

국채보상부인회는 남촌과 북촌의 부인들이 모임을 갖고[28] 이씨 등 11명의 발기인으로 조직된 단체로, 대안동 14통 4호 김규홍의 집에 사무소

23 〈의무사우기〉《황성신문》 1907년 2월 27일.

24 〈국채보상서도의성회 취지서〉《대한매일신보》 1907년 2월 28일.

25 〈단연동맹취지서 상무회의소〉《대한매일신보》 1907년 3월 7일.

26 〈종친출의〉《만세보》 1907년 3월 12일.

27 〈한북국채보상단성회 취지서〉《황성신문》 1907년 3월 15일; 〈한북국채보상단성회 취지서〉《대한매일신보》 1907년 3월 21일.

28 〈불양남자〉《대한매일신보》 1907년 3월 6일.

를 두었다.[29] 다음과 같은 취지서를 그 의미를 밝히고 있다.

> 대저 국채로 인하여 나라가 태평하지 못한데, 아녀자도 나라의 은혜를 입었으니 나라를 사랑하는 마음이 없으면 백성의 도리가 아닙니다. 그러므로 여자들도 참여하려고 마음과 힘을 모았습니다. 본회에서 의연금을 내는 부인에게는 본회의 회원으로 책자 기록에 올리고 성명과 금액을 신문에 공포하겠으니 전국 동포 부인들은 살펴주십시오.[30]

국채보상부인회는 남성 중심의 국채보상운동에 여성들이 주체적으로 참여하였다는 점에서 의미가 있다.

국채보상연합회의소는 "개인도 빚이 있으면 반드시 갚아야 하거늘 국가도 당연히 갚아야 한다."는 뜻으로 반드시 연합회의소를 조직한다는 취지를 밝혔으며 전국 13도 대표가 참여하였는데, 전동 보성관에 사무소를 두었다.[31] 국채보상연합회의소는 의장 이준, 부의장 김광제, 위원장 윤효정으로 임원진을 구성하였다. 그렇지만 김광제는 부회장을 고사하기도 하였다.[32]

한편 국채보상운동 단체가 우후죽순으로 조직되는 과정에서 혼란을 겪기도 하였다. 국채보상연합임시회의소는 전동 자강회관에서 임시개회를 하였는데, 전동 보성관에는 국채보상연합회의소가 이미 설립되었기 때문에 단체 명칭이 겹치고 혼란을 줄 수 있다는 이유로 철회하기도 하였

29 〈국채보상부인회 취지서〉《만세보》 1907년 3월 14일.

30 〈국채보상부인회 취지서〉《대한매일신보》 1907년 3월 14일.

31 〈국채보상연합회 임시사무소 알림〉《만세보》 1907년 4월 3일.

32 〈임원조직〉《황성신문》 1907년 4월 8일.

다.[33] 1907년 4월 27일 이 두 단체는 국채보상중앙연합회의소로 통합하고 소장에 이도재와 부소장에 이용직을 선출하였다.[34] 그렇지만 소장 이도재가 사임함에 따라 이용직을 소장으로, 지석영을 부소장으로 선출하고 재무처리로 한일은행장 조병택, 천일은행장 김기영, 농공은행장 백완혁, 한성은행 총무 한상룡, 창고회사장 조진태를 각각 선정하였다.[35]

이와 같이 국채보상운동 관련 단체들이 각지 조직됨에 따라 의연활동도 활발하게 전개되었다. 국채보상기성회의 경우 의연금이 '속속 내납'하였는데, 중서 이봉천은 100여 명이 단연하기로 동맹하고 의연금 180원을 수합하여 기부한 바 있다. 또 인현보통학교 학생 서귀동 등 34명은 담배를 할 수 있는 미성년자였기 때문에 소비할 담뱃값을 기부하였으며, 사직동 김사오의 상노床奴 김범이는 김사오가 의연을 하는 것을 보고 그동안 모은 1원을 기부하였다.[36] 특히 10세 정도의 어린이들이 기성회에 의연하는 사례가 적지 않았다. 다동 김쾌문, 김덕수 집안의 김홍동 등 동지들이 500여 원을 전납하였다.[37] 국채보상부인회의 경우 손수남의 조모가 남의 집 고용으로 받은 1원을 천금으로 여기고 의연한 바 있으며,[38] 전 군수 현병운의 부인 우계영이 지화 3원을,[39] 서서 막동 하계의 여러 부인 외 그동안 모은 의연 내역을 광고로 게재하기도 하였다.[40]

33 〈국채보상연합소 근황〉《만세보》 1907년 4월 13일.
34 〈총회 조직〉《대한매일신보》 1907년 4월 28일.
35 〈총회 조직〉《대한매일신보》 1907년 4월 30일.
36 〈단연구금〉《대한매일신보》 1907년 3월 2일.
37 〈천량가애〉《대한매일신보》 1907년 3월 7일.
38 〈의무빈천〉《대한매일신보》 1907년 3월 16일.
39 〈우씨송함〉《대한매일신보》 1907년 3월 21일.
40 〈대안동국채보상부인회 광고〉《황성신문》 1907년 4월 13일.

이처럼 의연한 자와 금액 등을 《대한매일신보》, 《만세보》, 《황성신문》 등 언론에 게재하였다. 한편 국채보상중앙의무사와 국채보상연합회의소가 연합하기 위해 회합을 하였으나 명칭 관계로 갈등을 겪기도 하였다.[41]

서울지역에 국채보상운동 단체들이 조직되었는데, 이들 단체의 발기인 또는 관련 인물을 살펴보면 〈표 1〉과 같다.

〈표 1〉 서울지역 국채보상운동 단체와 관련 인물들

단체명	관련 인물
국채보상기성회	김성희 유문상 이필상 김주병 오영근 최병옥 김상만 임봉래 안국선 윤병승 윤태영 윤천구 박태서 송기윤 현공렴 김대희 김동규 이승교 신해용 최병진 한진용 이상익 주한영 고유상(이상 발기인)
국채보상중앙의무사	서병염 윤흥섭 박규순 김영선 강인규 서상학 성인호 백낙정 김선호 이승경 박제칠 이병선 윤용섭 박승덕 김사홍 김학안 김성한 정만섭 허겸 윤충하 조경식 이문화 김승렬 홍승두 이섭 이용의 강하영 허식 김현수 김기준 정홍식 백낙헌 심영지 권종응 김정기 조영호 김정기 조병렬 이주국 김연학 신정균 윤자필 박희순 박기명 이규동 백낙선 김용기 윤세익 김용복 김재희 김병묵 구필회 조종섭 구자혁 홍승노 홍승구 최완 홍기표 이병곤
국채보상서도의성회	이기영 김윤영 김성기 김병도 신석하 이배영 조태윤 길인수 이용석 박기병 윤병규 최익환 백낙원 유승풍 김규진 전효순
단연동맹상무회의소	미상
국채보상의무소	이정재
한북국채보상단성회	박유풍 장기흡 김연우 강용구 김기시 김현묵 박경준 김용묵 강봉식 전면호
국채보상부인회	이씨 송씨 김씨 박씨 계씨 염씨 한씨 정씨 신씨 오씨 윤씨 등
국채보상연합회의소	의장 이준, 부의장 김광제(고사함), 위원장 윤효정

41 〈중앙연합〉 《대한매일신보》 1907년 4월 26일.

〈표 1〉에 의하면 서울지역 국채보상운동 관련 단체는 국채보상기성회를 비롯하여 국채보상중앙의무사, 국채보상서도의성회, 단영동맹상무회의소, 국채보상의무소, 한북국채보상단성회, 국채보상부인회, 국채보상연합회의소 등 10여 개에 이르며, 이들 단체 조직에 적극 참여한 인물은 130여 명에 달하고 있다. 이들 참여자의 국채보상운동 전후의 이력을 살펴보면 〈표 2〉와 같다.

〈표 2〉 서울지역 국채보상운동 단체 조직 참여자의 이력

단체명	이름	주요 이력
국채보상기성회	김성희	대구수창사 회원, 대한자강회 월보 편찬원 및 평의원, 대한협회 회원, 기호흥학회 월보 저술원
	유문상	태극학보 찬성원, 야뢰보 발간
	김주병	대한자강회 회원, 대한협회 평의원, 서북학회 총무원
	오영근	대한협회 회원, 태극학보 찬성원, 야뢰보 발간, 대동상회 설립
	김상만	대한협회 회원, 서우학회 찬성원
	임봉래	대한자강회 회원, 서우학회 회원
	안국선	대한협회 평의원, 기호흥학회 월보 저술원
	윤병승	대종상회 설립
	윤태영	기호흥학회 월보 저술원, 대한흥학회 회원, 태극학보 찬성원
	윤천구	대동학회 서기
	박태서	한성일어학교 부교관
	현공렴	태극학보 찬성원, 대동상회 설립, 야뢰보 발간
	김대희	야뢰보 발간, 태극학보 찬성원, 서북학회 참여
	신해용	대동상회 설립, 서우학회 회원, 태극학보 찬성원
	이승교	서우학회 회원
	최병진	대한협회, 서북학회 참여(단천지회장)
	한진용	서우학회 및 서북학회 회원(정평), 한북흥학회 의연인
	이상익	대한자강회 회원, 대한협회 평의원, 기호흥학회 기호학교 교사

단체명	이름	주요 이력
국채보상기성회	주한영	대한자강회 회원, 기호흥학회 찬무원, 태극학보 의연
	고유상	기호흥학회 찬무원, 태극학보와 대한흥학보 기고
국채보상중앙의무사	서병염	대한자강회 회원, 대동학회 회원, 노동회 사무장, 대한상무조합 공사원
	윤흥섭	기호흥학회 찬무원 및 월보 저술원, 대동학회 회원
	박규순	대한협회 회원
	강인규	대한협회 회원
	서상학	기호흥학회 찬무원
	성인호	대동학회 회원
	백낙정	대동학회 회원
	김학원	대한상무조합 공사원
	김성한	기호흥학회 찬무원
	윤충하	권중현사건으로 유배 10년, 태극교회 교무원
	조경식	대한협회 회원
	홍승두	비서감승
	이용의	대한협회 회원
	김연학	대한자강회 회원
	백낙선	태극학회 사무원
	김재희	테극학회 회원, 대한학회 교제부원, 대한흥학회 회원
	김병묵	서북학회 회원
	홍승구	대동학회 회원
	최 완	대한흥학회 회원
	홍기표	영정법률사무소 근무
국채보상서도의성회	윤병규	대한협회 회원, 서우학회 회원, 기호흥학회 회원, 대한학회월보 찬성원
	신석하	서우학회 발기인 및 평의원, 서북학회 평의원
	김병도	서우학회 발기인, 서북학회 평의원
한북국채보상단성회	박유풍	서북학회 회원
	김연우	태극학회 사무원, 대한흥학회 회원

단체명	이름	주요 이력
한북국채보상단성회	강용구	서북학회 회원
	박경준	서북학회 회원
국채보상연합회의소	이 준	대한자강회 평의원, 한북학회 발기인, 서북학회 회원
	윤효정	대한자강회 발기인 및 평의원, 부회장, 대한협회 발기인 및 총무

출처: 국사편찬위원회 한국사데이터베이스(db.history.go.kr) '한국근현대잡지자료'.

〈표 2〉에 의하면, 서울지역 국채보상운동 단체를 조직하는 데 참여한 인물은 대부분 대한자강회, 대한협회, 서우학회, 대한흥학회, 서북학회, 태극학회 등 애국계몽운동 단체에서 활동한 지식층이거나 대동상회, 보부상 단체인 대한상무조합 등 상인층 그리고 부인 즉 여성들이었다. 이들은 국채보상운동을 애국계몽운동의 하나로 인식하였음을 알 수 있다.

애국계몽운동 단체의 임원진들이 국채보상운동에 적극 참여한 것은, 이들 단체들이 교육과 식산을 강조하였다는 점에서 당연하다고 할 수 있다. 특히 국채보상운동 단체들은 식산을 강조하였는데, 이는 경제적 자립을 무엇보다도 중요하였기 때문이다. 특히 일본의 경제적 침략은 망국의 위기로 인식하였다. 이로 인해 이들의 적극적 참여는 당연하였다.

3. 국채보상운동의 확산과 의연

앞에서 살펴보았듯이 국채보상기성회 등 국채보상 관련 단체들이 조직됨에 따라 유지들과 학교, 일반인 등이 이에 호응하면서 국채보상운동은 점차 확산되어 갔다.

1907년 2월 22일 국채보상기성회가 취지서를 발표 후 북촌에서는 50여 명이 의연에 참여하기로 하였으며, 태복사에서는 윤효정·남궁훈·심의성 등을 초청하여 국채보상운동 실행방법을 상의하고 의견을 모아 규칙과 취지 등을 준비하였다.[42] 그 결과 주사인 서정필과 이규동의 명의로 "국채보상운동으로 국민들은 무척이나 감격하는데 관리들은 편안하게 자리만 지키고 있으니, 이것은 다만 마음에 부끄러움만 있게 하는 것이 아니라 스스로를 욕보이는 일"이라고 하면서, "관료는 한마음으로 분발하여 저금을 찾아서 국채보상에 기부한다면 반드시 그 돈은 국채보상의 한 부분을 담당할 것"이라는 내용으로 의조 발기문을 발표하였다.[43] 그리고 의연 방법으로 "매달 월급 중에 몇 원씩 저축금으로 계제計除한 금악을 추심하여 연보하는"을 제시하였다.[44] 서정필과 이규동은 이후에도 관리들의 국채보상 의연 참여를 지속적으로 권유하였다.[45] 이규동은 발기문 발표에 앞서 국채보상중앙의무사 발기인으로도 참여한 바 있다.[46] 서정필과 이규동은 자신들이 저축한 돈을 찾아 의연금으로 납부하고자 하였지만 궁내부에서 거부하여 의연으로까지 이어지지는 못하였다.[47]

정부 관료 즉 대관들도 이용직의 집에서 국채보상 문제를 상의하였는데, "대황제 폐하께서 담배를 잡숫지 아니하시겠다는 처분이 있다고 하니 우리들도 어찌 담배를 피우겠습니까?"라고 의견을 모으고 단연하고

42 〈보재발기〉《만세보》 1907년 2월 26일.

43 〈국채보상 발기문〉《만세보》 1907년 3월 5일; 〈의조 발기문〉《황성신문》 1907년 3월 8일.

44 〈저금 의조〉《황성신문》 1907년 3월 5일.

45 〈경계자 오호라〉《대한매일신보》 1907년 6월 18일.

46 〈국채보상 포고문〉《황성신문》 1907년 3월 2일.

47 〈저금 의연 미과〉《만세보》 1907년 3월 13일.

국채보상에 참여하기로 하였다.[48] 그럼에도 여론은 대관들에 대해 접대비라는 명목으로 매월 200환씩 태연하게 받아 간다거나 나라를 팔아먹은 대신들이 담배를 끊지 않는다고 비난하였다.[49] 이와 같은 비난성 여론이 일자 궁내부 · 내부 · 군부 일반관리들이 담배를 끊었고,[50] 동구릉의 낭관들도 국채보상에 참여할 것을 서명하였다.[51] 황실의 종친도 국채보상운동에 참여하기로 하였으며,[52] 이어 군인들도 적극 국채보상 의연에 참여하기로 하였다.[53]

국채보상운동에는 관료, 황실뿐만 아니라 종중 · 학회 · 학교 · 여성 · 학생 등 외에도 당시 신분적으로 차별받았던 하층민도 참여하였다. 서울 달성서씨 종중은 20여 명이 회합을 갖고 서울뿐만 아니라 지방 종중에서도 참여하기로 하였다.[54]

서우학회는 국채보상금 문제를 본회 안건으로 상정하여 가결하고, 이를 공고하여 회원들의 적극적인 참여를 독려하였으며,[55] 동우회도 정기회의에서 담배를 끊고 국채보상 의연에 참여하기로 결의하였다.[56] 한북흥학회도 이준 · 오상규 · 양호건 등 36명이 국채보상 취지서를 발표하고 함

48 〈대재황언〉〈대관 단연〉《대한매일신보》 1907년 2월 27일. 이때 참여한 대관은 민영소 · 이종건 · 한규설 · 심상훈 · 조동윤 · 이우면 · 조동희 등이었다.

49 〈여론 분운〉《만세보》 1907년 3월 2일; 〈학동 매대관〉《대한매일신보》 1907년 3월 7일.

50 〈부부 단연〉《만세보》 1907년 3월 12일.

51 〈각 능관 출의 동정〉《만세보》 1907년 3월 16일.

52 〈황실운동〉《대한매일신보》 1907년 3월 7일; 〈종친 의연〉《대한매일신보》 1907년 4월 13일.

53 〈군대 단연〉《황성신문》 1907년 3월 9일.

54 〈서씨 의연종회〉《황성신문》 1907년 3월 11일.

55 〈광고〉《대한매일신보》 1907년 3월 15일.

56 〈동우 개회〉《대한매일신보》 1907년 7월 14일.

경남북도 각군에서 의무금을 모집하기로 하였다.[57] 여자교육회도 통상회에서 토론을 마친 후 국채보상 의연금을 모집하기로 결의하였다.[58] 이어 1907년 3월 23일 정기회의에서는 모급한 국채보상 의연금을 보탤 방법을 연구할 것을 결의하였다.[59]

학교의 경우 돈명의숙이 가장 먼저 국채보상 의연에 참여하였다. 돈명의숙은 학원 즉 교지구원이 국채보상 취지서를 신문사에 발표뿐만 아니라 각 지방에도 발송하는 한편 의영금을 모집하였다.[60] 이어서 약현에 있는 사립 광흥학교에서 교감 이택응은 교직원과 학생들에게 애국사상을 설명하고 담배를 끊기로 하였으며,[61] 계동 동명의숙에서도 이기용·최종락 등이 국채보상금 모집을 발기하고 수합소를 교내에 두었다.[62] 남문 밖 한양학교는 한양단연동맹회를 조직하고 박은영과 양재창이 단연의 필요성을 강조하였는데, 학생 50여 명이 바로 입회하였다.[63]

이처럼 서울 각지에서 국채보상 의연활동을 전개하였지만, 이 시기 일부에서는 기생을 불러 연회를 개최하는 것에 대해 매우 부정적인 인식도 없지 않았다. 남서 하리동 장보형의 집에서 관리의 자제들이 기생을 불러서 연회를 열고 질탕하게 놀 때, 별순검이 순찰을 돌다가 이를 보고 "우리나라 2천만 동포 가운데 저 시골 가난한 백성들도 국채를 보상하려고 어떤 사람은 담배도 끊고 어떤 사람은 음식도 줄이는데 당신들은 담배 끊

57 〈한회 보채 발기〉《황성신문》 1907년 4월 10일.
58 〈여회 토론 성황〉《만세보》 1907년 3월 10일.
59 〈여회 점왕〉《만세보》 1907년 3월 27일.
60 〈여론 제기〉《황성신문》 1907년 2월 27일.
61 〈광교 단연〉《대한매일신보》 1907년 3월 2일.
62 〈국채보상 취지우기〉《만세보》 1907년 3월 5일.
63 〈한교 단연〉《황성신문》 1907년 3월 21일.

고 음식 줄이는 것은 고사하고 술 마시고 음식 먹는 놀음에만 골몰하여 기생이나 끼고 시조나 부르면서 목전의 세월을 풍류로 보내는구려. 주색도 즐겁고 연회도 즐겁겠지만 당신들도 좀 생각하여 보시오. 한 푼 돈이라도 술과 여색으로 다 소비하는 것이 옳겠소, 국채보상에다 보태는 것이 옳겠소? 아무리 지각이 어둡다 한들 어찌 이렇게도 나라 사랑하는 마음이 조금도 없는 게요?"라고 질타하기도 하였다.[64] 또한 농상공부 일반 관리들이 기생 풍류로 연회를 하자 술 취한 구경꾼이 이를 비난하고 돌을 던졌으며,[65] 어린 병사도 이를 꾸짖었다.[66] 이러한 사례는 전 국민이 국채보상운동에 참여하는데, 일부에서 기생을 불러서 연회를 하는 등 일탈행위에 대해 매우 비판적 인식이 있었음을 확인할 수 있다.

그렇다면 서울지역에서의 국채보상 의연 사례를 살펴보자. 서울에서 의연한 사람 중에서 적극적인 인물은 박승직이었다. 그는 동서 이현에서 포목상을 운영하였는데, 1907년 2월 22일에 70원을 대구광문사에 기부하였다. 이에 대해 언론에서는 '애국 성의'라고 칭송하였다.[67] 중서 농포동 대한매일신보 지사장 정우택은 지역 주민들을 모아 국채보상 문제를 연설하고 의연 모집을 권고하기도 하였다.[68]

이처럼 의연 기부와 연설 등으로 의연활동에 참여하는 사례가 점차 늘어갔는데, 국채보상운동 초기 서울지역에서 의연한 사례는 살펴보면 다음과 같다.

64 〈일언일봉〉《황성신문》 1907년 3월 18일.
65 〈석낙연석〉《만세보》 1907년 3월 23일.
66 〈병힐경축〉《황성신문》 1907년 3월 23일.〈신동출의〉
67 〈애국성의〉《대한매일신보》 1907년 2월 23일.
68 〈국채연설〉《대한매일신보》 1907년 2월 26일.

① 국채를 보상할 계획으로 연금을 모집 사에 대하여 출의전 특래인이 매일 영문하는 데, 그중 특이한 인은 남문 내 포목전 전득영 씨의 아들 12세 학동이 애연 양심이 수의이발하여 세배전 구화 2원을 수납하였고, 상사동 이소사는 부녀 편견으로 국가사상에 단단무타하여 수식은 차를 방매하여 구화 4원을 본사에 기송함에 제국신문사로 지송하였으니, 수 부인 아동이라도 충의가 격출하니, 한국에 전진을 대유기망이라 하다라.[69]

② 대안동 거 강소사는 무의무가하여 일관 인가 내방에서 기숙하는 생활로 금번 국채보상 사에 대하여 고금 소득으로 한화 4원을 의연하였더라.[70]

③ 근일 이래로 일본 국채보상함을 위하여 일반 인민이 단연 대금을 모집함은 각 신문 상에 게재한 바어니와, 갱문한 칙 약방 기생 39인이 신화 20여 환을 모집하여 총대 3인을 제국신문사로 파송 납부하였다더라.[71]

④ 관립 영어학교 교장 이하 일반 학원과 사환하는 인까지 작일 해교에 회동하여 국채보상 사에 대하여 결의하기를, 일 개인이 단연 대금을 매삭 20전 이상으로 분배 갹집케 하되 3삭으로 정기하고 교장 이하 일반 학원이 흡연하는 물품을 진위소신하였다 하니, 해씨들의 애국성을 막불찬하하더라.[72]

69 〈충의소격〉《대한매일신보》 1907년 2월 24일.
70 〈궁부충의〉《대한매일신보》 1907년 2월 26일.
71 〈악기연가〉《황성신문》 1907년 2월 26일.
72 〈영교단연〉《황성신문》 1907년 2월 26일.

⑤ 수표교 사는 체영찰 신태휴 씨의 영윤 석우 년금 14세 수재요, 휘문의숙 생도인데 그 가에서 매일 오요 차로 5전식 출급하는지라. 금번 국채보상할 차로 출의하는 사에 대하여 부형께 간청하고 3개월 10일조 5환을 추제하여 본사로 특래하였는지라. 오제는 해아의 연천하므로서 본가에 대하여 충애심이 분발함을 일층 감탄하노라.[73]

⑥ 본사 분전수 8인이 국채보상금 모집하는 사에 대하여 각기 박봉 중에서 신화 20전씩 의연하니, 해인 등의 충애심이 우극가상하다 하노라.[74]

⑦ 국채보상 사로 인민이 단연하고 대금을 모집한다는 사를 자상으로 입문하시고 대황제 폐하께옵서 하교하사 왈, 애아적자가 국채를 보상하기 위하여 연가를 모집하니, 짐 불가흡연이라 하시고 연초를 불어하신다더라.[75]

⑧ 전 참정대신 김성은 씨가 국채모집 사에 대하야 본사에 위임하여 구화 100원을 수전하고 간절히 일반 인민의 충의를 감격하는 뜻을 표하니, 연고덕소한 재상에 위국하는 성의를 감하하노라.[76]

⑨ 북촌 인력거꾼 이모가 모자 동거하여 매일 고가를 다소간에 저저히 그 모를 수하더니, 일전에는 그 모에게 기 10전만 달라함에 그 모가 수용처를 문한즉, 그의 아들이 답하되, 국채 1,300만원 보상하는데, 불가부 출연한다

73 〈신동출의〉《만세보》 1907년 2월 26일.
74 〈보채금 영조〉《만세보》 1907년 2월 26일.
75 〈대재황원〉《대한매일신보》 1907년 2월 27일.
76 〈노재의연〉《대한매일신보》 1907년 2월 27일.

한즉, 그 모가 답하되, 여차하면 하위 기 10전고. 소불하 4원은 할 것이라 하고, 4원을 출급 기자하였다더라.[77]

⑩ 상리동 이국장 가 상노 맹칠복은 연금 14에 국채전 60전을 출의하였고, 징상 1대에서 병정 매명 하에 의연금 40전씩 모집하는데, 일중 일소대 병정 김성오가 해대 소수는 의례납상하고, 또 본사에 신화 4원을 수납하니, 일동일병이 구시가상이로다.[78]

⑪ 금번 국채보상 사에 대하여 上自 황실 및 공경가 더불어 각 학교에서 거개 단연이 온 바, 본사 사원도 일반 의무로 동맹당연홈.[79]

⑫ 서소문 외 반정동 거 전창현 씨의 자 남극이가 연방 10세인데, 본 신보에 게재한 국채보상금 모집하는 취지를 聞하고 정초 세배 소득전 한화 1을 지하고 본사에 위래하여 수납이거하는데, 청언관모에 애연 충애가 출어천진하니 가애가상이어다.[80]

⑬ 농포동 본사 지사장 정만택 씨 가에 거하는 낭하신 이금만은 금년 14세인데, 본 지사의 발기한 취지를 문하고 불승감하하여 신화 20전을 의연하였다더라.[81]

77 〈시모시자〉《대한매일신보》 1907년 2월 27일.
78 〈병동구기〉《대한매일신보》 1907년 2월 27일.
79 〈본사단연〉《대한매일신보》 1907년 2월 27일.
80 〈기재차동〉《대한매일신보》 1907년 3월 1일.

⑭ 묘동 거 김소사가 연금 30의 혈혈단신으로 과거하여 침공으로 위업자생하더니, 금번 국채보상 사의 대하여 불승감격하는 의로 자기 소지 은지환을 신화 2원의 전당하여 가지고 농포동 본사 지사원 정우택 씨에게 교부하였다더라.[82]

⑮ 종로 근지 동상전 도가에 설립한 사립 일신의숙에서 금번 국채보상 사에 대하여 의금을 모집한 사는 전보에 이위게보어니와, 재작일 해교에서 모집 금액이 20여 환에 달하였고, 외국 권련을 일절 단연ᄒᆞ기로 일제 작정하여 일반 교사 여제 학도들이 결심 동맹하였다더라.[83]

⑯ 또 일발기 국채보상 사에 대하여 동현 각 약국에서 발기하고 각기 수력하여 모집한 금액이 수 3백 원에 달하였다더라.[84]

⑰ 중서 관동 26통 9호에 사는 진사 李인 씨의 영윤 이덕봉은 연금 9세인데, 용모용봉하고 언어영민한지라. 금번 국채보상 차로 의연금 모집한다는 설을 듣고, 거의 세배전 1환과 낭영에 관패하였던 1환 합 2환을 가지고 본사에 와서 言하되, 국채상환하는데 충수하라 하니, 해 소아의 충군애국하는 천부지성을 감탄하노라.[85]

81 〈이동가상〉《대한매일신보》 1907년 3월 1일.
82 〈부인의조〉《대한매일신보》 1907년 3월 1일.
83 〈일신단연〉《대한매일신보》 1907년 3월 1일.
84 〈우일발기〉《황성신문》 1907년 3월 1일.
85 〈구세아 출의〉《만세보》 1907년 3월 1일.

⑱ 남궁훈 4환, 김재완 2환 60전, 홍인표 2환, 최상집 1환 30전, 김태선 1환 30전, 성선경 1환 30전, 현석원 1환 30전, 유구용 1환, 임익상 1원, 한양호 1원, 이명규 1원, 오태영 2원, 김익호 1원, 정양득 1원, 장기덕 50전, 이명장 25전, 김병주 60전, 정춘근 20전, 김인화 20전, 임원식 20전, 신경선 20전, 배진수 60전, 한원교 60전, 김성화 20전, 민의호 김경화 마원영 김영락 박태순 차만석 김병문 임병희 마석숭 박윤경 마칠석 이상 20전, 윤태룡 35전 (합 27원 90전), 김일당 2원 70전, 김석자 2원 70전, 박연익 50전, 조동혁 40전, 차희정 10전, 이규형 1환 50전, 이유성 3원, 오재형 2원, 김운선 50전, 남궁석 40전, 양상순 1원, 강만영 50전, 최향식 1원, 최근룡 25전, 명완벽 2원.[86]

이 인용문은 국채보상기성회가 1907년 2월 22일 취지서를 발표하고 2월 28일까지 대략 7일간 국채보상 의연활동을 정리한 부분이다. 7일간 언론에 게재된 국채보상 관련 기사는 18회에 이를할 정도로 성황이었다. 이후 2월 24일부터는 거의 매일 신문에 의연활동 기사가 게재되었다. 이는 서울지역의 국채보상운동에 대한 인식이 어느 정도였는지 확인할 수 있을 뿐만 아니라 의연활동에도 적극적으로 참여하였음을 알 수 있다. 앞에서 인용한 서울지역 초기 국채보상운동 의연 사례를 정리하면 다음과 같다.

①은 남문 안 포목시장 전득영의 12세된 아들이 세뱃돈 구화 2원과 상사동의 이소사라는 여성이 귀걸이를 팔은 돈 구화 4원을 의연금으로 기부하였으며, ②는 거주할 곳이 마땅하지 않은 강소사라는 여성이 한 관인

86 〈국채보상의무금 집송인원금액수〉《황성신문》 1907년 3월 1일.

의 집 내방에서 기거하면서 일하며 모은 임금 4원을 국채보상 의연금으로 납부하였다. ③은 약방 기생 39명이 의연금으로 신화 20원을 모아 제국신문사에 기부하였고, ④는 관립 영어학교 교직원과 학생들이 단연 대금 매월 20전 이상을 3개월 동안 의연금으로 모으기로 하였다. ⑤는 수표교 사는 신태휴의 14세된 아들이 3개월 동안 점심값 중 10일에 해당하는 5원을 모아 의연하였으며, ⑥은 천도교에서 경영하는 신문《만세보》의 분전수 8명은 박봉임에도 불구하고 신화 20전씩 의연하였다.

그리고 ⑦은 대황제 즉, 고종이 의연을 위해 단연하였음을 밝혔으며, ⑧은 전 참정대신 김성근이 의연금 1백 원을 기부하였다. ⑨는 북촌의 인력거꾼 이모와 어머니가 4원을, ⑩은 상리동 이국장의 상노 14세 된 맹칠복이 60전, 김성오 등 군인이 신화 4원을 각각 의연금으로 납부하였다. ⑪은 대한매일신보 사원이 국채보상을 위해 단연동맹을 하기로 하였으며, ⑫는 서소문 밖 반정동 전창현의 10세 된 아들 전남극이 새뱃돈 1원을 의연하였다. ⑬은 농포동《대한매일신보》지사장 정우택의 행랑에서 지내고 있는 14세 된 이금만이 신화 20전을 의연하였고, ⑭는 묘동에 사는 여성 김소사가 은반지를 전당한 신화 2원을 기부하였다. ⑮는 종로 인근 사립 일신의숙에서 의연금 20여 원을 기부하였으며, ⑯은 종현에서 약국을 개업하고 있는 약사들이 국채보상운동을 전개할 것을 발기하고 300원을 모금하였다. ⑰은 중서 관동 진사 이인의 9세 된 아들 이덕봉이 2원을 의연하였으며, ⑱은《황성신문》에 의연한 사람의 명단이다. 국채보상운동 당시 의연금은 구화 또는 신화로 납부하였는데, 이는 갑오 개혁 당시 화폐개혁에 따른 것이다. 국채보상운동이 일어나기 직전 탁지부는 화폐정리사업을 단행하였다. 구 백동화를 3종으로 구분하고 갑종백동화는 한 개당 2전 5리로 신화와 교환하였고, 을종 백동화는 한 개당신화 1전의 비례로 정부에서 매수하였지만, 병종 백동화는 매수하지 않았다. 국채보상운동 당시에는 구화와 신화가 함께 통용되는 상황이었던 시기였다는 점에서 의연금은 구화와 신화가 동시에 납부되었던 것이다. 그리고 의연금을 신문에 게재하는 데 있어서 원元, 원圓, 환圜 등으로 표기하기도 하였다.

한편 서울지역 초기에 국채보상금을 의연한 계층은 고종에서 인력거꾼·상노·군인·전 대신·학교장과 학생에 이르기까지 매우 다양하였다. 이는 신분의 높고 낮음을 불문하고 국채보사운동에 참여하고 있음을 알 수 있다. 특히 국정을 책임지고 있는 고종 역시 일본에 갚아야 할 국채에 대해 민감하게 인식하고 있었다고 할 수 있다.

성별로는 남자와 여자, 연령은 성인뿐만 아니라 9세부터 14세 정도의 어린이들도 국채보상운동에 적극 참여하였다. 어린이의 경우 경제적으로 활동하기 어려웠기 때문에 세뱃돈 또는 점심값을 줄여서라도 의연하였다. 이러한 모습에 대해 언론에서는 "애국하는 마음이 높다."고 감탄하는 표현을 자주 쓰고 있다.

이로 볼 때 서울지역은 국채보상운동 초기부터 다양한 신분과 계층에서 적극적으로 참여하였음을 알 수 있다. 마치 1997년 IMF 구제금융 요청 당시 전 국민이 금모으기운동을 전개한 모습을 상기시킬 정도로 참여율이 높았다. 〈표 3〉은 1907년 3월 2일 이후《대한매일신보》,《황성신문》,《만세보》등 당시 언론을 통해 보도된 서울지역 의연활동 관련 기사를 정리한 것으로, 총 108개가 확인되고 있다.

〈표 3〉 서울지역 국채보상 의연활동 사례

<table>
<tr><th>번호</th><th>의연활동</th><th>비고</th></tr>
<tr><td>1</td><td>인현 관립보통학교 10세 전 소학동 4명이 각기 신화 20전~10전을 보성관 기성회에 전납</td><td rowspan="11">《대한매일신보》 1907년 3월 2일</td></tr>
<tr><td>2</td><td>대안동 윤승지의 집 상노 14세 김육봉이 구화 1원을 보성관 기상회로 전납</td></tr>
<tr><td>3</td><td>남문 밖 이문동 정3품 김진현이 지화 20원을 보성관 수전소에 전납</td></tr>
<tr><td>4</td><td>니동 주석면의 상노 전복남이 신화 40전을 보성관 기성회에 전납</td></tr>
<tr><td>5</td><td>중서 이봉천 등 1백 명이 단연동맹하고 118원을 보성관에 전납, 인현보통학교 학생 서귀동 등 34명이 소비할 단연값을, 사직동 상노 김범이 저축한 1원을 납부</td></tr>
<tr><td>6</td><td>장교동 이근영의 아들 이용봉이 신화 4원 90전을 납부</td></tr>
<tr><td>7</td><td>홍문동 김희천의 부인이 구화 4원, 반송방 신동장 부인이 신화 20전, 산림동 이소사가 신화 10전을 보성관 기성회로 전납</td></tr>
<tr><td>8</td><td>시위연대가 30원을, 정교 6명이 단연한 6원을 보성관 기성회에 전납</td></tr>
<tr><td>9</td><td>서서 약현 사립 광흥학교 교직원과 학생 단연하기로 함</td></tr>
<tr><td>10</td><td>북서 사포동 안도의 아들 안형직이 부모가 구화 2원, 노비 정충헌 15전 출연</td></tr>
<tr><td>11</td><td>전 의관 이정훈 일가 친척과 친구들, 신화 68원 80전 의연</td></tr>
<tr><td>12</td><td>민영소가 자신의 집 권속에게 단연과 의연하라고 설명하고 본인도 단연</td><td rowspan="2">《황성신문》 1907년 3월 2일</td></tr>
<tr><td>13</td><td>장례원 주사 이준수, 14환 20전 의연</td></tr>
<tr><td>14</td><td>완순군의 자제 이달용, 동지들과 모임을 조직하고 의연금 모집키로</td><td rowspan="2">《만세보》 1907년 3월 2일</td></tr>
<tr><td>15</td><td>김일당, 김석자, 박회당 등 여성이 감친회를 조직, 의연금 모집</td></tr>
<tr><td>16</td><td>재동보통학교 권영학(13세), 신화 30전 의연</td><td rowspan="5">《대한매일신보》 1907년 3월 3일</td></tr>
<tr><td>17</td><td>양규의숙 여학생 김유숙(10세) 30전 의연</td></tr>
<tr><td>18</td><td>중서 피미병문 거주 방경룡(9세) 구화 1원 의연</td></tr>
<tr><td>19</td><td>새문 밖 보성관 학생 김태홍(17세) 50전 의연</td></tr>
<tr><td>20</td><td>연화방 피마동 김제원과 글방 학동 신화 3원 60전 의연</td></tr>
<tr><td>21</td><td>계동 보흥학교 학생들(11~12세) 30원 의연</td><td>《황성신문》 1907년 3월 4일</td></tr>
</table>

번호	의연활동	비고
22	시동 품팔이 최운학 60전 의연	《대한매일신보》 1907년 3월 5일
23	이현 인력거꾼 정화선의 딸(10세) 구화 10전, 박승직의 품팔이 과부의 딸(10세) 구화 20전, 사직동 정장헌 아들(12세, 10세) 구화 각 40전, 교동보통학교 김점동 구화 40전 의연	
24	징상대 3대대 소대장 이만섭 등 20원 의연	
25	전 참서관 한용직 신화 100환 의연	
26	새분 밖 유해종(82세) 짚신 팔은 돈 신화 2원 의연	
27	명신여학교 백숙경(11세), 백현경(9세) 신화 50전식 의연	
28	북서 간동 민영오 집의 상노 이백돌 신화 50전 의연	《대한매일신보》 1907년 3월 6일
29	남서 냉정동 최동근(75세) 신화 3원 의연	
30	종2품 원세성의 부인 신화 30전 의연	
31	고아원 학생 이남영 등 72명이 기성회 조직, 3원 60전 의연	
32	전 찬정 김사준 모친 물건을 저당하여 신화 2원 의연	
33	다동 김진수의 아들 쾌남(10세) 모은 돈 신화 50전, 김홍동(10세) 학자금으로 모아놓은 500냥 의연	《대한매일신보》 1907년 3월 7일
34	상사동 원경석(11세) 세뱃돈 40전 의연	
35	태복사 기사 박재경 100환 의연	《만세보》 1907년 3월 7일
36	동문 밖 영풍정 불교연구회 스님, 전국 불교계 의연활동 독려, 총무 이보담, 평의장 홍월초	《대한매일신보》 1907년 3월 7일
37	전동 보성전문학교 중학과 학생들 단연동맹키로 함	《황성신문》 1907년 3월 8일
38	참장 신태휴 정조 1백 석, 자신과 부인의 은수저, 은제 다기와 은 스푼 등 의연	《대한매일신보》 1907년 3월 8일
39	재동보통학교 구광창(14세) 신화 20전 의연	
40	시종 무관부 사환병 30명 금연동맹하고 6원 20전 의연	
41	북서 원동 노인 과부 신화 1원 의연	
42	상사동 최영집 일가 25원 의연, 기성회 경비로 1원 기부	《대한매일신보》 1907년 3월 9일
43	동대문 밖 불암사 현암스님 3개월 공불미에 더하여 신화 1원 의연	
44	합동소학교 음점석(12세) 학교와 신화 20전 기성회 등 두 차례 의연	
45	신문 밖 옥포동 주민들 단연동맹하고 60원 수합하여 의연	
46	전동 기름가게 고용인 이정계 노임 50전 의연	

번호	의연활동	비고
47	신문 밖 양규학숙 학생 33명 4원 2전 의연	《대한매일신보》 1907년 3월 9일
48	남서 서빙고 할머니 5명, 은비녀 의연	《대한매일신보》 1907년 3월 14일
49	서서 현석리 청년 18명 18원 모아 의연	
50	회동 조인식, 포목전에서 108명과 함께 97원 10전 의연	
51	하교동 정규명 부인 의복 전당하고 40전, 남서 초동 전직 교관 박광선 부인 바느질 삯 25전, 이동 전 참봉 박수봉 부인 신화 50전을 의연	
52	서서 하방교 김문식 신화 50전, 3개월간 50전씩 의연키로	《만세보》 1907년 3월 15일
53	서울 거주하는 평양기생 18명 신화 50전씩 의연	
54	남문 밖 대리문동 이수용 2환, 큰아들 2환, 둘째 아들(12세) 세뱃돈 신화 50전 의연	
55	전 주사 한백우 가족 6환 의연	
56	다동 김창일 부인 신화 20원, 같이 사는 부인 2명 각 60전 의연	
57	보성전문학교 주정균 의연금 송부키로	
58	다동 김창일 부인, 계금으로 낼 돈 신화 21원, 자신의 집에 기거하고 있는 두 부인 각기 60전씩 기성회에 의연	《대한매일신보》 1907년 3월 16일
59	육군연성하교 교성대 81명 44원 50전 5리 의연, 일등병 하영수와 이등병 한용학은 한달 봉급을 의연	《만세보》 1907년 3월 16일 《대한매일신보》 1907년 3월 16일
60	서서 창동 김갑경(10세), 남서 회동 안남옥과 김병돌(9세) 각 20전식 기성회의 의연	
61	손수남의 조모(70세), 가세 빈한하여 남의 집에 고용, 임금 동화 1원을 국채보상부인회에 의연	《대한매일신보》 1907년 3월 16일
62	농포 강세윤, 빈한하지만 두 달치 봉급 10원을 기성회에 의연	《만세보》 1907년 3월 17일 《대한매일신보》 1907년 3월 17일
63	천도교에서 교령을 발기하여 거액의 의연으로 국민적 의무를 다하게 할 계획	《만세보》 1907년 3월 17일 《황성신문》 1907년 3월 18일
64	대안동 국채보상부인회에 김태선 등이 구화 5원, 신화 5원 40전을 의연	《만세보》 1907년 3월 17일 《대한매일신보》 1907년 3월 19일
65	예관동 유선의 아들 만복(12세) 세뱃동 50전을 기성회에 의연	《대한매일신보》 1907년 3월 19일
66	경성 각 약포 178명이 603환 75전 기성회의 의연	만세보 1907년 3월 19일 《대한매일신보》 1907년 3월 20일
67	이현 박승호 서당 학동 15명, 1원 90전 기성회에 의연	《대한매일신보》 1907년 3월 20일
68	저동 최삼룡, 박위남, 박용진 어린이 각 20전씩 기성회에 의연	

번호	의연활동	비고
69	빗자루 상인, 종일 판돈 70전을 의연	《만세보》 1907년 3월 20일
70	서문 밖 김성원 등 61인 71원 5전을 기성회에 의연	《만세보》 1907년 3월 21일 《대한매일신보》 1907년 3월 28일
71	안동 전 판서 민경호, 단연에 참여	《만세보》 1907년 3월 21일
72	중서 인력거꾼 장승관 등 23명 신화 5원 75전 기성회에 의연	《대한매일신보》 1907년 3월 23일
73	동서 양사동 사숙 11명의 아동, 5원 20전 기성회 의연	
74	중서 동곡 서씨 부인(과부) 술을 판 돈 신화 30전을 대안동부인회에 의연	《대한매일신보》 1907년 3월 28일
75	전 비서승 송인희의 여아(12세) 6전 5푼 은가락지 의연	
76	참봉 최재학 부인 등 7명, 대안동 부인회에 의연	
77	북청 불장수 30명, 신화 10원 60전 의연	《만세보》 1907년 3월 29일
78	상마동 여러 부인들 대안동 부인회에 2원 의연	《만세보》 1907년 3월 29일 《대한매일신보》 1907년 3월 31일
79	서 십자각 인력거꾼 17명 3원 40전 기성회에 의연	《대한매일신보》 1907년 4월 6일
80	서소문 밖 차동 김창성(14세) 신화 60전 기성회에 의연	
81	왕족 완순군 이재완 1800환, 전 판서 홍순형 1700환 의연	《만세보》 1907년 4월 6일
82	동서 이현 김창렬 신화 60원 기성회 의연	
83	북서 원동 부인 황씨(94세) 신화 2원 의연	《대한매일신보》 1907년 4월 11일
84	남문 밖 자암동 점쟁이들 8월 70전 의연	《대한매일신보》 1907년 4월 12일
85	서서 용산방 동막 존 참서 고순재, 비서승 심형택 등 4원 대안동부인회에 의연	《대한매일신보》 1907년 4월 14일
86	계산학교 학생 장재륜(11세) 등 국채보상회 조직, 모은 15원 25전 의연	《대한매일신보》 1907년 4월 16일
87	중서 니동 의관 이원영 아들 귀동(14세) 신화 20전 의연	《대한매일신보》 1907년 4월 18일
88	남서 거조산동 송창근의 매춘녀 채옥(18세) 신화 2원 의연	
89	국가 원로 조병식 2원 의연, 인색하다고 비난	《만세보》 1907년 4월 19일
90	보성전문학교 경제야학과 학생들, 국채보상회 조직, 수합한 40원 의연	《황성신문》 1907년 4월 20일
91	전동 사립 중동야학교 교감 최홍모, 교직원 등 단연동맹하고 23원 70전 의연	《대한매일신보》 1907년 4월 26일
92	중서 이문동 영보신계 단체, 20원 기성회에 의연, 회비 1원 기부	《만세보》 1907년 4월 27일
93	징상대 3대대 김병재, 두달 치 월급 6원 93전 의연	《대한매일신보》 1907년 5월 2일

번호	의연활동	비고
94	서빙일계 송중구 등 100원과 은비녀 5개 기성회 의연	《대한매일신보》 1907년 5월 2일
95	서빙고동에서 100원, 부인들의 은패물을 의연	《만세보》 1907년 5월 3일
96	종로 탑골 학동 고삼봉(13세) 월사금 중 10전 의연	《만세보》 1907년 5월 4일
97	전 주사 한남극의 부인 지화 4원 의연	《대한매일신보》 1907년 5월 8일
98	남문 양곡 사립 광화신숙의 임원과 교직원 15원 45전 의연	《대한매일신보》 1907년 5월 11일
99	명주선 상인들 의연금 모집	《대한매일신보》 1907년 5월 15일
100	보성중학교 교직원 등 66원 20전 기성회에 의연	《만세보》 1907년 5월 15일
101	김문식 매월 50전씩 3개월 치 의연, 기성회 경지 25전 기부	《만세보》 1907년 5월 16일
102	중교의숙 학생 김우규 신화 5원 총합소에 의연	《대한매일신보》 1907년 5월 19일
103	총합소에 윤웅렬 등 의연	《대한매일신보》 1907년 5월 21일
104	서서 자문동 이주련의 딸(6세), 세뱃돈 3원 의연	《만세보》 1907년 5월 26일
105	안동 부인회장 신소당, 총합소에 신화 5원 기부	《대한매일신보》 1907년 5월 29일
106	연합회의소 소장 김종한 등 3명 26원 경비 의연	《만세보》 1907년 6월 8일
107	비서승 윤헌섭 사직 봉금 83원 71전 총합소에 의연	《대한매일신보》 1907년 7월 4일
108	주전원 경위국 순검 신학균, 박시현 매달 의연	《황성신문》 1907년 8월 17일

이를 좀 더 살펴보면 다음과 같다. 첫째 국채보상 의연활동이 1907년 3월부터 4월까지는 보다 활발하였지만, 이후 점차 참여하는 사례가 감소하고 있다. 1907년 3월은 78차례, 4월은 15차례, 5월은 13차례, 6월은 1차례, 7월 1차례, 8월 1차례로 1907년 2월 중순 이후 국채보상운동이 시작되었을 때는 전국이 참여하였듯이 서울지역도 3월까지는 신분·계층·남녀·노소를 불문하고 참여하였다. 그러나 4월과 5월은 급격하게 줄어들어 1/5정도로 참여율이 떨어졌으며, 6월 이후에는 국채보상운동에 참여하는 사례가 거의 보이지 않고 있다.

이는 여러 가지 요인이 있겠지만, 우선적으로 국채보상으로 납부한 의연금 관리에 대한 불신으로 보인다. 국채보상 의연금이 관련 단체로 수합되고 언론을 통해 공표되었지만, 일부에서는 제대로 관리가 되지 않았던 것이다. 당시 언론은 의연 참여자와 금액을 광고라는 이름으로 밝혔지만, 공표가 늦어지거나 실제 누락되거나 경우도 없지 않았던 것으로 보인다. 《대한매일신보》는 5월 31일자 신문이 본지에 광고되는 것이 늦어지고 있는 점에 대해 양해를 구하고 국한문판과 국문판에 같이 광고하겠다는 사고社告를 게재하였다. 그렇지만 이 사고는 이후에도 지속적으로 게재되었다는 점에서 의연활동 참여에 대한 불확실성은 여전하였다고 할 수 있다.

또한 당시 가장 많은 의연금 모금활동을 활발하게 전개하였던 국채보상기성회의 발기인이며 평의원인 현공렴玄公廉[87]이 개인적 사유로 그만두면서 광고를 여러 차례 게재하였다. 광고 내용은 다음과 같다.

> 본인이 私故가 있어 국채보상기성회 발기 및 평의원의 임무를 감당하기 어려워 스스로 물러나기로 하였으니 이에 알린다.
>
> 광무 11년 6월 ○일 현공렴 고백[88]

국채보상기성회 발기인으로 참여하였고 평의원으로 활동하던 현공

87 현공렴은 역관 가문으로 유명한 천령현씨 집안에서 玄采의 장자로 태어났다. 1895년 무렵에는 일본 규슈의 사립학원 세이세이코[濟濟黌]에 유학하였으며, 일본 유학 등을 통해 익힌 능통한 일본어 실력을 바탕으로 다양한 책들을 번역하거나 창작하여 자신의 출판사인 대창서원에서 간행했다. 일본어 교재 《정선 일어통편》(보급서관·서적급모자제조소, 1911)과 《일선담화》(대창서원, 1915), 《일선골계화》(대창서원, 1915) 등을 저술하였다(노혜경, 〈근대초기 일선어 신소설 연구: 현공렴의 《동각한매》와 《죽서루》를 중심으로〉 《동양학》 40, 2020, 2쪽).

88 《대한매일신보》 1907년 7월 6일.

렴은 개인적 사유로 그동안 맡아왔던 일을 그만둔다는 것이었지만, 이러한 불미스러운 일은 의연 활동에 부정적인 요인으로 작용하였을 것으로 추정된다. 국채의연총합소의 경우도 그동안 소장으로 활동하던 김종한金宗漢[89]이 그만두고 윤웅렬尹雄烈[90]이 추대되었는 바,[91] 이러한 일련의 활동은 국채보상운동 관련 단체의 임원 변동에도 영향을 주지 않았을까 한다.[91]

그럼에도 불구하고 서울지역 국채보상운동은 활발하게 전개되었음을 알 수 있다. 국채보상운동 초기 어린이들의 활동이 돋보인다. 적게는 6세부터 국채보상운동에 참여하였으며, 학생들 또한 적극적으로 참여하였다. 이들은 모아두었거나 받은 세뱃돈을 의연금으로 기부하였다. 학생들의 경우 용돈이나 월사금 등을 기부하는 사례도 없지 않았다.

신분적으로 볼 때 고위 관리나 군인, 학교 교직원 등 이른바 중산층 이상 되는 인물들이 앞장서서 국채보상운동을 이끌었지만 기생·상노·인력거꾼·점쟁이·매춘녀·빗자루 상인 등 신분적으로 차별받던 계층에서도 의연활동에 참여하였다. 그렇지만 앞서 언급한 바 있는 김종한·윤웅렬은 국채보상운동의 주요 인물로 활동하였지만, 이들은 1910년 9월 일제 강점에 적극 협력하였다는 점에서 한계를 드러내기도 하였다.

성별로 보면 남성뿐만 아니라 여성들의 참여도 돋보였다. 앞에서 언급한 바 있듯이 대안동국채보상부인회가 조직되어 여성들의 의연활동 참

89 개항기의 관료이며 일제강점기의 경제인이다. 아호는 游霞이다. 순종의 장인이자 친일파로 유명한 윤택영과 윤덕영 형제에게는 외사촌 형이 된다. 1910년 일제강점 이후 병합에 협조한 공로를 인정받아 남작의 작위를 받았다.

90 윤웅렬은 한말의 정치가 윤치호의 아버지이다. 1910년 일제가 조선을 강점한 후 병합에 공을 세운 친일 인물들을 포상할 때 남작 작위를 받았다.

91 〈국채보상지원금총합소 특별 광고〉《대한매일신보》 1907년 6월 20일; 〈국채보상지원금총합소 특별 광고〉《대한매일신보》 1907년 6월 3일.

여를 이끌었다. 이외에도 다동 김창일의 부인 정씨가 국채보상을 위하여 이른바 곗돈으로 낼 자금 신화 21원을 의연했고, 또한 자신의 집에 같이 살고 있는 과부 안씨와 홍씨 부인 두 명도 각각 60전씩을 기성회로 보내는 등 여성들의 참여도 활발하게 전개되었다.

종교 방면에서 천도교가 교단적으로 참여하고자 하였다는 점도 의미 있는 활동으로 보인다. 그렇지만 천도교의 교단적 참여는 구체적으로 확인되지 않다는 점에서 아쉬움을 남기고 있다.[92]

4. 국채보상운동에 대한 인식

앞에서 살펴본 바와 같이 국채보상운동은 대구에서 처음으로 시작되었으나 의연활동은 서울지역이 중심이었다. 이는 서울을 중심으로 발행하였던 신문과 잡지 등 언론의 역할이 무엇보다 컸기 때문이다. 이와 같은 서울지역 각계각층의 의연활동에 대한 사회적 인식은 어떠하였을까 하는 점이다. 이와 관련하여 서울지역에서 조직된 국채보상운동 관련 단체의 취지서 등과 국채보상운동의 핵심 인물 이준과 부인을 통해 살펴보고자 한다.

우선 국채보상기성회는 취지서에서 국채는 나라를 망하게 하는 것으

92 천도교의 국채보상운동의 경우 서울지역에서는 확인되지 않지만 지방에서는 몇몇 사례가 확인된다. 경기도 남양군 쌍부우정면 고운포 내동 천도교인 이규학·백낙온·백낙홍·백낙현·김경연 등은 각 24전, 백낙유·백낙심은 각 20전, 문영희·양재선·정인혁은 각 10전 등 합 15원 40전을 의연하였으며, 용평의 천도교인, 남양군 정산목면 안심동 천도교인, 의주군 고영삭면 천마등 천도교인들이 의연한 바도 확인된다.

로 인식하였다. 즉 "예전에 영국·프랑스가 이집트에 돈을 빌려줄 때 애초부터 이집트에 재앙을 주려고 한 것이겠습니까? 다만 빚을 얻은 이들의 일 처리가 옳지 못하여 남의 나라 땅이 되었습니다."라고 하여, 이집트가 영국과 프랑스로부터 돈을 빌렸다가 이를 제대로 처리하지 못해 나라를 빼앗겼다는 사례를 언급하였다. 이어 "나라가 망하면 국민도 망하니, 힘씁시다. 우리 동포들이여! 또 얼마의 때를 기다려 나라의 모든 빚을 갚은 뒤에, 세계 제일의 향기롭고 아름다운 담배 수천만 개비를 사서, 온 국민 남녀노소가 바람결에 담배 한 번 피면서 우리의 맑은 흥을 풀어보는 것이 어떻겠습니까?"[93]라고 하였다. 이는 나라가 없으면 국민도 없다고 강조하면서 금연에 동참할 것을 적극 권유하고 있다. 금연에 참여한다는 것은 의연활동에 참여하는 것으로 인식하였다. 뿐만 아니라 국채보상을 위한 의연활동에 참여하는 것을 '국민의 의무'라고 하였다.

이기동 등이 발표한 국채보상 취지서는 "거액의 국채는 한 해 또 한 해를 끌어서 갚을 수 없게 되면, 아! 우리 동포는 반드시 어쩔 수 없이 정처 없이 떠돌면서 몸 둘 곳이 없게 될 것이니 두렵지 않을 수 있겠습니까?"라고 하여 국채를 갚을 수 없다면 떠돌이와 다름없다고 인식하고, 광문사의 국채보상운동에 참여하는 것이 '국가의 행복'이라고 하였다.[94]

국채보상서도의성회는 국채와 그 이자로 인해 나라가 없어질 수도 있다고 우려하였다.[95] 상무회의소 역시 단연동맹을 결성하고 취지서를 발표하였는데, 국채에 대한 이자를 주는 것은 물에 빠진듯 하는 상황이므

93 국채보상운동기념사업회, 〈국채보상기성회 취지서〉《국채보상운동기록물》1, 2017, 33~34쪽.

94 국채보상운동기념사업회, 〈국채보상 취지서〉 앞의 책, 2017, 41~42쪽.

95 국채보상운동기념사업회, 〈국채보상사도의성회 취지서〉 앞의 책, 2017, 44쪽.

로 2천만 동포가 몇 개월 담배를 끊으면 나라를 갚을 수 있고 우리의 국토를 온전히 할 수 있다고 하였다.[96] 이러한 인식은 태업사 서정필과 이규동의 의조 발기문에서도 확인할 수 있다. 즉 "오늘 국채의 사변은 이보다 큰 것이 없으니 또한 토지가 아니면 인민은 장차 어디에서 살 것이며 백성이 아니면 토지는 장차 어떻게 사용할 것입니까? 토지와 인민이 남의 소유가 된다면 저금이 백만금이라도 또한 장차 어떻게 쓸 수 있겠습니까?"라고 하여 국망의 상황으로 보았다.

앞서 살펴보았듯이, 국채보상운동에 참여한 단체들은 취지서에서 국채보상운동에 적극 참여해야 이유는 바로 '국망'이라는 인식이 무엇보다 컸다고 할 수 있다. 그렇기 때문에 금연을 해서 국채를 갚을 것을 전 국민에게 독려하였다. 이는 국채보상운동에 참여하지 않으면 매국이라는 인식이 그 밑바탕에 깔려 있다고 할 수 있다.

이러한 인식은 국채보상 관련 단체뿐만 아니라 일반 민중들도 공감하고 이를 확산하였다. 대한매일신보 중서 농포동 본사의 지사장 정우택은 국채보상에 감동하여 자신이 살고 있는 농포동 주민을 불러 모아 연설하였다. 그는 "우리도 한 목소리로 발기하여 많고 적음을 구애하지 않고 의연금을 모집하여 모쪼록 1,300만 원 국채를 갚고자 하는 마음을 내어서 이와 같이 모였으니, 오직 우리 동포들에게 죽기를 각오하고 권고합니다. 대한제국 국민의 당당한 의무를 잃지 않으시기를 간절히 바랍니다."[97]라고 하였는 바, 국채보상운동은 '국민의 의무'라고 당당하게 밝혔다. 또한 심의철[98]은 "국채를 보상하자는 일이 우리나라에 처음으로 좋은 논의이고

96 국채보상운동기념사업회, 〈단연동맹 취지서〉 앞의 책, 2017, 55쪽.

97 〈국채연설〉《대한매일신보》 1907년 2월 26일.

98 심의철은 대한매일신보사 회계였다.(《《대한매일신보》 소재 기사 취소 대책에 관한

백성들의 지식이 이러한 데 이르기까지 개명되었음을 표시하는 것"이라고 하여, '개명'에 비유하였다.[99]

국채보상운동을 확산하는데 기여한 바 있는 《만세보》는 〈국채보상 의연금 모집〉이라는 사설에서 "국채는 어느 때든지 국민이 부담하여야 할 책임입니다. 실력을 기르기를 기다려서 갚아도 국민의 책임이요, 세액稅額을 늘려서 갚아도 국민의 책임이요, 의연금을 갹출하여 직접 갚더라도 국민의 책임이니"라고 하여, 국채보상은 '국민의 책임'이라는 것을 강조하였다. 그 연장선에서 2천만 모두가 65전씩 나누어 갚음으로써 국채보상운동에 참여할 것을 독려하였다.[100]

이후 국채보상은 '국민의 의무', '개명', '국민의 책임' 등의 인식에서 '충군과 애국'으로 승화되었다. "한국이 일본의 외채를 갚지 못하였을 때에는 독립을 단연코 되찾을 수 없을 것"[101]이라고 하였으며, "나라를 사랑하는 정성"이라고 하였다.[102] 《대한매일신보》에서도 국채보상을 또한 "충군애국忠君愛國하는 거사擧事이니 누가 칭찬하지 않겠습니까?"[103]라고 한 바, 국채보상 의연을 점차 '충군애국'적인 행동으로 인식해갔던 것이다.[104]

건〉, 《통감부문서》 2, 국사편찬위원회, 1998).

99 〈국채보상에 대하여 경고 동포〉《대한매일신보》 1907년 2월 28일.

100 〈국채보상 의연금 모집〉《만세보》 1907년 2월 28일.

101 〈한인충애〉, 《대한매일신보》 1907년 3월 1일.

102 〈조춘다화-국채보상에 대하여〉《만세보》 1907년 3월 2일.

103 〈국채보상〉《대한매일신보》 1907년 3월 8일.

104 이외에도 "대한을 위하여 축원하는 자는 다만 나라 사랑하는 남아이고, 대한을 위하여 바라는 자는 다만 나라 사랑하는 여자이고, 대한을 위하여 노래하고 읊는 자는 다만 애국하는 남자, 애국하는 여자입니다."라고 하였다.(〈국민의 애국정신이 비로소 일어나는 것을 보고 이천만 동포를 향하여 일어나 봄바람 속에서 춤추다〉《황성신문》 1907년 3월 8일)

한편 국채보상연합회의소에 참여한 이준 회고록에서 국채보상운동에 대한 인식이 잘 드러나고 있다. 그는 먼저 국채에 대해 다음과 같이 인식하였다.

> 무릇 한 개인의 생활에서 그 개인이 아무런 대책 없이 남에게 진 빚이 많으면 그 개인의 몸은 지탱할 길이 없어서 끝장이 나고 마니, 반드시 이 빚을 갚아야만 그 개인의 몸이 설 수 있다. 한 가정의 생활에서 그 가정이 아무런 계산도 없이 남에게 진 빚이 많으면 그 가정의 살림살이는 지탱할 길이 없이 끝장이 나고 마니, 반드시 이 빚을 갚아야만 그 가정의 살림살이가 보전될 수 있다. 한 국가의 생활에서도 그 정부가 아무런 계획도 없어서 국고가 모두 탕진되고 텅 비어서 외국의 부채로만 살아간다면 그 국가의 재정은 지탱할 길이 없어 멸망하고 말 것이니, 반드시 이를 갚아야만 그 국가 존립의 생명이 유지되고 보장된다. 이것은 지혜로운 사람의 말을 기다릴 것도 없이 동서양과 고금을 막론하고 하나같이 통하는 사실이며 인쇄판과 같은 사실이라 하겠다.[97]

개인이든 나라든 빚이 많으면 이른바 '끝장'난다고 보았으며, 이는 반드시 갚아야 한다고 인식하였다. 특히 "외국의 부채로만 살아간다면 멸망하고 말 것"이라고 하였는데, 이는 국채를 갚지 못하면 나라는 망한다고 본 것이다. 이러한 사례는 "동서고금을 막론하고 하나와 같이 통하는 사실"이라고 하였다. 즉 나라의 빚은 망국으로 가는 길임을 누구보다 절실하게 인식하였다고 할 수 있다.

105 〈이준선생전〉《국채보상운동기록물》 5, 국채보상운동기념사업회, 2018, 75쪽.

이러한 인식에 따라 이준은 당시의 상황을 "이른바 강한 이웃이라는 일본의 침략 정책은 참으로 교묘하고 더러웠다. 즉 한국의 실상을 알기 위하여 또는 한국에다가 자신들의 세력을 심어서 한꺼번에 한국을 집어삼키려는 속셈으로 간사한 역적과 한 통속이 되어, 싫다는 국채를 주어가며 싫다는 고문顧問 따위들을 내세워서 그 돈을 다시 빼앗아 갔던 것이다. 참으로 우스운 일이요, 참으로 분한 일이요, 참으로 통탄하지 않을 수 없는 일이었다."[106]라고 한 바, 당시 1,300만 원의 국채를 '일제의 침략'으로 냉철하게 판단하였다. 이에 따라 국채보상운동의 단연동맹은 "민심을 고취하여 국채보상의 애국심을 환기하는 공함"[107]이라고 하였다.

뿐만 아니라 이준은 국채보상운동을 남성뿐만 아니라 여성도 적극 참여해야 한다고 인식하였다. 그는 부인과 함께 단연동맹에 참여하였는데, 다음에서 이를 잘 확인할 수 있다.

> "우리 부부가 구국의 충군 애국심을 내어 단연동맹한 지가 벌써 몇 달이 지났으나, 이는 우리가 국민된 한 사람의 의무를 이행한 데 지나지 못하니, 이제부터 나는 남자 측 국채보상운동에 적극적으로 나아가고, 당신은 여자 측 국채보상운동에 적극적으로 나아가기로 하자."고 격려하였다. 그리하여 이준 선생은 남자 측 국채보상운동에 전력하기로 하고, 부인 이일정 여사는 여자 측 국채보상운동에 참가하기로 작정하였다.[108]

이준 부부는 단연동맹에 참여하는 것은 국민의 의무라고 하였고, 부

106 국채보상운동기념사업회, 앞의 책, 2018, 79쪽.
107 국채보상운동기념사업회, 앞의 책, 2018, 81쪽.
108 국채보상운동기념사업회, 앞의 책, 2018, 88쪽.

인 이일정에게 국채보상운동에 적극 참할 것을 권유하였다. 이러한 인식은 "우리가 국채를 갚고 또 분발하여 나라 잘 되는 일이라면 물을 손으로 움켜쥐어 먹어 가면서라도 살이 찢기고 피가 튀는 전투를 하여, 반드시 우리 국권을 우리가 가지고 남녀평등으로 복락福樂이 있고 은혜가 깊은 국민의 생활을 할 수 있도록 우리 남녀가 꼭 같이 분투하기를 바랍니다."[109]라고 한 것에서도 잘 알 수 있다.

여성의 국채보상운동 참여는 이준뿐만 아니라 어린이들도 공유하였다. 전 비서승 송인회 씨의 부인 박씨가 의연금을 원일부인회 사무소로 전해 왔는데, 그때 박씨의 12세 되는 딸은 "국기 사상에 남녀노소가 없다."[110]고 하면서 6전 5푼 중의 은가락지를 빼서 의연금을 납부하였다.

이외에도 여성들의 국채보상운동에 참여한 사례는 적지 않은데, 부인감찬회는 경고문 500방과 영수증 3책을 인쇄하여 황성신문사에 전달하였다. 부인감찬회는 국채를 보상하는 목적에 도달한 후에야 그만두겠다고 하였는 바,[111] 국채보상운동에 대한 인식은 적지 않은 여성들도 공감하였음을 알 수 있다.

이와 같은 여성들의 국채보상 의연활동에 대해 "근래 부녀자들의 의견으로 부인감찬회를 발기하였다고 하니, 우리나라 부녀자들의 사상이 이에 이른 것은 천만뜻밖입니다. 일반 남자들이 부끄러워해야 할 바가 아니겠습니까?"라고 하여, 여성들의 참여를 극찬하고 있다. 뿐만 아니라 '남성들이 부끄러워해야 할 것'이라고 하면서 남성들의 보다 적극적인 참여를 권유하였다.[112]

109 국채보상운동기념사업회, 앞의 책, 2018, 93쪽.

110 《대한매일신보》 1907년 3월 28일.

111 《황성신문》 1907년 3월 15일.

이처럼 국채보상운동은 남성의 전유물이 아니었으며 여성, 어린이들도 적극 참여하고 있는데, 이는 당시 국채를 갚지 못한다면 나라가 망한다는 인식을 공유하고 있었기 때문이며 실제 의연활동에 적극 참여하였다.

5. 맺음말

이상으로 서울지역에서 전개되었던 국채보상운동의 전개와 활동을 살펴보았다. 이를 정리하면서 맺음말을 대신하고자 한다.

일제는 청일전쟁의 승리로 조선에 대한 청국 영향력을 사실상 축출하게 되자, 조선에 대한 침략을 노골화하였다. 이에 일제는 대한 차관을 서두르게 되었고, 1895년 주한일본공사 이노우에 가오루는 조선의 이권을 독점적으로 확보하고 내정간섭의 기회를 마련하기 위해 30만 원의 차관과 300만 원의 차관을 성립시켰다. 이로 인해 조선 정부의 대일차관은 여러 가지 명목으로 늘어나 1905년부터 1910년까지 갚아야 할 대일부채는 4,500만 원에 달하였다. 이중 1907년 조선 정부가 일본에 진 부채는 1,300만 원이었다. 이러한 대일부채 즉 국채에 대해 국망으로 인식하였다.

1907년 1월 30일 대구광문사에서 시작된 국채보상운동은 《제국신문》을 비롯하여, 《대한매일신보》·《황성신문》·《만세보》 등 언론을 통해 전국적으로 확산되었다. 이러한 상황에서 2월 초 서울에서도 국채보상 의연에 참여하였으며, 국채보상운동을 위한 단체들이 조직되었다. 서울에서 첫 국채보상 의연은 이여순 등 노동자 25명이었다. 서울에서도 국채보상

112 〈조춘다화-국채보상에 대하여〉《만세보》 1907년 3월 2일.

의연에 참여함에 따라 이를 운동적 차원에서 보다 적극적으로 추진하기 위해 관련 단체들이 조직되었다.

1907년 2월 22일 국채보상기성회가 조직되었으며, 이어 국채보상중앙의무사, 국채보상서도의성회, 단연동맹상무회의소, 국채보상의무소, 한북국채보상단성회, 국채보상부인회, 국채보상연합회의소 등 10여 개의 단체들이 결성되었다. 이들 단체도 각기 국채보상 또는 단연동맹의 취지서 등을 발표하고 의연 활동을 독려하였다. 특히 국채보상부인회는 여성들을 중심으로 조직된 국채보상운동 단체였다. 이들 국채보상운동 단체로 수합된 의연금은 의연한 자와 금액 등을《제국신문》·《대한매일신보》·《만세보》·《황성신문》등 언론에 게재하였다.

서울지역 국채보상운동 단체의 발기인 또는 관련 인물은 대부분 대한자강회 · 대한협회 · 서우학회 · 대한흥학회 · 서북학회 · 태극학회 등 애국계몽운동 단체에서 활동한 지식층이거나 대동상회, 보부상 단체인 대한상무조합 등 상인층 그리고 부인 즉 여성들이었다. 이들은 국채보상운동을 애국계몽운동의 하나로 인식하였음을 알 수 있다.

이와 같은 인식에 따라 서울지역 국채보상운동 의연활동은 고종 · 황실 · 관료 · 승려 · 군인 · 학생 · 하층민 · 문중 · 인력거꾼 · 상노 · 매춘녀 등 지위의 높고 낮음과 관계없이 적극적으로 참여하였다. 또한 성별로는 남자와 여자, 연령은 성인뿐만 아니라 9세부터 14세 정도의 어린이들도 국채보상운동에 참여하였다. 어린이는 모아두었던 세뱃돈이나 받았던 세뱃돈을 의연금으로 기부하였다. 학생들의 경우 용돈이나 월사금 등을 기부하는 사례도 없지 않았다.

이로 볼 때 서울지역 국채보상운동은 초기부터 다양한 신분과 계층에서 적극적으로 참여하였음을 알 수 있다. 그렇지만 이처럼 서울 각지에서 국채보상 의연활동을 전개하였지만, 이 시기 일부에서는 기생을 불러 연회를 개최하는 것에 대해 매우 부정적인 인식도 없지 않았다. 남서 하리동 장보형의 집에서 관리의 자제들이 기생을 불러서 연회를 열고 질탕하게 노는 일탈행위를 비난하였다.

서울지역 국채보상운동 의연활동은 국채보상운동이 시작되는 3월부터 4월까지는 가장 활발하게 전개되었으며, 이후 점차 참여율이 낮아지고 있다. 6월 이후에는 사실상 의연활동이 중단되었다. 그러나 무엇보다도 중요한 것은 서울지역 국채보상운동은 당시 서울이라는 지역적 특성으로 인해 전국의 국채보상운동을 이끌어갔다는 점에 역사적 의의가 있다고 판단된다.

제2장

서울지역 국채보상운동 단체의 모금 활동

이동언(선인역사문화연구소 연구소장)

1. 머리말
2. 국채보상운동의 배경과 전개
3. 국채보상운동 단체의 설립과 활동
4. 국채보상운동 단체의 통합
5. 주요 인물의 현실 인식
6. 맺음말

1. 머리말

우리 역사를 보면 전 국민이 하나가 되어 민족적 위기를 슬기롭게 극복한 예가 많이 있다. 가장 먼저 떠오르는 것은 1919년 3·1운동이다. 그러나 3·1운동 못지않게 전 국민이 하나가 된 의미있는 역사가 있다. 바로 국채보상운동이다. 1907년 대구에서 발기한 국채보상운동은 국권회복을 위해 남녀노소 모두가 신분과 계급을 초월하여 자발적으로 참여한 전국적인 범국민운동이다.

1907년 일본의 국채 1,300만 원을 상환하지 못하면 한국의 강토는 일본의 영유가 되고 말 것이라는 국운의 절박한 상황을 인식하고 전 국민이 하나가 되어 국채보상운동을 전개하였다. 1997년 우리나라가 외환위기에 처했을 때 전 국민이 금모으기운동에 동참하여 전 세계를 놀라게 하였다. 금모으기운동은 1997년 국제통화기금 구제 금융을 요청하던 당시, 우리나라의 외채를 갚기 위하여 국민들이 자발적으로 나라에 금을 기부한 새로운 국채보상운동이다.

국채보상운동 관련 자료로는 취지서·발기문·간찰·통문·회문·격려문·권고문·논설문·포고문·연설문·시문·완의문·일기·회고록·서적·광고문·영수증·성책·기타 문서 등으로 대부분《대한매일신보》·《황성신문》·《만세보》·《제국신문》등 당시 신문에 게재된 자료들이다. 그 외 통감부 문서·총독부 기록물 등도 있다.

최근에 발견된 국채보상운동 관련 1차 자료로는 〈고령군 단연상채회의연금록高靈郡斷煙償債會義捐金錄〉과 〈고령군 단연회 의연금 봉상일기책高靈郡

斷煙會義捐金捧上日記册〉, 〈고령군 단연상채회 의무금 기록 제2권高靈郡斷煙償債會義務金錄弟二〉, 〈경북 고령군 국채보상회의연금록慶北高靈郡國債報償會議捐金錄〉 등이 있다.[1]

다음은 경북 상주지역 국채보상운동 관련자료로 경북 〈상주 외서면 유천동 국채보상 성명성책尙州外西面有川洞國債報償姓名成册〉과 경북 〈상주 외서면 이하리 국채보상성책尙州外西面伊下里國債報償成册〉과 상주 함창읍지역 국채보상운동 관련자료 등이 있다.[2]

국채보상운동 자료집으로는 국채보상운동100주년 기념사업으로 대구광역시에서 자료집을 간행하였고,[3] 2017년 국채보상운동 기록물이 유

1 2013년 고령의 弘窩 李斗勳 가문의 문서와 서간 등이 공개되면서 고령지역 국채보상운동의 실체가 밝혀지게 되었다. 이 자료는 2015년 한국국학진흥원에서 이두훈의 유림활동 관련 자료와 함께 자료집으로 발간하였다(한국국학진흥원, 《한국국학진흥원 소장 자료목록집 23: 弘窩 성산이씨 홍와고택》, 2015). 이두훈(1856~1918)은 성주의 寒州 李震相의 문인으로 당시 유림계에서 명망이 있었다. 이두훈은 1907년 3월 9일 고령향교 향약회에서 고령단연상채회 회장으로 추대되어 국채보상운동에 큰 역할을 하였다. 이두훈 家 자료는 당시 대구의 단연회와 서울의 국채보상연합회의소 간에 왕래한 공함과 서간 등 국채보상운동 관련 1차 자료이다. 또한 국채보상운동의 발단과 전개과정, 국채보상 의연금 모금과정, 국채보상금 처리문제 등을 구체적으로 보여주고 있다. 국채보상운동기념사업회에서 고령군을 중심으로 경상북도 국채보상운동 발생지를 조사하고 연구와 기념비를 건립사업(사업기간: 2014년 2월~2015년 12월)을 추진하여 《경상북도 고령군 국채보상운동 조사연구 보고서》를 발간하였다.

2 상주지역 국채보상운동은 외서면 이하리에서 시작되었다. 1907년 3월 3일 대구단연회로부터 공함을 받은 金在益 · 朴正準 등이 발기인이 되어 〈국채보상상주의무소 취지서〉를 발표하였다. 함창 지역은 함창의무소취지서는 발견되지 않고 임원 명단만 확인되고 있다. 《황성신문》 1907년 6월 24일자에 의하면 발기인은 蔡圭一 · 金圭煥 · 鄭東洛 · 朴周煥이고 회장은 申觀熙, 부회장은 權容學, 총무는 金冕洙이다. 상주지역이 일찍 국채보상운동에 참여한 배경은 이 지역 출신인 姜信圭가 국채보상운동 발기인으로 참여하였기 때문이다. 국채보상운동기념사업회에서 상주시를 중심으로 경상북도 국채보상운동 발생기 조사연구와 기념비 건립사업(사업기간: 2016년 1월~2016년 12월)을 추진하여 《경상북도 상주시 국채보상운동 조사연구 보고서》를 발간하였다.

네스코 세계기록유산으로 등재된 후 국채보상운동기념사업회에서 국채보상운동 자료총서를 발간하고 있다.[4]

이 글에서는 국채보상운동 관련 신문자료와 최근에 공개된 국채보상운동 1차 자료 이두훈 가家의 문서와 서간을 검토하고 선행 연구성과를 바탕으로 국채보상운동을 지도·권장, 의연금을 수합·관리한 국채보상운동 단체의 설립과 활동, 통합과정, 국채보상운동에 참여한 주요인물에 대한 분석과 그들의 현실인식에 대해 살펴보고자 한다.

2. 국채보상운동의 배경과 전개

국채보상운동은 1905년 일제의 을사조약 체결로 한국이 외교권을 상실하게 되고 통감부가 설치된 이후 당면한 민족적 과제로서 국권회복운동이 활발하게 전개되던 시기에 애국계몽운동의 일환으로 전개된 전국적인 범국민운동이었다. 한편 일제는 한국을 식민지화하기 위한 침략정책을 추진하기 위하여 1904년 8월 22일 외부대신서리 윤치호와 일본공사 하야시 곤스케[林勸助] 사이에 〈한일 외국인고문 용빙에 관한 협정서〉를 체결하였다. 그 내용은 3개조로 되어 있는데 다음과 같다.[5]

3 대구광역시, 《국채보상운동100주년기념자료집》 1~5, 2007.

4 국채보상운동기념사업회에서는 2017년부터 유네스코 세계기록유산에 등재된 국채보상운동기록물을 분석·정리하여 국채보상운동자료총서를 발간하고 있다. 현재 국채보상운동기념사업회의 《국채보상운동기록물》은 제13권까지 발간되었다.

5 《舊韓國官報》 13, 1904년(광무 8) 9월 9일.

- 대한 정부는 일본 정부가 추천하는 일본인 1명을 재정고문으로 하여 한국정부에 용빙하고 재무에 관한 사항은 일체 그 의견을 물어 시행할 것.
- 대한 정부는 일본 정부가 추천하는 외국인 1명을 외교고문으로 하여 외부에 용빙하고 외교에 관한 요무는 일체 그 의견을 물어 시행할 것.
- 대한 정부는 외국과의 조약체결을 기타의 중요안건, 즉 외국인에 대한 특권양여와 계약 등의 처리에 관하여서는 미리 일본 정부와 협의할 것.

이 협정은 1904년 2월 23일 체결된 〈한일의정서〉 제1조에 규정된 '시설개선에 관한 그 충고를 용인할 것'에 바탕을 둔 것이었다. 아울러 이 협정 제2조에서 외교고문을 외국인으로 충당키로 한 것은 국제적 반응을 고려한데서 나온 것이고, 제3조는 대한제국 정부가 앞서 체결한 〈한일의정서〉에 배치되는 조약을 외국과 마음대로 체결하지 못한다 하여도 그외에는 자유로웠으므로 만약 외국인의 요구에 응하여 이권을 양여할까 염려하여 규정했다. '외국인 용빙협정'이 체결되자 외교고문에는 미국주재 일본공사관 고문 스티븐스가, 재정고문에는 일본 대장성 주세국장 메가타 다네타로[目賀田種太郎]를 임명하였다. 또 일본인 마루야마 시게토시[丸山重俊]를 경무고문, 시데하라 다이라[幣原垣]를 학부참여관으로 임명하여 한국의 외교·재정·경찰·교육 등 내정을 간섭하였다.[6] 그 중에서도 일제는 메가타를 탁지부度支部 고문으로 임명하여 한국의 재정간섭을 노골화하였다. 메가타가 부임한 이후 1905년 6월부터 1906년 9월까지 일본으로부터 차입금 1905년 6월 구채상환舊債償還 및 세계부족歲計不足 보충 자금으로 일본 도쿄에서 공채로 모집한 200만 원과 한국 화폐정리자금으로 일본 제일은

6 독립운동사편찬위원회, 《독립운동사》(제10권 대중투쟁사), 1978, 627쪽.

행日本第一銀行에서 300만 원을 차입하였고, 같은 해 12월 천일은행天一銀行·한성은행漢城銀行·각 지방 금융조합 창립자금으로 일본정부로부터 차입한 150만 원, 그리고 1906년 3월 통감부 개설 후 제시정 개선비諸施政 改善費와 기업자금 명목으로 일본흥업은행日本興業銀行에서 차입한 1,000만 원으로 총 1,650만 원에 달하였다.[7] 이중에서 시설자금은 대부분 일본인 거류지 시설비로 쓰고 나머지는 통감부에서 유용하여 사용하였다.[8] 대한제국 정부는 1906년 말부터 국채보상운동이 일어난 1907년 2월 무렵 일본으로부터 국채가 1,300만 원에 달하였는데, 당시 국채 1,300만 원은 일본인 재정고문 메가타가 한국 경제를 파탄시켜 일본 경제로 예속화하기 위한 책략으로 높은 금리의 차관에 들여왔다. 일본으로부터의 차관을 앞에서 언급한 바와 같이 1905년 6월부터 다음해 3월까지 4차례나 있었는데 마지막 일본흥업은행으로부터의 1,000만 원은 5년 거치 5년 상환 연 6.6%의 고리의 차관으로 담보는 한국의 관세였다. 그런데 그 중에서 100만 원을 일본이 가로채 실수금은 900만 원에 지나지 않았다. 1906년 3월 계약체결과 동시에 1,000만 원 중 500만 원을 들여왔으나 실수금은 450만 원이었고 나머지는 수시로 인수하기로 되어 있었으며 차관도 통감부가 임의로 집행하였다. 이상의 차관에 대한 사용계획은 다음과 같다.[9]

①도로비 150만 원: 남포, 평양, 원산, 대구, 경주, 영일만 등을 연결하는 도로 개척 확장비

7 유자후, 《이준선생전》, 국학자료원, 1998, 194~195쪽.

8 《대한계년사》8, 광무 10년 병오 3월조; 문정창, 《군국일본 조선강점 36년사》중, 160~161쪽; 독립운동사편찬위원회, 앞의 책, 1978, 628쪽.

9 김용덕, 〈통감부〉《한국현대사》, 신구문화사, 1969, 28~29쪽.

②수도 공사비 437만 원: 인천 상수도 공사 217만 원, 평양 상수도 공사 130만 원

③농공은행 설립비 80만 원

④학교 신축비 수리비 50만 원: 보통학교 34만 원, 중학교 16만 원

⑤대한병원 신축비 28만 원

⑥기타

그런데 1907년 4월 현재 1,300만 원의 차관 사용내역을 살펴보면 ①각 은행과 회사에 나누어 준 금액 300만 원, ②수도국과 위생비용 370만 원, ③일본 유학생 비용 300만 원, ④일본이 제공한 구문口文 100만 원, ⑤일본에서 미지급된 금액 630만 원 등으로 대부분의 자금이 한국 경제 침략을 위한 재정으로 활용되었다.[10]

당시 대한제국 정부의 재정은 세입총액 1,318만 9,336원, 세출총액은 1,395만 523원으로 국채 1,300만 원은 대한제국 정부 1년간 예산에 달하는 금액으로 1,300만 원의 외채를 상환하기에는 어려운 상황이었다.[11] 만일 외채를 상환하지 못하는 경우에는 한국의 강토는 일본의 영토가 되고 말 것이라는 국운의 절박한 상황을 인식하고, 1907년 2월 거족적인 국채보상운동을 전개하게 되었다.

국채보상운동의 발단은 1907년 1월 29일 대구광문사[12] 문회文會 특별

10 〈借款餘額〉《대한매일신보》 1907년 4월 14일.

11 정진석, 〈국채보상운동과 언론의 역할〉《한국민족운동사연구》 8, 1993, 195~197쪽.

12 〈廣文創設〉《대한매일신보》 1906년 1월 14일.
대구광문사는 1906년 1월에 설립된 출판사로 각종 교과서와 서양 서적을 번역하여 발행하고, 도 내의 '忠孝烈行'이 있는 자를 소개하였는데 매월 3회 잡지 발행을 목표로 하였다. 그보다 먼저 1900년 10월 현채·장지연·양재건 등이 서울에서 광문사를

회에서 회원 김광제·서상돈[13] 등의 발의로 시작되었다. 서상돈의 발의에 참석한 회원들은 만장일치로 찬동하고 대구광문사 사장 김광제가 발기 연설을 마친 후 당장 실시할 것을 주창하고 자신의 연죽과 연갑을 버리고 3개월치 담배값 60전과 의연금으로 10원을 내자 모두들 동참하여 2,000여 원이 모금되었다.[14]

국채보상운동은 충남 보령출신 독립운동가 김광제와 대구지역 재계 선각자 서상돈 등이 대구민의소大邱民議所(현 대구상공회의소) 회장단 재임시 일제 경제침략으로부터의 경제권수호운동 내지는 국권회복운동의 방안으로 주창한 운동이었다. 1907년 1월 29일 대구광문사 내에 대구지역의 애국 계몽운동단체인 대동광문회大東廣文會가 조직되고,[15] 회장에 박해령朴海齡,[16] 부회장에 김광제가 취임하였다. 대동광문회는 특별회를 개최하여 국채보

설립하고 각종 계몽도서를 출판하였는데, 명칭으로 보아 대구광문사와 같은 조직으로 보인다. 서울의 광문사와 구별하기 위해 대구광문사를 일명 '달성광문사'라고도 하였다(장지연,《위암문고》, 국사편찬위원회, 1956, 475쪽).

13 서상돈(1851~1913)은 독실한 천주교 가문 출신으로 1851년 부친 徐哲淳(세례명 바오르)과 김아가다 사이에서 장남으로 태어났으며, 세례명은 아우구스티노이다. 서상돈은 포목상으로 무역을 하여 재산을 모았으며, 정부특명으로 경상도 시찰관을 역임하기도 하였다. 또한 금융계에도 진출하여 식산은행의 전신인 大邱農工銀行을 창립하였다. 독립협회에서는 재무과장과 부장을 역임하였고, 達成廣文會 회원으로도 활동하였다. 김광제도 서상돈과 같은 천주교 교인으로 두 사람 사이의 인연은 종교로 맺어진 것이 아닌가 한다(최정복 편저,《대구천주교회》, 대건출판사, 1952; 박용옥, 〈국채보상운동의 발단배경과 여성참여〉《한국민족운동사연구》8, 1993, 132~140쪽).

14 〈東洋先生金光濟講演〉《講演集》, 光東書館, 1909. 모금된 의연금 2,000원은 상당한 거액이었다. 당시 물가를 예를 들면《대한매일신보》한달 구독료가 30전, 掌禮院 主事 한달 봉급이 15원, 쌀 한 말 값이 1원 80전 정도였다.

15 대구광문사 문회는 1907년 1월 29일 특별회를 열고 문회의 명칭을 '大東廣文會'로 개칭하였다(대구상공회의소,《국채보상운동사》, 1997, 30~31쪽;《대한매일신보》1907년 2월 23일).

16 대동광문회 회장 박해령은 이후 칠곡군수가 되어 세금을 부당징수하여 군민들로부

상을 위해 서상돈의 제의로 2천만 동포가 석달간 매달 20전씩만 수합하자는 구체적인 계획을 제시하였다.[17] 이에 대동광문회는 이 뜻을 2천만 동포들에게 권고하는 광고를《제국신문》[18]에 게재하고 의연금을 모금하였다. 대동광문회는 국채보상 의연금을 수합하여 제국신문사에 위탁하였다.[19]

1907년 2월 21일 김광제 · 서상돈, 대동광문회 회장 박해령, 회원 김윤란金允蘭(일명 金炳淳) · 장상철張相轍 · 강영주姜永周 · 서정섭徐廷燮 · 김우근金遇根 · 서병오徐丙五 · 윤하선尹夏璿 · 정재덕鄭在悳 · 이종정李鍾楨 · 길영수吉永洙 · 이우열李遇烈 · 강신규姜信圭 · 정규옥鄭圭鈺 · 천교정千敎廷 등이 중심이 되어 대구민의소를 설립하고,[20] 창립총회에서 500원을 모금하였다. 같은 날 대구민의소

터 원성을 샀으며, 1908년에는 친일관찰사 朴重陽과 함께 대구광문사가 설립한 사립 협성학교를 강제로 공립화하는 일에 동조하여 비난을 사기도 하였다.

17 〈國債報償計〉《제국신문》1907년 2월 16일. "대구광문사회 회명은 대동광문회라 ᄀᆡ칭ᄒᆞᄂᆞᆫ 일노 음력 랍죵에 특별회를 열고 ᄉᆞ무를 필ᄒᆞᆫ 후에 회언 셔상돈씨가 동의ᄒᆞ기를 국ᄎᆡ일쳔만원을 갑지 못ᄒᆞ면 비록 토디라도 허급ᄒᆞᆯ거신ᄃᆡ 지금 국고금으로ᄂᆞᆫ 갑지 못ᄒᆞᆯ지라. 우리 이천만 동포가 담ᄇᆡ를 셕달만 ᄭᅳᆫ고 그 ᄃᆡ금을 ᄆᆡ삭 ᄆᆡ명항 이십젼식만 슈합ᄒᆞ면 그 빗을 갑흘터이나 혹 말ᄒᆞ기를 우리나라 인죵으로 강단과 열심히 업스니 일졔 담ᄇᆡᄭᅳᆫ키 극탄ᄒᆞ다 ᄒᆞ나 그럿치 안은거슨 우리가 츙의를 슝상ᄒᆞ던 바라. 엇지 힘 아니드ᄂᆞᆫ 담ᄇᆡ 셕달이야 못ᄭᅳᆫ을이 어ᄃᆡ 잇스며 셜혹 사ᄅᆞᆷ마다 못ᄭᅳᆫ 더 ᄐᆡ도 일원으로 쳔ᄇᆡᆨ원ᄭᆞ지 ᄂᆡᆯ 사ᄅᆞᆷ이 만을지니 무엇을 근심ᄒᆞ리오. 나부터 팔ᄇᆡᆨ원을 ᄂᆡ노라 ᄒᆞᆫ대 만장이 일치하야 셔상돈씨의 동의가 가타ᄒᆞ난지라. 광문샤장 김광졔씨가 말ᄒᆞ기를 이일은 개왈 가타ᄒᆞ니 무론 모ᄉᆞᄒᆞ고 실시ᄒᆞ난거시 뎍당ᄒᆞᆫ즉 당장에 실시ᄒᆞ노라 ᄒᆞ고 연쥬과 초갑을 업시ᄒᆞ고 삼삭 담ᄇᆡ갑 륙십젼과 돈 십원을 ᄂᆡ니 졔인이 다 회쟝의 결심을 찬상ᄒᆞ며 담ᄇᆡ ᄭᅳᆫ은쟈 무슈ᄒᆞ고 각각 츌의ᄒᆞ야 당쟝에 이쳔여원에 달ᄒᆞ얏고 그 회장은 박ᄒᆡ령씨로 츄션되야 각군에 통쳡ᄒᆞ얏ᄂᆞᆫᄃᆡ 일본헌병도 그 회샤에 와셔 ᄉᆞ실을 탐지ᄒᆞ고 찬양ᄒᆞ얏다더라."

18 《제국신문》은 대한제국시기에 창간된 일간지로 1898년 이종일이 참간하였고 주필은 이승만이었다. 순한글 사용을 고수하여 서민층과 부녀자들에게 많이 구독하였다. 제국신문사 관계자들은 대부분 전직 또는 현직 관리들로 대한자강회나 대한협회 등에서 활동하던 인사들이 대부분이었다.

19 《제국신문》1907년 2월 18일.

는 북후정北堠亭에서 국채보상 모금을 위한 군민대회郡民大會를 개최하였다. 아울러 김광제와 서상돈 등이 중심이 되어 〈국채1,300만원보상취지〉라는 글을 《대한매일신보》에 싣고 본격적인 모금운동을 전개하였다.[21] 국채보상을 위한 모금운동은 전국적으로 큰 호응을 얻어 《대한매일신보》에 연일 보도되고 아울러 격려문이 실렸다.

〈국채보상발기문〉과 〈국채보상운동취지서〉를 보면 전국민이 3개월 동안 담배를 끊어 일본의 국채 1,300만 원을 갚자고 구체적인 방법을 제시하였다. 담배는 당시 한국에 이주해온 일본상인들이 폭리를 취하는 대표적인 상품 가운데 하나였다. 그 당시는 한국에 연초전매법이 실시되기 이전이어서 일본상인들은 군수품을 대량 유출하여 시판하거나 궐연을 만들어 시중에 팔았다. 일본제 담배에는 종가세從價稅 20%가 부가되는데 비해 군수품은 면세였다. 대구의 한 일본인 군납업자는 이점을 이용하여 군수용 담배를 대량 유출하여 대구 서문시장 안에 대판원전大阪原田이라는 상점을 통해 판매하여 많은 수익을 올렸다. 담배는 항상 품귀현상을 보일 정도로 잘 팔렸으며 일본인 상인들은 서울과 부산에 담배공장을 세워 공급할 정도였다.[22]

20 대구민의소 설립 배경은 다음과 같다. 일제가 1905년 을사조약을 체결한 후 통감부를 설치하고 1906년 1월 통감부를 하부조직으로 서울·부산·평양·마산·목포·인천·진남포·원산·성진 등 도시에 1차로 理事廳을 개청하였다. 1906년 8월 경상북도 관찰부의 정청인 宣化堂에 일장기를 걸고 대구 이사청을 개청준비에 한창일 때 대구 광문사 문회 회원들이 대한제국은 있으되 국권이 없는 망국현실을 통탄하고 그 대책을 숙의한 결과 이사청에 맞서는 자치단체인 대구민의소를 조직하였다. 김광제는 대구민의소 소장으로 취임하여 경고문을 발표하였다(〈慶尙北道大邱府民議所長 金光濟氏의 警告文〉《대한매일신보》 1906년 8월 26일).

21 〈國債一千三百萬圓報償趣旨 大邱廣文社長金光濟徐相敦氏等公函〉《대한매일신보》 1907년 2월 21일.

국채보상운동 관련 자료를 보면 단연상채광고가斷煙償債廣告歌·단연동맹가와 단연회斷煙會·단연상채회斷煙償債會 등 단연관련 자료가 많이 보인다. 국채보상을 위한 구체적인 실천방안으로 전 국민이 담배를 끊어 국채보상의연금을 마련하고자 하였다. 그리하여 단연을 위한 모임을 만들어 의연금을 모금하고, 단연을 확산시키기 위해 노래까지 만들어 불렀다. 《대한자강회월보》 제10호(1907년 4월 25일)에 발행된 실린 〈단연동맹가〉 중에서 일부분을 소개한다.

사랑스럽다 김광제 씨, 갸륵하다 서상돈 씨
담배 석 달 먹지 말고 나라 빚을 갚아 보자고
동맹하여 발기하던 날에 전국의 동포가 호응하여
불 붙이듯 일어나니 하늘의 뜻과 백성의 마음이 이것 아닌가.
사랑스럽다, 우리 동포의 애국 정성이 갸륵하오.
이 정성을 크게 길러서 모든 일을 이 같이 하면
부강도 우리 것이요, 문명도 우리 것일세.
누가 나를 업신여기며, 누가 나를 침범할까.

대구 국채보상사무총회소는 재무를 선정하고 국채보상 의연금의 수합에 만전을 기하기 위해 각부와 각군에 서신을 보내고 독려하였다. 대구에서는 김병순·서상돈 2인을 재무원으로 선정하였고, 상주군에서는 김재익·박정준을 재무원으로 선정하여 의연금을 수합하게 하였다. 서울에서는 제국신문사가 의연금 전체를 수합하였다.[23]

22 대구상공회의소, 앞의 책, 1997, 35쪽.

이어 3월 9일 대구민의소에서는 대구 서문 밖 수창사壽昌社에서 국채지원금수합사무소를 설치하고 국채보상 의연금을 모금하였다. 당시 수창사 국채지원금 수합사무소 공함은 다음과 같다.[24]

〈대구서문밖수창사국채지원금수합사무소공함〉

> 대구 서문 밖 수창사 국채지원금 수합사무소의 공함이 다음과 같습니다.
>
> 삼가 아룁니다. 금연상채회의 일로 백성들의 의논이 모두 같아서 본회를 음력으로 금년 정월 9일에 군청 아래 북후정 아래에서 크게 개최하고 취지서를 낭독하였더니 대회장을 가득 메운 사람들이 콧물·눈물을 훔치고 닦으며 가지고 있던 담뱃대를 일제히 바닥에 던지고 의연금을 다투어 내었습니다.
>
> 그리고 당초 개회를 할 때 정한 규정에는 부녀와 아동은 의연금에 관하여 의논하지 말 것이라고 하였는데, 규중부녀가 감격하여 부인회를 만들고 흔쾌히 패물을 내어 놓았습니다. 그리고 심지어 거지, 백정, 마부, 나물파는 여인, 술집 노파, 계집종, 품팔이까지 또한 말하기를 "나라가 있은 후에 백성이 있을 수 있다." 하고 다수가 의연금을 내니 가히 천의와 인심에 생생의 기운이 가득함을 볼 수 있었습니다. 이것은 어찌 2,000만 동포가 다시 나아갈 날이 아니겠습니까? 하물며 금연회는 문명국의 위생 가운데 한 가지 일이지만 우리 백성들에게 금연회는 곧 전 국토 겨레의 삶을 보호하는 것입니다.

---

23 〈選定財務〉《대한매일신보》 1907년 3월 1일; 국채보상운동기념사업회, 《국채보상운동기록물》 1, 2017, 74~75쪽.

24 〈大邱西門外壽昌社國債志願金收合事務所公函〉《대한매일신보》 1907년 3월 9일; 국채보상운동기념사업회, 앞의 책, 2017, 104~105쪽.

외교 관계에 무슨 관련이 있었던지 개회 다음날에 본 도의 경찰서에서 회의 사람을 불러들여서 꾸짖어 말하기를, "이 회의 목적은 비록 좋기는 하지만 지방관의 인허가가 없었으므로 회를 해산하는 것이 옳다."고 하였습니다. 그러나 민심이 격앙되어 지난 십이 일 장날에 다시 북후정에서 대회를 열었는데 일장연설을 하니 의연금을 분분하게 던져 넣을 때에 일본 순사가 연설하던 사람을 잡아가서 해산시키려 하였으니, 위협하는 것이 어찌 이렇게도 지독할 수 있겠습니까? 온 군의 모든 사람이 한 목소리로 함께 분노하여, 대표인 서상하·도정호·이근영 씨를 별도로 보내고 취지서와 규칙을 함께 올려보냅니다. 살펴보시고 교섭하셔서 모두 해결될 수 있도록 해주십시오.

그리하여 국채보상금 의연행렬은 줄을 이었으며 그 가운데는 행상이나 심지어 걸인까지도 동참하였다.[25] 그러나 국채보상을 위한 일련의 활동은 일본경찰의 방해와 탄압으로 군민대회가 강제 해산당하고 연설자가 구속되기도 하였다.[26]

국채보상운동이 대구지역을 중심으로 전개된 배경을 살펴보면 원래 대구는 조선후기 3대시장의 하나로 상업중심지였고, 약령시藥令市로도 유명하다. 당시 대구를 비롯한 부근 일대의 대토지를 소유한 대지주들이 대구에 많이 거주하였고, 중농층 이상이 상업을 통해 상인자본으로 성장하였다. 이들은 청일전쟁 이후 일본상품이 유입되자 일본상인들의 중매인으로 위탁판매를 통해 일부층이 상인자본으로 성장하였다. 그후 1903년

25 대구상공회의소, 앞의 책, 1997, 42~43쪽.

26 〈大邱西門外壽昌社國債志願收合事務所公函〉《대한매일신보》 1907년 3월 9일.

대구 서문 외 수창사 국채지원금 수합사무소에 관한 기사

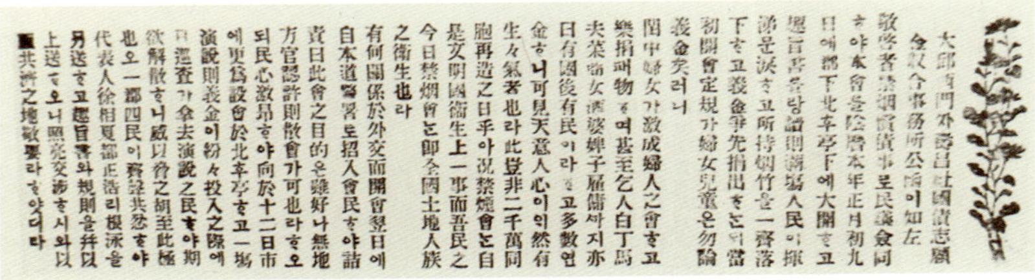
大邱南門外壽昌社國債志願
金收合事務所公函이如左
敬啓者國債報償事로民議僉同
하야本會를陰曆本年正月初九
日에郡下北후亭下에大開하고
趣旨書을낭讀則滿場人民이揮
淚呈誠하고所持煙竹을一齊落
下하고義金爭先捐出하는中當
初開會定規가婦女兒童은勿論
義金矣러니
閭中婦女가激成婦人之會하고
樂捐珮物하며甚至乞人白丁馬
夫菜傭女酒婆婢子雇傭까지亦
曰有國後有民이라하고多數연
金하니可見天意人心이의然有
生々氣者也라此豈非二千萬同
胞再造之日乎아況禁煙會는自
是文明國衛生上一事而吾民之
今日禁煙會는即全國土地人族
之衛生也라
有何關係於外交而開會翌日에
自本道警署로招入會民하야詰
責曰此會之目的은雖好나無地
方官認許則散會가可也라하오
되民心激昂하야向於十二日市
에更爲設會於北후亭하고一場
演說則義金이紛々投入之際에
日巡査가拿去演說之民하야期
欲解散하니威以脅之胡至此極
也오一郡四民이齊발共忿하야
代表人徐相夏鄭正浩리模派을
另送하고趣旨書와規則을幷以
上送하오니照亮交涉하시와以
■共濟之地敬要라하얏더라

출처: 《대한매일신보》 1907년 3월 9일.

경부선 철도 부설로 교통·통신기관의 발달과 그에 따른 정치적 역할이 증대되자 대구는 신흥상업도시로 급성장하였다. 이후 일제의 경제 침략이 강화되면서 대구지역 상인들은 일본상인들과 치열한 투쟁을 벌여야만 하였다. 일본상인들과의 투쟁과정에서 대구지역 상인자본가 세력들이 경제권수호운동인 국채보상운동 등 현실에 적극적으로 참여하게 된다.[27]

3. 국채보상운동 단체의 설립과 활동

1) 국채보상기성회

〈국채1,300만원보상취지〉가 발표된 다음날인 1907년 2월 22일 서울에서 김성희·유문상·이필상·김주병·오영근·최병옥·김상만·임봉래·안국선·윤병승·윤태영·윤천구·박태서·송기윤·현공렴·김대희·김동규·이승교·신해용·최병진·한진용·이상익·주한영·고유상 등 24명이

27 권대웅, 〈한말 달성친목회 연구〉 《오세창교수화갑기념 한국근현대사논총》, 1995, 203~204쪽.

발기하여 국채보상기성회를 조직하고 전국 각 지방에서 일어나고 있는 국채보상운동의 총괄기구로서 〈국채보상기성회취지서〉와 회칙을 발표하고 합법적인 운동으로서 체계를 갖추었다. 아울러 7개소의 수전소도 정하였다. 이들은 〈국채보상기성회취지서〉를 통해 국채보상운동의 중요성을 강조하였다.[28]

〈국채보상기성회취지서〉

대저 국채는 국민적 필요를 위하여 부득이하게 행한 일입니다. 만일 전례로 알고 빌리기만 하다가 갚을 도리가 없으면 결국 나라가 망할 것이니, 나라가 망하면 백성이 없을 것이요, 백성이 없으면 나라도 없을 것입니다. 어찌 두렵지 않겠습니까. 얼마 전에 우리나라에서 일천 삼백만 원의 국채를 쓴 일은 부득이한 일이지만, 지금 재정이 곤란하여 빚을 깨끗이 갚을 방법이 몹시 딱하고 어려우니, 어찌 우리 국민의 책임이 아니라고 하겠습니까. 가령 밥은 먹지 아니 하더라도 나라는 있어야 동포의 자손이라도 보존할 수 있을 것입니다. 먹지 아니 하여도 괜찮은 것은 남초[담배]이니, 근래 埃及[이집트] 卷煙[종이]로 말아 놓은 담배이나 여송연(담뱃잎을 썰지 아니하고 통째로 돌돌 말아서 만든 담배. cigar)같은 값이 비싼 것을 날마다 많은 돈을 헛되이 쓰면서 먹으니, 우리 동포 2천만의 몇 달 담뱃값 허비하는 것을 합산하여도 무려 수천만 원가량이 될 것입니다.

28 〈國債報償期成會趣旨書〉《황성신문》 1907년 2월 25일; 〈國債報償期成會趣旨書〉《대한매일신보》 1907년 2월 27일;《대한자강회월보》 제9호, 62~64쪽; 국채보상운동기념사업회, 앞의 책, 2017, 31~39쪽. 국채보상운동기념사업회에서 소장하고 있는 〈국채보상기성회취지서〉는 양기탁이 작성한 것으로 원본은 국한문 혼용으로 되어있는데 현대문으로 정리하였다.

그러하니 허비하는 전액으로 나라 빚을 갚으면, 백성에게 해로움이 없고 나라에 이익이 있다고 할 수 있을 것입니다. 근래에 동래(부산)와 대구에 뜻 있는 신사가 논의를 끄집어낸 것이 당연한 일이기로 '국채보상기성회'를 조직하여 동포에게 널리 알리오니, 뒤에 기록한 여러 조항들에 의하여 한 마음으로 힘을 합치시어 나라를 보존합시다.

광무 11년(1907) 2월 22일

一. 본회는 일본에 대하여 나라에서 진 빚 1,300만 원을 갚는 것을 목적으로 함.

一. 갚는 방법은 일반 국민의 의연금을 모집함. 단, 금액은 많고 적음에 구애받지 않음.

一. 본회에 의연금을 내는 사람은 본회 회원으로 인정하고 성명과 금액을 신문에 공고함.

一. 본회와 목적이 같은 각 회는 서로 연합하여 목적을 달성하기 위하여 힘을 다함.

一. 의연금을 수합하여 1,300만 원이 될 때까지 믿을 만한 우리나라 은행에 맡겨둠. 단, 수합 금액은 매월 말일에 신문으로 공고함.

一. 본회는 목적을 달성한 후에 해산함.

발기인

김성희 류문상 이필상 김주병 오영근 최병옥 김상만 임봉래 안국선
윤병승 윤태영 윤천구 박태서 송기윤 현공염 김대희 김동규 이승교
신해용 최병진 한진용 이상익 주한영 고유상

수전소는 아래와 같음.

중서 전동 12통 1호 보성관 내 야뢰보관 임시사무소

중서 포목전 병문 아래 광학서포 김상만

남대문 밖 도동 건재약국 유한모

남서 석정동 대한매일신보사

남대문 내 상동 청년학원사무소

남서 대광교 37통 4호 서포 고유상

중서 포목전 병문 아래 파조교 건너편 중앙서포 주한영

국채보상기성회 발기인들은 〈국채보상기성취지서〉와 〈국채보상기성회회칙〉 등을 통해 국채보상은 자주적인 독립국가를 수립하는 가장 근본적인 문제로서 각인되는 순간을 맞았다.[29] 이들은 취지서를 통해 국채보상운동의 중요성을 강조하고 나섰다.

〈국채보상기성회취지서〉에는 취지문과 회칙, 발기인 명단, 그리고 수전소를 명기하고 있다. 국채보상기성회 규약은 다음과 같다. ①본회는 일본에 대한 국채 1,300만 원 보상을 목적으로 한다. ②보상방법은 국민 의연금을 모집한다. 단, 금액의 다소에 얽매이지 않는다. ③본회에 의연금을 기부한 인원은 본회 회원으로 인정하고 성명과 금액을 신문에 공포한다. ④본회와 목적이 같은 각 단체는 상호 연합하여 목적 달성을 힘써 도모한다. ⑤의연금은 수합하여 위의 금액에 도달될 때까지 신용이 있는 은행에 맡겨둔다. 단, 수합 금액은 매월 말에 신문으로 알린다. ⑥본회는 목적을 달성한 후에 해산한다.

29 〈早春樂事〉《만세보》 1907년 3월 12일.

〈국채보상기성회취지서〉

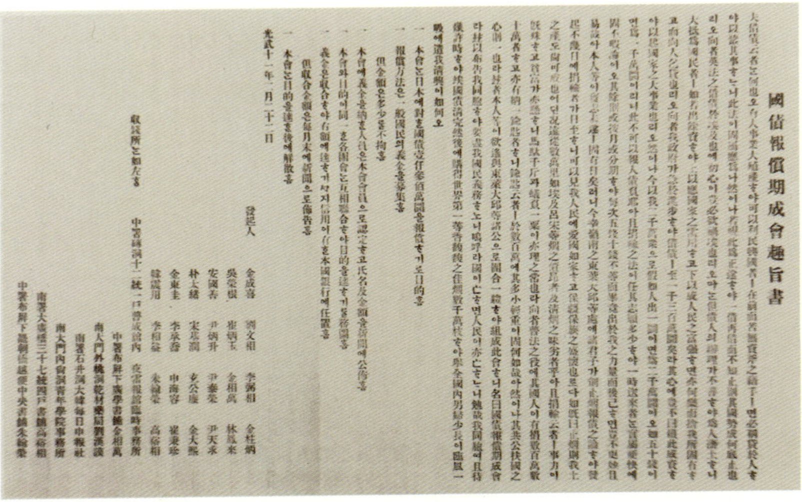
國債報償期成會趣旨書

光武十一年二月二十一日

출처: 국채보상운동기념사업회

발기인은 김성희[30] · 유문상 · 이필상 · 김주병 · 오영근 · 최병옥 · 김상만 · 임봉래 · 안국선 · 윤병승 · 윤태영 · 윤천구 · 박태서 · 송기윤 · 현공렴[31] · 김대희 · 김동규 · 이승교 · 신해용 · 최병진 · 한진용 · 이상익[32] · 주한영 · 고유상 등 24명이었다. 이들 중 오영근[33] · 현공렴 · 김대희 · 신해용 · 유문상 ·

30 김성희는 1847년 8월 14일 충남 서천에서 태어났다. 전통교육을 수학한 후 늦은 나이에 관계에 진출하였다. 1893년 교섭통상사무아문 주사 공직을 시작으로 홍주부 주사, 경북관찰부 주사, 중추원 의관 등을 역임했다. 1907년에는 한성덕어학교(독일어) 부교관, 한성사범학교 교관으로 재직하였다. 이후 대한자강회 · 대한협회 · 기호흥학회 회원으로 활동하면서 기관지에 계몽운동과 관련된 30편 이상을 투고하는 등 열정과 실력을 겸비한 계몽론자였다.

31 현공렴은 현채의 아들로 일본과 배재학당에서 수학하였으며 저술가, 출판인으로 활동하였다. 아울러 부친의 국한문 번역본《월남망국사》의 발행인이기도 하다.

32 이상익은 헤이그특사 이상설의 實弟로 보성중학교 교감, 한성사범학교 교관, 鏡城 咸一學校 교사, 工數學校 학감을 역임하였다.

안국선 · 윤병승 · 최병옥 등은 대동상회 임원이었다. 대동상회는 국채보상운동 기관지 성격을 지닌 잡지 《야뢰》를 발간했다. 발기인 대부분은 잡지 필진이었고, 야뢰보관은 국채보상기성회의 수전소였다. 김성희 · 고유상 · 김주병 · 윤태영 · 박태서 · 이상익 · 주한영 · 김상만 등은 출판이나 저술 활동으로 계몽운동을 주도하는 인물들이었다.[34]

또한 국채보상기성회는 의연금을 모집 · 관리하는 장소로 다음과 같이 정했다. ①중서 전동 12통 1호 보성관 내 야뢰보관 임시사무소, ②중서 포병하 광학서포 김상만, ③남대문 외 도동 건재약국 유한모, ④서서 석정동 대한매일신보사, ⑤남대문 내 상동 청년학원사무소, ⑥남서 대광교 37통 4호 서포 고유상, ⑦중서 파조교 월편 서사 주한영 등 7개소였다.[35] 곧 수전소는 출판사를 겸하는 책방, 신문사와 잡지사, 학교 등이었다.

국채보상기성회 활동은 대단한 성과를 낳았다. 발족한 지 겨우 보름이 지날 즈음에 약 1,800명으로부터 1,500원에 달하는 거액이 모금되었다. 의연한 주요 단체나 부산상무회의소를 비롯한 청주진위대 · 평양진위대 장교와 병사, 충북 음성과 전남 여수 등지 주민 등이었다. 이러한 분위기는 지역사회에서 의연금 모집을 활성화하는 기폭제로 작용했다. 이 단체는 국채보상운동을 지역적인 한계에서 벗어나 범국민운동으로 진전시

33 오영근은 大東商會 회장으로 대동상회에서 발행한 월간지 《야뢰》 발행인이다. 또한 대동상회 임원 전원이 국채보상기성회 발기에 참여하였다. 《야뢰》는 국채보상운동의 확산을 위한 국민계몽지 성격을 띠고 창간된 것으로 보인다. 이후 오영근은 이종일, 김광제 등과 함께 1907년 4월 8일 국채보상지원금총합소 발기인으로 참여하여 활동하였다.

34 김형목, 〈국민운동으로 승화되는 발판을 마련하다〉《김광제, 나랏빚 청산이 독립국가 건설이다》, 도서출판 선인, 2012, 109~111쪽.

35 최기영, 〈국채보상운동의 확산〉《애국계몽운동 II : 문화운동》, 한국독립운동사편찬위원회 · 독립기념관 한국독립운동사연구소, 2009.

키는 밑거름이었다. 아울러 각 지방에서도 국채보상회를 설립하고 취지서를 발표하였는데 전국에 27개의 보상소가 설립되었다. 1907년 3월 말까지 전국 각지에 설립된 보상소는 다음과 같다.[36]

국채보상 서도의성회

동래부 국채보상일심회

황해도 은율군국채보상회

충남 예산군의연금모집소

한북 국채보상단성회

평양 국채보상회

금산군 국채보상동맹

경남애국회

제주의성회

국채보상 경남회

충청남북도 국채보상 의성회

춘천군 국채보상동맹

상무회의소 단연회

단천군 국채보상소

충북 옥천군 국채보상 단연의무회

국채보상 해서동정회

경남찬성회

36 국사편찬위원회,《한민족독립운동사》1, 1987, 645~646쪽; 이동언,〈김광제의 생애와 국권회복운동〉《내가 몰랐던 독립운동가 12인》, 2013, 도서출판 선인, 185~187쪽.

수안 절용맹회

국채보상 관서동맹

한산호서 국채보상기성의무사

전북전남 국채보상의무소

충북 영동군국채보상회

황해도 재령군보성소

청원마산항 국채보상의연소

대구 국채담보회

전주 국채보상회

국채보상 전북기도회

1907년 2월 26일 고종의 칙어勅語와 함께 단연보상斷烟報償 참여[37]를 계기로 국채보상운동은 큰 반향을 불러일으켰다. 고종의 단연보상 참여는 국채보상운동을 국가적·국민적 의거로 공인한 것이었고, 특히 서민계층의 국채보상 의연 행렬과는 달리 냉소적인 태도를 취하였던 고관들에게는 충격적인 일이었으며, 고관대작들도 고종의 단연 소식을 접하자 즉시 단연동맹을 결의하였다.[38] 또한 《대한매일신보》는 〈관립영어학교가 교장

37 〈大哉皇言〉《대한매일신보》 1907년 2월 27일, "國債報償事로 人民이 斷煙하고 代金을 募集한다는 事를 自上로 入聞하시고 大皇帝陛下께옵서 下教하사 日 哀我赤子가 國債를 報償하기 爲하여 煙價를 募集하니 朕不可吸煙이라 하시고 煙草를 不御하신다더라."

38 〈大官斷煙〉《대한매일신보》 1907년 2월 27일, "日昨에 華東學校 贊成事로 李容稙씨家에 閔泳韶, 李鍾健, 韓圭卨, 沈相薰, 趙東潤, 李遇冕, 趙同熙씨가 齊會하였는데, 國債報償問題에 대하여 閔泳韶씨가 발론하기를 大皇帝陛下께옵서 卷煙을 進御치 아니하신 처분이 有하시다 하니 吾儕가 何可吸烟이리오 한데 참석한 諸氏가 그 즉시 斷煙하고 償債전에는 更不吸烟)다고 동맹하였다더라."

이하 학생, 심지어 사환까지 모두가 단연동맹하였다〉는 기사와 함께 〈황제가 공경가와 더불어 각 학교에서 거개가 단연이온 바 본사원도 일반의무로 동맹단연 함〉이라는 사고社告를 통해 단연동맹을 선언하였다.[39] 대한매일신보사 회계담당 심의철은 1907년 2월 28일자 지면에 〈국채보상에 대하여 경고 아 동포〉라는 순한글 기고문을 실어 2,000만 동포의 참여를 호소하였다. 이러한 단연동맹은 향후 국채보상운동을 통한 국권수호 의지의 표현이었다.[40]

이종일 · 김광제 · 박영규 · 오영근 등은 수금 통합기구로서 대한매일신보사 내에 국채보상지원금총합소 설치에 앞장섰다. 1907년 4월 8일 개최된 총회에서는 소장 한규설(후에 윤웅렬로 교체), 부소장 김종한, 회계감독 박영규 · 서병규, 검사원 이강호 · 양기탁 · 이면우, 사무원 윤치호 등 12명, 평의원 12인을 각각 선출하였다. 거의 같은 시기에 13도 대표를 중심으로 국채보상연합회의소도 조직되었다.[41] 의장 이준(후임 이도재, 이용식, 김종한), 부의장 김광제, 위원장 윤효정으로 하는 임원진도 구성하였다. 국채보상과 관련된 활동을 검사하기 위한 장박 중심의 국채보상회와 민종식을 중심으로 한 국채보상검사소도 조직되었다.

두 단체는 의연금 수합 경쟁을 초래하는 등 취지와 달리 체계적인 의연금 모집에 크게 이바지할 수 있었다. 이에 국채보상지원금총합소는 수합한 의연금을 주관하고 국채보상연합회의소는 일반 주민의 지도방침을 널리 홍보하는 등 분할 체제로 운영하기를 협의하였다. 비록 불완전한 총괄적인 단일기구로서 통합은 아니었으나 어느 정도 협력체제로 구축되었

39 이동언, 앞의 책, 2013, 188쪽.

40 이동언, 앞의 책, 2013, 187~188쪽.

41 국채보상운동기념사업회, 앞의 책, 2017, 267~268쪽.

다.[42] 양 조직체는 지방에서 활동하는 국채보상소를 계통적으로 통제하는 가운데 수합된 의연금을 조직적으로 관리할 수 있었다.

2) 국채보상중앙의무사

1907년 2월 서울에서 서병염·윤흥섭·박규순 등 59명의 발기인이 〈국채보상포고문國債報償佈告文〉을 발표하고 국채보상중앙의무사國債報償中央義務社를 설립하고 모금운동을 전개하였다. 임시사무소는 중서 서린방 합동 13통 7호, 수금소는 황성신문사로 하였다. 국채보상중앙의무사 〈국채보상포고문〉은 다음과 같다.[43]

〈국채보상포고문〉

> 대저 사람이 군주를 위하여 죽는 자도 있고 또한 나라를 위하여 죽는 자도 있으니, 충의를 일으킴에 죽음도 또한 피하지 않는데 하물며 재물을 내어서 나라의 은혜에 보답하는 것에 있어서이겠습니까. 우리 대한이 오로지 예의만을 숭상하고 부강하기를 힘쓰지 않은 지 500여 년입니다. 한 번 외국과 통상을 하면서부터 재물이 확장되지 못하고 쓰임새가 오히려 커져서 작년에 차관하는 일에 이르렀습니다. 아! 우리나라가 땅이 삼천리에 불과하고 사람은 2천만이 되지 않은데, 세금의 수입을 헤아려 지출을 계획함에 1년 경비가 항상 부족할까 걱정하고 있는데, 마침내 무슨 재물로 이 1,300만 환이라는 거액을 갚을 수 있겠습니까. 이것을 만약 갚지 못하면 가정과 국가를 보존하기 어렵고 가정과 국가를 보존하지 못하면 아! 우리 동포가

42 〈國債報償聯合近況〉《만세보》 1907년 4월 13일.
43 〈國債報償佈告文〉《황성신문》 1907년 3월 2일.

몸을 장차 어느 곳에 부치겠습니까. 저희들이 마음이 서늘하고 뼈가 떨려서 죽어도 눈을 감기 어려울 것입니다. 그런데 너무나도 다행스럽게 국채보상의 의논이 영남으로부터 일어나서 소식이 미치는 곳마다 그림자처럼 따르지 않는 곳이 없었으니, 이것은 다시 살아날 때이며 다시 밝아지는 날입니다. 분수에 넘치는 것을 헤아리지 않고서, 이 국채보상의무사를 서울 중앙에 설립하여 영남의 의거에 호응하기 위하여 이에 널리 알립니다. 전국의 동포는 모두 충의를 분발하셔서 한 몸으로 의연금을 내어 외채를 해결하게 하신다면, 국민의 의무를 다할 수 있고 종묘사직의 운명을 진홍시킬 수 있을 것입니다. 힘써 주십시오. 동포여.

광무 11년(1907) 2월 일

一. 본사는 국채보상 중앙의무사로 명명함.

一. 본사의 위치는 서울로 함.

一. 본사의 목적은 1,300만 환 국채를 이천만 동포가 각각 의연금을 내어 갚는 데 열심으로 힘을 다함.

一. 의연금은 각자 자신의 힘에 따라 내고 많고 적음을 구애하지 않음.

一. 본사에 의연금을 낸 사람은 성명과 금액을 신문에 게재하여 같은 마음임을 표시함.

一. 수금소는 황성신문사로 정함. 단, 수합금은 매월 마지막에 합계하여 신문에 광고함.

一. 의연금을 맡겨두는 곳은 본국의 신용있는 은행으로 정함.

서병염 윤홍섭 박규순 김영선 강인규

서상학 성인호 백락정 김선호 이승경

박제칠 이병선 윤용섭 박승덕 김사홍

김학안 김성한 정만섭 허 겸 윤충하
조경식 이문화 김승렬 홍승두 이 섭
이용의 강하영 허 식 김현수 김기준
정홍식 백락헌 심영지 권종응 김정기
조영호 김정기 조병렬 이주국 김연학
신정균 윤자필 박희순 박기명 이규동
백락선 김용기 윤세익 김용복 김재희
김병묵 구필회 조종섭 구자혁 홍승노
홍승구 최 완 홍기표 이병곤
국채보상중앙의무사
임시사무소는 중서 서린방 합동 13통 7호.

1907년 4월 11일 국채보상중앙의무사에서는 회의를 개최하여 임원을 선출하였다. 선출된 임원 명단은 다음과 같다.[44]

사장 조진태
부사장 이근배
총무 백완혁
재무원 윤정석 조병택 성문영 한용식
배동혁 정두환 우항정 이길상
이정훈 주인섭 등 여러분
찬성장 민영휘

44 〈義務社任員選擧〉《만세보》 1907년 4월 13일.

〈국채보상중앙의무사 국채보상포고문〉

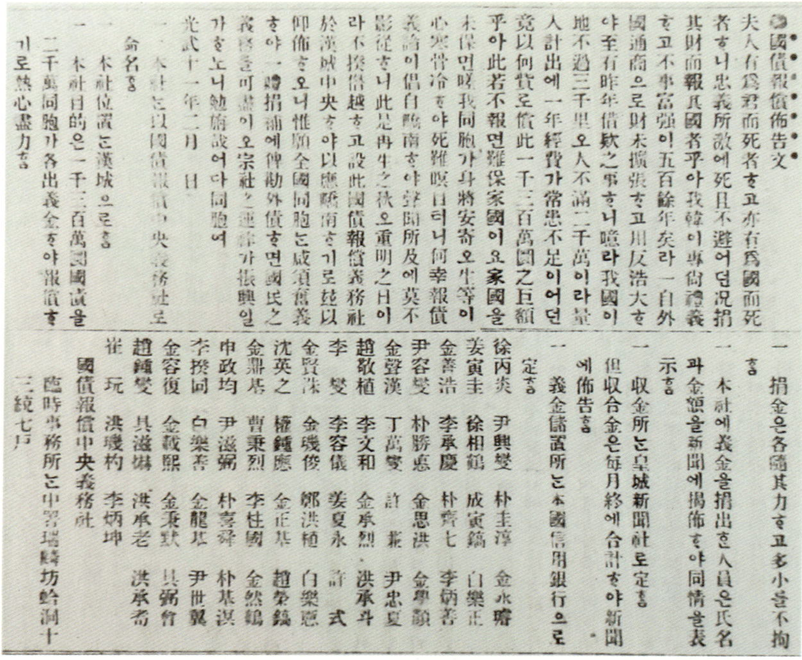
◎國債報償佈告文

夫人有爲君而死者ᄒᆞ고亦有爲國而死者ᄒᆞ니忠義所激에死且不避어던況捐其財而報其國者乎아我韓이專尙禮義ᄒᆞ고不事富强이五百餘年矣라一自外國通商으로財未擴張ᄒᆞ고用反浩大ᄒᆞ야至有昨年借款之事ᄒᆞ니噫라我國이地不過三千里오人不滿二千萬이라量人計出에一年經費가常患不足이어던竟以何貨로償此一千三百萬圜之巨額乎아此若不報면難保家國이오家國을未保면則我同胞가身將安寄오生等이心寒骨冷ᄒᆞ야死難瞑目이더니何幸報償義論이倡自嶺南ᄒᆞ야聲聞所及에莫不影從ᄒᆞ니此是再生之秋오重明之日이라不揆僭越ᄒᆞ고設此國債報償義務社於漢城中央ᄒᆞ야以應嶺南ᄒᆞ기로玆以仰佈ᄒᆞ오니惟願全國同胞는咸須奮義ᄒᆞ야一體捐補에俾勘外債ᄒᆞ면國民之義務를可盡이오宗社之運祚가振興일가ᄒᆞ노니勉旃哉어다同胞여

光武十一年二月 日

一 本社는以國債報償中央義務社로命名ᄒᆞᆷ

一 本社位置는漢城으로ᄒᆞᆷ

一 本社目的은一千三百萬圜國債을二千萬同胞가各出義金ᄒᆞ야報償ᄒᆞ기로熱心盡力ᄒᆞᆷ

一 捐金은各隨其力ᄒᆞ고多少를不拘ᄒᆞᆷ

一 本社에義金을捐出ᄒᆞᆫ人員은氏名과金額을新聞에揭佈ᄒᆞ야同情을表示ᄒᆞᆷ

一 收金所는皇城新聞社로定ᄒᆞᆷ

但收合金은每月終에合計ᄒᆞ야新聞에佈告ᄒᆞᆷ

一 義金儲置所는本國信用銀行으로定ᄒᆞᆷ

徐丙炎 尹興燮 朴圭淳 金永爵
姜寅圭 徐相鶴 成寅鎬 白樂正
金善浩 李承慶 朴齊七 李炳善
尹容燮 朴勝憲 金思洪 金學韶
金聲漢 丁萬燮 許 菲 尹忠夏
趙敬植 李文和 金承烈 洪承斗
李 燮 李容儀 姜夏永 許 式
金賢洙 金璣俊 鄭洪植 白樂應
沈英之 權鍾應 金正基 趙榮鎬
金鼎基 曹秉烈 李性國 金然鎬
申政均 尹滋弼 朴喜舜 朴基淇
李揆同 白樂善 金龍基 尹世翼
金容復 金義熙 金秉默 具弼會
趙鍾燮 具滋媒 洪承老 洪承耇
崔 玩 洪璣杓 李炳坤

國債報償中央義務社

臨時事務所는中署[illegible]坊蛤洞十三統七戶

출처: 《황성신문》 1907년 3월 2일.

평의장 이승우

평의원 이　준 윤효정 김사준 최문식
윤상학 서병염 윤흥섭 서상하
김명수 민재설 정운복 백낙정
홍종영 이상재 윤자설 서상학
유병필 오세창 김영선 이시영

1907년 4월 14일 국채보상중앙의무사에서 지전도가紙廛都家, 종이도매상에서 제2회 정기회를 개최하고 새로 선출된 사장 조진태 이하 일반 회원이 함께 사무를 협의하여 오는 토요일에는 경성 안 국채보상회가 각 단체를 다시 청하여 뒤처리 방침을 강구하기로 하였다.[45] 그리고 국채보상중앙의무사 사무소는 국채보상중앙의무사 총무 백완혁의 집으로 이전하였다.[46]

1907년 4월 국채보상중앙의무사는 권고문 〈국채보상중앙의무사가 전국 동포에 다시 고하는 글〉[47]을 통해 현재의 상황이 위태롭고 위급하고 2천만 동포의 생사존망이 국채 1,300만 원 상환에 달려있음을 강조하였다. 또한 이 권고문을 본 자는 국채보상중앙의무사의 공함을 이해하고 한문이나 언문으로 베끼거나 옮겨서 전국 방방곡곡의 시장과 산야에 붙이거나 연설로 고무하여 확산시켜 나가자고 하였다. 아울러 국채보상 의연금 수금장소는 황성신문사로 정하고 그 이유는 대한의 가장 먼저 창립된 믿을 수 있는 회사이기 때문이라고 하였다.

1907년 4월 20일경 국채보상중앙의무사는 국채보상연합회의소를 초청하여 두 단체가 연합하기로 하고 통합단체 명칭은 국채보상연합소로 정하고 소장은 이도재를 공천하였다.[48] 그러나 두 단체의 통합은 여의치 않은 것으로 보인다. 국채보상중앙의무사는 이후 별다른 활동을 하지 못하다가 약 2개월 후인 1907년 6월경에야 다시 일을 시작하게 되었다. 그동안 국채보상중앙의무사 임원도 사장 남정철南廷哲, 평의장 김사준金思濬, 부사장 서상하徐相夏, 총무 최문식崔文植 등으로 개편이 있었다.[49]

45 〈中央社開會〉《만세보》 1907년 4월 16일.

46 〈義務社移設〉《만세보》 1907년 4월 18일.

47 〈國債報償中央義務社再告全國同胞書〉《만세보》 1907년 4월 18일(국채보상운동기념사업회, 앞의 책, 2017, 219~222쪽 재인용).

48 〈國債報償聯合所〉《만세보》 1907년 4월 23일(국채보상운동기념사업회, 앞의 책, 2017, 262~263쪽 재인용).

49 〈義務社就緖〉《만세보》 1907년 6월 20일(국채보상운동기념사업회, 앞의 책, 2017,

〈국채보상 중앙의무사 재고 전국동포서〉

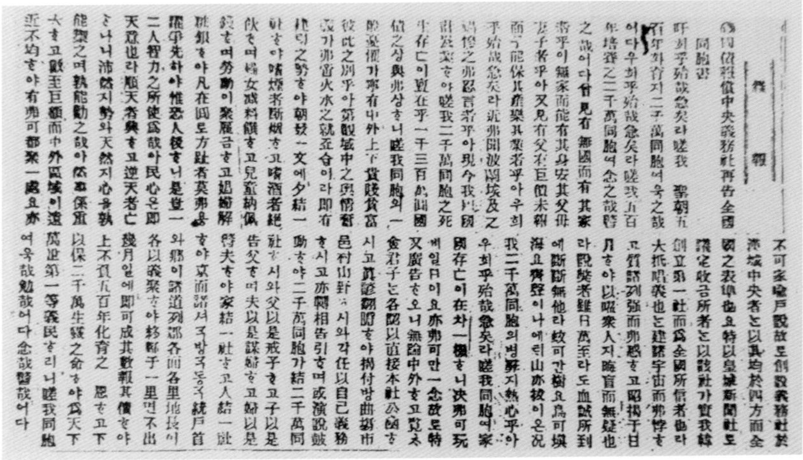

출처: 《만세보》 1907년 4월 18일.

3) 국채보상지원금총합소

국채보상운동이 전국적인 규모로 발전하여 범국민운동으로 전개되자 의연금 관리를 위한 통합기구의 필요성이 대두하였다. 그리하여 1907년 3월 말경 이종일·김광제·박용규·서병규·이면우·오영근 등이 발기하여[50] 1907년 4월 8일 국채보상지원금총합소를 대한매일신보사 내에 설치하고 임원진도 엄선하여 구성하였다. 국채보상지원금총합소 소장으로 임명된 한규설은 의정부 참정대신으로 1905년 11월 을사조약을 반대하다가 파면된 바 있다. 그러나 한규설은 소장에 취임하지 않았다. 그리하여 지원금총합소는 5월 하순 다시 특별회를 개최하여 소장 윤웅렬, 부소장

305~306쪽 재인용).

50 《대한매일신보》 1907년 3월 28일.

김종한, 재무감독 박용규, 감사 이강호·이면우, 회계 양기탁·정지영, 평의원 조존우, 검사원 김광제를 선출하였다.[51] 당대의 명망가를 임원으로 선출하여 지원금총합소는 규정에 명시된 바와 같이 의연금 수합, 관리에 철저를 기하며 국채보상운동의 구심체로 역할을 수행하고자 하였다. 국채보상지원금총합소 설립의 필요성과 설립과정의 어려움을 호소하고 있다.[52]

〈국채보상지원금총합소〉

> 국채보상의 논의가 전국에 팽창하여 아무개 군에서도 국채보상회 하나를 두고 아무개 고을에서도 국채보상회 하나를 두었으며, 이곳에도 국채보상회 하나를 두고 저곳에서도 국채보상회 하나를 두어서, 오늘 보상회 한 개가 생기고 내일 보상회가 하나 생겨나니, 아름답습니다, 우리 보상회여! 누가 일찍이 권하였으며 누가 일찍이 독촉하였습니까마는 북채로 북을 치니 북이 곧 울리고 동쪽에서 일어나니 서쪽에서 호응합니다.
>
> 비록 그렇지만 지금 1,000개, 100개의 보상회가 있다고 하더라도 더욱이 하나의 총합소가 없을 수 없습니다. 총합소가 반드시 필요한 이유는 무엇입니까? 대개 한 사람이 능히 1,000만 환을 낼 수 있겠지만 한 집에서 능히 1,000만 환을 마련한다면 보상회는 없을 수 있고, 한 동리에서 능히 1,000만 환을 내거나 한 단체에서 능히 1,000만 환을 마련한다면 총합소가 없을 수 있을 것입니다. 그러나 각 사람 각 집안에서 내는 힘을 기다리지 않을

51 《대한매일신보》 1907년 5월 25일; 《제국신문》 1907년 5월 20일; 《The Seoul Press》 1908년 9월 5일(정진석, 〈국채보상의연금에 관한 양기탁 재판〉 《한국민족운동사연구》 8, 1993는 '양기탁 공판내용'에 대해 통감부 기관지 《The Seoul Press》가 보도한 내용을 번역하였다).

52 〈國債補償志願金總合所〉 《황성신문》 1907년 4월 4일; 국채보상운동기념사업회, 앞의 책, 2017, 201~205쪽.

수 없으므로 보상회는 없을수 없고, 각 會 각 社의 의연금을 모으지 않을 수 없으므로 총합소가 없을 수 없습니다. 다만 각각의 장소에 보상회가 있는데 문득 총합소가 한 곳도 없다면 이것은 십수 개의 연방이 위로 통솔하는 정부가 없어서 그 목적에 도달하지 못하는 것과 같을 것이니, 이것은 곧 일반 여론이 다급하게 바라는 것이요 전국의 지사들이 여러 가지로 연구하는 것이었습니다. 어제는 한 장의 편지가 본사에 도착하였는데 받아서 읽어 보니 첫 장 첫 행에 크게 쓰였기를, 국채보상지원금총합소 규정이라 하였습니다. 놀랍기도 하고 기쁘기도 하여 읽고 말하기를 "마땅하구나. 이 글이여! 마땅하구나, 이 글이여!" 하였습니다. 제가 들으니, 각 단체 사회에서 지금 이일로 논의를 한다고 하더니, 어찌 그 중론을 이미 모으고 방법을 이미 정하고 이미 이 규정을 알렸단 말입니까.

원하옵건대 하늘은 우리나라를 돌아보셔서, 총합소 사람은 개개가 공정하고, 총합소 사무는 모두가 이치에 맞아서, 우리의 국채를 갚고 우리 국가의 영광을 사게 한 것인가 하고 반 장을 넘게 읽었을 때, 또 대서특필 하였으되 총합소 임시사무소는 대한매일신보사 안으로 한다 하였습니다. 나도 모르게 두려워서 탄식하여 말하기를 "이 말이 잘못된 것이 심하도다. 이 말이 잘못된 것이 심하도다." 하였습니다. 지금 이 의연금을 모아서 보내는 것이 곧 고상하고 순결한 애국심에서 나왔으니 털끝만큼이라도 의뢰하는 습성이 그 가운데 섞여 들어갈 수 없으니, 지금 그 사무소를 어찌 매일신보사라고 하겠습니까.

이 신문사 기사가 비록 언론을 크게 일으켜서 내 나라 사랑하기를 자기 나라 사랑하듯이 하며, 내 나라 사람 아끼기를 자기 나라 백성 아끼듯이 하니, 이것은 참으로 대중들의 마음에 환영할 것이라고 하겠지만, 이 신문의 주필은 곧 영국인 베델 씨이니 그 언론을 환영하는 것은 되지만 우리나라 신문으로 속이는 것은 안 되는 일입니다. 하남촌의 가난한 아무개 생원이 아직도 여러 칸 무너진 집을 가지고 있으며, 대대로 벼슬한 부잣집 아무개 대감은 1,000칸 넓은 집을 가지고 있으니, 이 뜻으로 그 사람의 집을 빌리기를 구하면 어찌 빌려주지 않으려 하겠으며, 이러한 일로 신문사에서 회의를 하려 한다면 어찌 허락하지 않는 신문사가 있겠습니까. 서울 수만의 인가 가운데 총합소의 장소가 없을 수 없으며, 본국의 수 삼 개 신문사 건물이 모두 임시사무소로 가능한데 지금 일체를 던져두고 우리는 반드시 매일신보사라고 하니, 이것은 참으로 이해하기 어려운 일이라 하고, 그 끝에 나열된 사람의 이름을 보니, 이종일·박용규·이면우·김광제·서병규·오영근 여러 분이었습니다.

아! 이 여섯 사람으로 하여금 불처럼 마음을 뜨겁게 하고 밀물같은 바람을 가지더라도 단연코 할 수 없습니다. 그런즉 규정을 어떻게 정했는지, 회의 사무소를 어디로 정했는지는 다시 물어볼 필요가 없고 다시 말할 필요가 없으니, 이들은 순수하지 못한 여섯 명이 아니며, 이들은 망녕되이 저해하는 여섯 명이 아닙니다. 생각해 보십시오. 각 처에서 국채보상을 발기한 이래로 사람마다 가슴 속에 이 총합소를 조직하고, 사람마다 말 속에 이 총합소를 의논하였지만, 이 총합소가 지지부진하며 설립되지 못한 것은 왜입니까. 비단 그 일이 중대할 뿐만 아니라 오히려 또한 국민들이 믿지 못하기 때문입니다. 그러므로 지금 당대 명사 몇십 명이 술 수십 잔을 마시고 비분강개하여 칼을 두드리며 이야기를 나누다가, 홀연히 충의가 크게 일어나서 전국을 향하여 크게 소리지르고 자칭 이것이 총합소라고 한다면 그것을 믿는 자가 있겠습니까. 만약 믿을 수 있다면 동쪽 집 몇 사람이 모여서 총합소라고 칭할 수 있고, 서쪽 집 몇 사람이 모여서 총합소라 이름할 수 있을 것이니, 어찌 총합소가 장차 몇백 개가 되지 않겠습니까. 설령 각 단체 사회 대표가 나와서 이 일을 담당하더라도, 나라 사람들이 모두 믿을 수 없다고 한다면 이미 어찌할 수 없는데, 하물며 개인의 자격으로 다른 사람이 나를 믿어주기를 바라는 것이 되겠습니까.

이런 개인의 자격을 믿고 그곳에 달려가는 자는 바보일 뿐이며 황당무계한 사람일 뿐입니다. 또한 들으니, 아무 회 아무 회에서 바야흐로 의논하여 총대를 선출하여 이 총합기관을 설립하였다고 하는데, 그 사람 6명은 반드시 이 밖으로 튀어 나와서 홀로 한 방면을 맡아서 이 무가치한 일을 행하려고 할 것이니 애석하지 않을 수 있겠습니까.

오직 우리 뜻있는 군자들은 다시 이런 총합으로 사람들의 마음과 눈을 현혹하지 말고, 마음을 모으고 도와서 각 사회의 대표를 한 곳에 모여서 총의소를 지정하고 좋은 규정을 구성하여 천하인심을 다시 하나로 뭉치고, 한 사람이라도 갈라지는 일이 전혀 없기를 바랍니다. 이어서 또 제국신문을 보니, 이종일·김광제 두 사람은 이 일에 참여하지 않았다고 광고하였으니, 이것은 반드시 어떤 협잡꾼이 속일 생각으로 유출한 것을 의심할 수 없으므로 이에 이어서 기록합니다.

4) 국채보상연합회의소

국채보상금 수합기구가 국채보상지원금총합소와 국채보상연합회의소로 이원화되었다. 두 단체의 차이점은 지원금총합소의 경우는 국채보상운동이 상당히 진척된 뒤 의연금 총괄관리의 필요성이 제기되어 처음부터 전국조직으로 발기하였고, 국채보상연합회의소는 국채보상기성회로 발기하였으나 전국에서 의연금을 송금해 오고 중앙조직으로 인정함에 따라 뒤늦게 연합회의소 체제로 바꾸었다. 국채보상연합회의소는 기존의 국채보상지원금총합소의 활동이 부진하여 소기의 목적을 달성하기 어

〈국채보상 지원금 총합소〉

國債報償志願金總合所

출처: 《황성신문》 1907년 4월 4일.

렵다는 여론에 따라 1907년 4월 1일 국채보상기성회 사무소인 전동磚洞에 있는 보성관普成館에서 국채보상 전국연합운동의 제1회 임시회합을 개최하였다. 이날 참석한 각분야별 주요인사는 다음과 같다.[53]

■ 대관측

민영소 · 서정순 · 이도재 · 이종호

■ 사회계

이준 · 이상재 · 박은식 · 이동휘 · 안창호 · 이면우 · 서병규 · 박용규 · 김광제 · 이갑 · 정순만 · 전덕기 · 이현석 · 김인식 · 오영근 · 김인식 · 양한묵 · 김규홍 · 전봉훈 · 한정하 · 김형배 · 이린재 · 김균석 · 김태규 · 김시봉 · 김윤영 · 김창열 · 정항모 · 이만섭 · 정운복

53 유자후, 앞의 책, 1998, 211~212쪽.

■ 언론계

장지연 · 남궁훈 · 나수연 · 남궁억 · 양기탁 · 이종일 · 현채

국채보상연합회의소 의장 선출은 전덕기 동의에 김광제 재청으로 만장일치로 이도재가 선임되었으며 국채보상운동의 연합통일의 문제를 주제로 토의한 결과 각지각처에 산재되어 있는 국채보상회를 통솔하는 기구를 두기로 결정하고 산회하였다. 다음날 제2회 회합에서 구체적으로 일을 실행할 방법을 긴밀히 토의하게 되자 이준의 제의로 명칭을 '국채보상연합회의소'로 정하고, 임원을 선출하였다. 소장 선출은 장지연의 동의와 양기탁의 재청으로 만장일치로 이준이 초대 소장으로 추대되고 고문에 이도재, 도총무 장지연, 총무 양기탁 · 안창호 · 이동휘, 부총무 김광제, 평의장 박은식, 부평의장 이갑, 간사 이종일 · 박용규 · 양한묵 · 서병규 · 이면우 · 김인식金寅植 등이 선출되었다.[54] 1907년 4월 4일 연합회의소 소장 이준은 누구나 쉽게 알 수 있도록 순국문으로 〈국채보상연합회의소취지서〉를 발표하였는데 그 내용은 다음과 같다.[55]

〈국채보상연합회의소취지서〉

대저 빚이 있으면 반드시 갚는 것은 사람마다 일반이거늘 하물며 국가리요. 그러므로 국채보상하는 의무가 경향 각 발기소취서에 이미 다 말씀하였거니와 이제 연합회의소를 불기불 설치함은 다름아니라 대저 국채를 상환함은 국민의 일대 의무라 경향 각 지방의 인심이 동하여 다소간 의무금

54 유자후, 앞의 책, 1998, 212~213쪽.

55 유자후, 앞의 책, 1998, 213~215쪽.

을 구취하오니 대한이 다시 흥복함을 바라거니와 다만 중대한 일을 용이히 의론키 어려운지라 돈 거두는 규모와 돈 임치하는 방법을 만일 일정한 규칙이 없으면 반드시 한 가지 일에 사람마다 현행하는 방침이 달라서 이같이 좋은 의무도 만일 재정에 충절이 있으면 보상하는 날의 결과를 잘못하면 어찌 우리 동포가 능욕을 면하리요. 그런고로 각기 발기하신 사람과 이와 유지하신 각 단체를 연합하와 좋은 규칙을 의정하여 서로 실지에 나아가 기어코 목적에 도달하옵기가 곧 본소의 취지이오니 바라건대 여러분은 부량하옵셔 동정을 표하며 의무를 완전케 하심을 바랍니다.

광무11년 4월 4일 국채보상연합회의소장　이 준

국채보상연합회의소 소장 이준은 당시 평리원 검사를 사직하고 한북흥학회 회장을 맡은 직후였다. 또한 헤이그 만국평화회의 특사로 임명되었기 때문에 직접 국채보상운동을 주도하지는 못했을 것으로 짐작된다. 이준의 부인 이일정은 신소당을 중심으로 서울 북촌 양반가 부인들이 조직한 국채보상부인회 회원으로 참여하였다.[56]

최근에 다른 〈국채보상연합회의소 취지서〉가 발견되어 소개한다.[57]

〈국채보상연합회의소취지서〉

빚이 있으면 반드시 갚아야 되는 것은 개인도 오히려 그러하거늘 하물며 나라이겠습니까. 국채보상의 주요한 요체는 일찍이 경향에서 각기 발기한 회의 취지서에 상세하게 설명하여 남김이 없으니 지금 연합회의소를 반드

56 이동언, 《경기도 국채보상운동》, 도서출판 선인, 2021, 96쪽.

57 〈國債報償聯合會議所趣旨書〉, 1907년 4월(한국국학진흥원 소장, 국채보상운동기념사업회, 앞의 책, 2017, 267~268쪽 재인용).

시 설치하지 않으면 안 는 이유는 어디에 있겠습니까.

대개 국채를 상환하는 것이 나라와 국민을 위하고 애국하는 큰 의무가 되어 경향 각지 곳곳에서 연이어 일어나니 아름답고 진실로 아름답습니다. 그러나 다만 일이 크고 번거로워 결코 쉽게 논의될 것이 아닙니다. 수금한 돈의 규모와 돈을 맡길 방법이 만약 규범을 정하여 함께 지도하고 함께 지키지 않는다면 반드시 회는 각각 규칙이 다르고 사람들은 각각 법이 달라서 이 회를 창립한 의거가 혹 재정계의 침체를 불러와서 외려 좋지 못한 결과를 맺게 된다면 이는 어찌 우리들의 큰 죄가 아니겠으며 우리들의 큰 수치가 아니겠습니까. 그러므로 상채발기회와 뜻있는 각 단체가 연합하여 좋은 규칙을 의논하여 정하고 서로 실천하며 수시로 회합하고 상의하여 그 목적을 달성하고자 하는 것이 본소의 취지입니다. 엎드려 원하옵건대, 여러분은 이 참뜻을 헤아리시고 같은 뜻을 표하여 의무를 완수할 수 있도록 해주시면 국민들에게 다행이겠습니다.

광무 11년(1907) 4월 일

전동 보성관 내

국채보상연합회의소

겉봉투: 고령군 의무소장 이두훈 좌하

〈국채보상연합회의소취지서〉는 이준본과 한국국학진흥원 소장본 2종류가 있다. 이 두 취지서의 차이점은 이준본은 순한글로 되어 있고 취지서 발표일자가 1907년 4월 4일 국채보상연합회의소장 이준 명의로 되어 있다. 한국국학진흥원 소장본은 국한문혼용으로 1907년 4월로 되어있고 일자는 명기되어 있지 않다. 그리고 전동 보성관 내 국채보상연합회의소 명의로 되어있다. 봉투를 보면 국채보상연합회의소에서 고령군 의무소장 이두훈 앞으로 보낸 취지서이다. 1907년 4월 국채보상연합회의소를 조직하고 전국의 국채보상의무소로 취지서를 보낸 것으로 보인다.

국채보상연합회의소는 1907년 5월 국채보상에 관한 성명을 발표하고 임원을 개선하였으며 규칙도 제정하였다. 개선된 임원 명단을 보면 소장 김종한, 부소장 이용직, 총무 김광제, 회계 김주병金炳, 문부원文簿員 강윤희姜玧熙 · 황주현黃柱顯, 재무이사 조병택趙秉澤 · 김기영金基永 · 백완혁 · 한상룡 · 조진태 등이다. 연합회의소는 5개항의 규칙도 제정하였는데 다음과 같다.[58]

- 본소 규칙은 기여각사회유지자로 재삼강확이마일부니 차가위공안소정이오
- 본소재무보관 이사 국내재산가오처은행장으로 선정야 각소소송금액을 보관케 엿고
- 소내에 일회를 조직와 각처발기인과 의연인은 의례본회원으로 인정야 회록에 등재야 동정을 영구히 표시고
- 의연금액을 약간신문에만 광고미 소흘니 일세인민으로 관감키 위야 수록성편 야 월보로 간행고
- 각의연소에 월보와 각인에 회표는 대기성책보래야 일일발송기로 입의사

〈국채보상연합회의소규칙〉을 보면 국채보상 의연금 관리에 철저를

58 〈국채보상연합회의소 성명 및 규칙〉 1907년 5월(독립기념관 소장).

〈국채보상연합회의소취지서〉

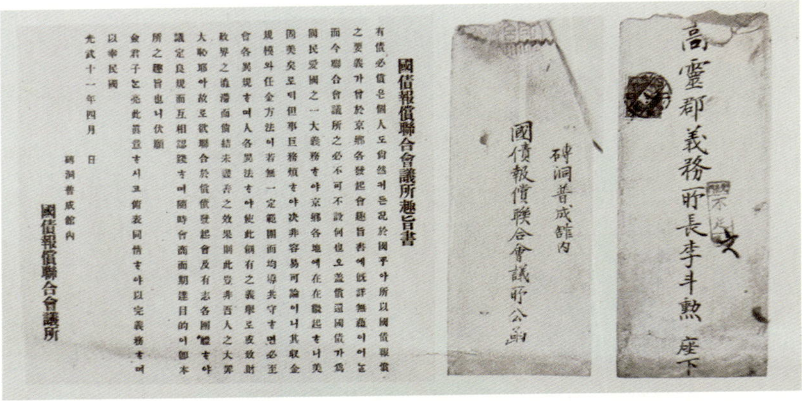
國債報償聯合會議所趣旨書

有債必償은個人도自然커든況於國乎아所以國債報償之要義가曾於京鄕各發起會趣旨書에旣詳無遺이어ᄂᆞᆯ而今聯合會議所之必不可不設何也오蓋償還國債가爲國民愛國之一大義務ᄒᆞ야京鄕各地에在在激起ᄒᆞ니美固美矣로되但事巨務煩ᄒᆞ야決非容易可論이니其取金規模와任金方法이若無一定範圍而均導共守ᄒᆞ면必至會各異規ᄒᆞ며人各異法ᄒᆞ야使此個有之義擧로或致財政界之流滯而終結未遂者之效果則此豈非吾人之大羞大恥耶아故로欲聯合於債償發起會及有志各團體ᄒᆞ야議定良規而互相認證ᄒᆞ며隨時會商而期達目的이卽本所之趣旨也니伏願

僉君子ᄂᆞᆫ亮此眞意ᄒᆞ시고備表同情ᄒᆞ야以完義務ᄒᆞ며

以幸民國

光武十一年四月 日

磚洞普成館內

國債報償聯合會議所

출처: 한국국학진흥원.

기하기 위해 재무인사 5인을 은행장으로 선정하였는데 조병택은 한일은행장, 김기영은 천일은행장, 백완혁은 농공은행장, 한상룡은 한성은행장, 조진태는 창고회사 사장이었다. 또한 국채보상 의연금 기부자 명단을 신문에 광고하는데 그치지 않고 월보도 간행하여 각 의연소에 월보와 회표도 발송하였다.[59]

4. 국채보상운동 단체의 통합

국채보상지원금총합소와 국채보상연합회의소 두 단체의 임원으로 한규설 · 윤웅렬 · 이도재 · 김종한 · 이준 · 지석영 · 양기탁 · 윤치호 등 전직 관료와 지식인들이 대거 참여함으로써 국채보상운동이 범국민운동으로

59 이동언, 앞의 책, 2013, 193~194쪽.

발전하는 계기가 되었다. 실제로 국채보상운동은 대한자강회·대한협회 등 애국계몽단체와 언론계에서 활동하는 지식인들이 중심이 되어 주도하였다. 또한 국채보상운동이 전국적인 범국민운동으로 발전할 수 있었던 중요한 요인 중 하나는 《제국신문》·《대한매일신보》·《황성신문》 등 언론의 지원을 들 수 있다. 신채호·박은식·양기탁 등 언론인들이 논설을 통해 국채보상을 위한 전국민적인 참여를 호소하였다.

국채보상금 수합·관리를 위한 기구가 국채보상지원금총합소와 국채보상연합회의소 두 단체로 이원화 되는 것은 바람직하지 못하고 분열을 초래할 수 있다는 여론이 제기되어 그 해결책을 모색하기로 하였다. 그리하여 국채보상연합회의소 측에서는 총무 김광제와 국채보상지원금총합소 측에서는 검사원 이강호를 대표로 하여 협의한 결과 국채보상연합회의소에서는 국채보상운동의 지도·권장 업무만 총괄하고 국채보상지원금총합소는 의연금을 수합·관리하도록 하였다. 이어 1907년 5월 26일 국채보상지원금총합소 소장 윤웅렬과 국채보상연합회의소 소장 겸 지원금총합소 부소장 김종한은 두 단체를 하나로 통합하기로 하였다. 두 단체의 통합 관련 기사 내용은 다음과 같다.[60]

> 지난 26일에, 연합회의소와 지원금총합소의 두 소장 이하 일반 임원이 함께 의논하여 특별 모임을 열고, 국채보상금의 처리 방법을 연구하여 두 단체가 하나로 합쳐 사무를 보기로 하고, 서울과 지방의 각 수금소에 검사원을 파견하여 금전장부를 조사하기로 결정하고, 국채보상지원금총합소 소

60 〈兩所歸一〉《만세보》 1907년 5월 31일; 국채보상운동기념사업회, 앞의 책, 2017, 293~294쪽.

장 윤웅렬 씨와 연합소 소장 겸 총합소 부소장 김종한 씨가 서명하여 각 단체에 공문을 보내어 협력하고 관심을 가져줄 것을 부탁하였다고 합니다.

김광제는 국채보상지원금총합소 발기인이었으나 주요직책은 맡지 못하다가 1907년 5월 하순 조직개편에서 검사원에 임명되었으나 취임하지 않았고, 1907년 6월에 회의에서 총무로 임명되어 활동하였다. 또한 김광제는 이준이 국채보상연합회의소 의장으로 선임되었을 당시 부의장에 추대되었다. 김광제는 국채보상지원금총합소 검사원, 국채보상연합회의소 부의장으로 선출되었으나 취임하지 않았다. 그 이유는 당시 국채보상금 수합이 두 개의 기구로 이원화되어 국채보상운동이 체계적인 범국민운동으로 발전하는데 걸림돌이 되자 두 단체 통합의 필요성을 절실하게 인식하였기 때문이었다. 이에 김광제는 국채보상지원금총합소 검사원 이강호와 함께 업무를 분장하여 두 단체의 상호 협조체제 구축에 주동적인 역할을 하였다. 두 단체의 통합은 분산적으로 전개되었던 국채보상운동이 조직으로 체계화되어 전국적인 운동으로 발전할 수 있는 계기가 되었다.[61] 두 단체는 모두 당대의 명문가들을 임원으로 선출하여 국채보상 의연금 수합·관리에 철저를 기하였는데 두 단체의 임원진 구성과 개편상황을 정리하여 보면 〈표 1〉와 같다.[62]

61 대구상공회의소, 앞의 책, 1997, 66~68쪽.

〈표 1〉 국채보상지원금총합소와 국채보상연합회의소 임원진 구성

<table>
<tr><th></th><th colspan="2">국채보상지원금총합소</th><th colspan="2">국채보상연합회의소</th></tr>
<tr><td rowspan="10">1907년
4월</td><td>소장</td><td>한규설</td><td>의장</td><td>이준</td></tr>
<tr><td>부소장</td><td>김종한</td><td>부의장</td><td>김광제</td></tr>
<tr><td>회계감독</td><td>박용규, 서병규</td><td>위원장</td><td>윤효정</td></tr>
<tr><td>검사원</td><td>이강호, 양기탁, 이면우</td><td></td><td></td></tr>
<tr><td>사무원</td><td>안덕용, 윤치호</td><td></td><td></td></tr>
<tr><td colspan="2" rowspan="5"></td><td>소장</td><td>이도재</td></tr>
<tr><td>부소장</td><td>이용직</td></tr>
<tr><td>소장</td><td>이용직</td></tr>
<tr><td>부소장</td><td>지석영</td></tr>
<tr><td>재무담당</td><td>조병택(한일은행장)
김기영(천일은행장)
백완혁(농공은행장)
한상룡(한성은행장)
조진태(창고회사)</td></tr>
<tr><td rowspan="4">1907년
5월</td><td>소장</td><td>윤웅렬</td><td>소장</td><td>김종한</td></tr>
<tr><td>부소장</td><td>김종한</td><td>부소장</td><td>이용직</td></tr>
<tr><td>검사원</td><td>김광제</td><td rowspan="2">금액조사</td><td rowspan="2">윤이병, 강윤희
정성우, 홍선균</td></tr>
<tr><td>평의원</td><td>조존우</td></tr>
</table>

출처: 《대한매일신보》·《황성신문》·《제국신문》 참조.

1907년 6월 29일 국채보상총합회의소 소장 김종한과 총무 김광제는 회의를 열어 이후 서울과 지방의 상채의금 사무를 지원금총합소로 전담케하고 연합소는 영원히 폐지하여 전국 동포들의 의혹을 단번에 깨뜨리게 하겠다고 성명을 발표하였다.[63]

62 이송희, 〈한말 국채보상운동에 관한 연구〉《이대사원》 15, 1978, 24~25쪽; 조항래, 앞의 책, 국사편찬위원회, 1987, 657~665쪽; 이동언, 앞의 책, 2013, 192~193쪽.

63 〈一破疑眩〉《대한매일신보》 1907년 6월 30일.

국채보상운동이 전국적인 범국민운동으로 전개되자 일제 통감부는 국채보상운동의 실질적인 중심기관이었고 국채보상지원금총합소가 되었던 대한매일신보사를 탄압하는 한편 대한매일신보사 발행인 영국인 배설을 처벌 또는 추방하고자 하였다. 또한 1908년 7월 12일 대한매일신보사 총무 양기탁을 국채보상의연금 횡령 혐의로 구속하여 재판에 회부하자 영일간의 외교문제로 비화되었으나 같은 해 9월 29일 경성지방재판소에서 무죄판결을 내려 사건은 종결되었다. 이와 같이 일제는 사건을 조작하여 탄압하고,[64] 일진회 등 친일세력을 동원하여 국채보상운동을 배일운동으로 규정하게 하여 방해책동을 끊임없이 전개하자 국채보상운동은 좌절되고 말았다. 그동안 모금된 국채보상금의 정확한 액수는 알 수 없으나 황현의 《매천야록》에는 "1910년 국채보상금처리회가 각처 의연금 예치상황을 조사한 결과 금액이 15만 9,253원 99전"으로 기록되어 있다.[65] 국채보상금 처리를 위해 국채보상금처리회를 결성하고 1910년 4월 16일 전국대표자회의를 개최하였다. 회의는 전국대표 115명이 모여 국채보상금 처리문제를 논의한 결과 국채보상금으로 토지를 매입하고 증식하여 적당한 시기에 교육사업에 투자하기로 하였다. 이후 1910년 9월 20일 국채보상금처리회는 교육기본금관리회로 바뀌었으며, 국채보상금은 이후 사립교육용 기금으로 사용되었다.[66]

64 정진석, 앞의 글, 1993, 194~195쪽.

65 《梅泉野錄》 卷6, 隆熙 4年 庚戌 4月에 "京師設國債報償金處理會, 調査各處所 貯金額, 則現在數十五萬九千二百五十三元九十九錢, 擬爲教育之用"이라고 기록되어 있다.

66 대구상공회의소, 앞의 책, 1997, 252~270쪽.

5. 주요 인물의 현실 인식

주요 인물들의 당시 국제정세와 현실에 대한 인식도 국채보상운동의 성격을 이해하는데 중요한 관점이 될것이다. 김광제 · 서상돈 · 김성희 · 이준 · 한규설 · 윤웅렬 · 이도재 · 김종한 · 박은식 · 신채호 · 이동휘 · 안창호 · 양기탁 · 이종일 등 전직관료와 각계 각층의 지식인들이 대거 국채보상운동에 참여하였다. 최근 국채보상운동기념사업회에서 국채보상운동에 참여한 인물들에 대한 연구로《국채보상운동 인물사》를 간행하였다.[67]

당시 국채보상운동에 참여한 지도자들 중 대한자강회 · 대한협회 · 서우학회 · 대한유학생회 · 태극학회 등 학회에서 활동한 인물들은 이들 학회지에 국채보상운동 관련 논설과 강연내용을 게재하고 국채보상운동 참여를 호소하였다.

장지연은《대한자강회월보》 제9호 논설 〈단연상채문제斷煙償債問題〉에서 당시 대구군민대회 광경을 서술하였다. 그 외에도《대한자강회월보》 제9호(1907년 3월 25일 발행)에는 〈국채보상계획〉 · 〈단연보국채〉, 《대한유학생외학보》 제2호에는 〈국민의 재일성 국채상환운동〉, 《서우》 제6호(1907년 4월 2일 발행)에는 〈금주하라 보상하세〉 · 〈담배의 해로움을 논하며 국채의 신속한 상환을 기원함〉 1907. 5.1 등 대부분 국채보상운동 참여를 호소하는 논설을 게재하였다. 태극학회도 기관지를 통하여 국채보상운동의 당위성을 강조하였다. 〈프랑스 대국민적 정신〉 · 〈국채보상의 문제로 외보의 논평〉은 대표적인 경우이다. 또한 국채보상운동에 대한《시사신보》 혹평이나《하얼

67 국채보상운동을 주도하고 참여한 인물들에 대해서는 이경규 외,《국채보상운동 인물사》, 국채보상운동기념사업회, 2021. 참조. 서울지도자는 김형목, 〈윤웅렬, 김종한, 한규설, 김성희 등 서울지도자〉, 앞의 책, 2021, 183~194쪽.

빈보》 정평에 대한 평가도 소개하면서 더욱 분발할 것을 촉구하였다.[68]

국채보상운동 홍보와 관련하여 주목해야할 점이 있다. 바로 《대동월보》 창간이다.[69] 국채보상운동이 전국적인 범국민운동으로 확산되는 1907년 5월 《대동보》 창간호가 발행되었다.[70] 《대동보》는 같은해 6월 25일 제2호, 7월 25일 제3호, 9월 25일 제4호, 제5호는 확인되지 않고 1908년 1월 25일 제6호 발간이후 폐간되었다. 《대동보》는 국채보상운동을 전국적인 범국민운동으로 널리 알리기 위해 창간한 잡지다. 특히 창간호부터 제3호까지 홍보지로서 역할에 충실하였고, 재정난으로 제4호와 제5호부터 전체적인 분량이 매우 소략해졌고 제6호 종간호는 국채보상 관련 부록편이 삭제되었다.[71]

김광제는 국채보상운동과 대한자강회 · 대한협회 · 교남교육회 등 학회

68 〈國債補償의問題로外國의論評〉《대한매일신보》 1907년 5월 8일. 일본의 《시사신보》는 국채보상운동이 장차 웃음거리가 되어 외국인의 조롱을 받게 될 것이라고 비하하였고, 중국의 《하얼빈보》는 국채보상운동 단체 성립을 기뻐하고 한국인들의 자유의 기점이 될 것이라고 하였다. 또한 국채보상운동으로 한국인의 애국심과 자긍심을 볼 수 있으니 목적을 달성하면 일본의 구속에서 벗어날 것이라며 적극 지지하였다.

69 《대동월보》라고도 한다. 1907년 3월 25일 창간되어 1908년 1월 25일 통권 6호를 끝으로 폐간되었다. 발행인은 김광제, 편집인은 최승학이었다. 창간 목적은 국민의 대동단결을 꾀하고 국채보상운동에 참여할 것을 권하는 데 있었다.

70 표지는《대동보》로 되어있고《대동보》 창간호 표지에는 발행일이 1907년 3월로 되어 있다. 이후 표지에는 1907년 5월 1일 내부인가를 받은 것으로 되어있고 당시《대한매일신보》 및 《황성신문》 기사와 이후 매월 25일 발간된 시설로 보아 5월 중순 이후에 창간된 것으로 보인다. 창간호는 7,000부가 발간될 정도로 대단한 열의 속에서 창간되었으나 바로 재정난으로 축소되었다. 창간 당시 임원진은 알 수 없고 사장은 장준원이었는데 이후 김광제가 사장 겸 발행인을 맡았다.

71 김근수, 〈대동보〉《한국잡지사》, 청록출판사, 1980; 이동언, 〈대동보〉《한국독립운동사사전 운동 · 단체편(Ⅰ)》 3, 독립기념관 한국독립운동사연구소, 2004, 686쪽; 김형목, 앞의 책, 도서출판 선인, 2012, 5~6쪽; 〈《대동보》를 통해 본 국채보상운동의 정신〉《국채보상운동과 대구정신》, 국채보상운동기념사업회, 2021, 135~150쪽.

에서 신학문을 통해 민중계몽을 위한 계몽도서 출판과 강연활동에 전념하였다. 그는 민중계몽을 위해 많은 글을 발표하였고, 특히 대한협회에서는 지회 시찰원으로 순회강연을 활발하게 전개하였다. 그가 발표한 글과 강연내용을 살펴보면 그의 사상이 잘 나타난다. 구한말 지식인들은 급변하는 국제정세와 신학문에 많은 관심을 가지고 신학문을 통한 신사상 탐구에 열중하였다. 김광제는 특별하게도 국제법에 관심을 가져 로렌스Thomas Joseph Lawrence의 저서 《Handbook of International Law》를 번역하여 《만국공법요략萬國公法要略》을 대구광문사에서 출판하였다.[72] 이처럼 김광제는 국제법의 의의를 충분히 파악하였고 로렌스·휘턴Henry Wheaton ·블룬칠리Johann Caspar Bluntschli 등 국제법학자에 대해 많은 관심을 가졌다.

다음은 《대한협회회보》 제10호에 실린 김광제의 글을 통해 그의 사상을 살펴 보고자 한다. 김광제는 〈화평和平과 안락安樂의 원유原由〉라는 글에서 평화의 의미에 대해 언급하고 있다.

和平과 安樂의 原由

夫和平은 國國이 皆取하고 安樂은 人人이 皆願하나 惟我韓은 國人特性으로 和平을 最愛하며 安樂을 最好하되 而不知和平之準備 而但求和平하고 而不究安樂之準備 而但究安樂하니 其可得乎아 試問之하노니 好戰勝乎아 鍊軍制備兵器하라 好戰穀乎아 務商工力稼穡하라 好榮貴乎아 經枯悴歷困窮하라 好和平乎아 能奮發進冒險하라 乎安樂乎아 涉危難費辛苦하라 奮以後에 和하고 險以後에 平하고 危以後에 安하고 苦以後에 樂이라 故로 奮發冒險은 和平에 資本이오 危難辛苦는 安樂의 基因이라 天下의 無無 本之物하고 物理의 無無因之漸

72 최종고, 〈한국의 법률사상(58) 석람 김광제〉 《사법행정》 28-2, 1987. 2., 104쪽.

이라 若求和平於和平하면 雖或和平而不和平이오 求和 平於奮險하면 是爲永久和平하고 求安樂於安樂하면 雖或安樂而不安樂이오 求安樂於危 苦하면 是爲永遠安樂이니라.

김광제는 위의 글에서 진정한 평화의 의미는 평화를 찾는 것이 아니라 분발하여 노력함으로서 이루어질 수 있음을 강조하고 당시 민중들에게 보다 적극적인 행동을 통하여 국권을 회복하고 평화를 실현하여야 한다고 하였다.

김광제의 국가에 대한 인식은《대한협회회보》제4호에 발표한 〈국가지보國家之寶〉라는 글에 잘 나타나 있다. "국가의 보배는 토지와 인민인데 이것은 국가사상이 정립된 후에 비로소 지켜질 수 있는 것"이라고 역설하고 있다. 기울어 가는 국운 앞에서 민중에게 희망과 용기를 불러일으키는 계몽적인 내용이다.

김광제는《대한협회회보》제6호에 실린 〈육파六派의 습관習慣을 벽파연후劈破然後에 가이자보可以自保〉 라는 제목의 강연에서 당시 '한국인의 군상을 혼돈파渾沌派 · 위아파爲我派 · 오호파嗚呼派 · 소매파笑罵派 · 포기파暴棄派 · 대시파待時派의 6개의 부류로 나누어 그들의 형태를 풍자적으로 비판하고, "이러한 부정적 태도로서는 새 시대의 요청에 부응하지 못한다."고 주장하였다. 아울러 김광제는 서세동점지환西勢東漸之患을 막기 위해서는 구습을 버리고 교육에 관심을 기울여야 한다고 주장하여 40세 이상자에 대하여도 교육을 실시해야 하며, 특히 여자교육의 중요성을 강조하였다. 김광제의 경제관은《대한협회회보》제7호에 실린 〈경제계經濟界〉라는 글을 통해 알 수 있다. 김광제는 "경제를 사회에 천종만물千鍾萬物을 경기經紀하고 인생에 월계일용月計日用을 제도濟度하는 것"이라고 규정하고, 사인경제私人經濟는 최소의 노력으로 최대의 효과를 내는 것이라고 주장하였다. 아울러 사회경제는 4종류로 분류하여 회사형태를 소개하고 있다.

대한협회에서 1908년 강연회를 개최하여 강사로 윤효정尹孝定·권동진權東鎭·정운복鄭雲復·김광제 등이 참여하였는데 김광제는 〈단체적 행동〉[73]이라는 제목의 강연을 하였다. 그는 단체에 적극적 의미를 부여하고 이를 통하여 행동을 해야한다고 역설하였다.

김광제는 개항기 기울어 가는 국운을 바라보면서 과감하게 관직을 버리고 신학문을 통한 민중계몽운동에 전력을 기울였다, 그가 남긴 수많은 글과 강연을 통해 국권회복을 위한 사상과 이념을 살펴볼 수 있다. 김광제는 특히 국제법에 많은 관심을 가졌으며 국가관·사회관·경제관·단체사상 등 다양한 사상을 겸비한 탁월한 사상가였다.[74]

대구광문사 부사장 서상돈은 김광제와 함께 국채보상운동을 발기한 인물이다. 서상돈은 구제자선활동과 구국계몽운동의 일환으로 전개된 학교설립에도 적극 가담하였고, 독립협회의 민권운동에도 참여하였다. 서상돈은 순교자 집안의 독실한 천주교 신자로 보부상으로 기반을 잡아 대구 제일의 자산가가 되었다. 그의 집은 수많은 식객들이 드나드는 안식처가 되었고 이로 인해 감화를 받아 천주교 신자가 된 사람들도 많았다고 한다. 오늘날 대구대교구청의 부지를 제공하고 교구설립에도 크게 기여하였다. 1901년에는 극심한 가뭄으로 수많은 사람들이 끼니를 해결하지 못하는 광경을 보고 자신의 창고를 열어 그들을 구제하는 등 자선구제활동을 펼쳤다. 뿐만 아니라 국채보상운동을 발의하고 주도한 선각자였다.[75]

73 〈단체적 행동〉《대한협회회보》 11, 1909. 2., 58~60쪽.

74 이동언, 앞의 책, 2013, 210~220쪽.

75 이경규 외, 〈서상돈과 국채보상운동〉《국채보상운동 인물사》, 국채보상운동기념사업

6. 맺음말

국채보상운동은 1907년 1월 29일 대구광문사 문회 특별회에서 김광제·서상돈 등의 발의로 시작되었다. 본고에서는 국채보상운동의 발단배경과 국채보상운동을 지도·권장하고 의연금을 체계적으로 수합·관리하기 위해 설립된 국채보상운동 단체의 활동에 대해 살펴보았다. 당시 국채보상운동에 참여한 지도자들 중 대한자강회·대한협회·서우학회·대한유학생회 등 학회에서 활동한 인물들은 이들 학회지에 국채보상운동 관련 논설과 강연내용을 게재하고 국채보상운동 참여를 호소하였다. 당시 국채보상운동 참여와 관련하여 김광제가 창간한《대동보》를 주목해야한다. 아울러 국채보상운동의 주역인 김광제와 서상돈의 현실인식과 이념을 그들의 활동과 남긴 글을 통해 정리하였다.

국채보상운동 단체로는 국채보상기성회·국채보상중앙의무사·국채보상지원금총합소·국채보상연합회의소 등이 조직되어 활동하였다. 국채보상기성회는 1907년 2월 22일 서울에서 조직되어 야뢰보관夜雷報館·대한매일신보사 등 7개소의 수전소를 두고 의연금을 모집·관리하였다. 이들 수전소는 출판사를 겸하는 책방, 신문사와 잡지사, 학교 등이었다. 국채보상기성회가 조직된 이후 1907년 3월 말까지 전국 각지에 27개의 보상소가 설립되어 국채보상운동은 활기를 띠었다. 이어 1907년 2월 서울에서 국채보상중앙의무사가 설립되어 의연금 모금 활동을 전개하였고 수금소는 황성신문사로 하였다. 국채보상중앙의무사는 1907년 4월 20일경 국채

회, 2021, 13~33쪽; 홍선표, 〈자주자강의 정신을 실천한 서상돈〉《대구의 문화인물》 1, 대구광역시, 2006, 68~97쪽.

보상연합회의소와 연합을 추진하여 통합단체 명칭을 국채보상연합소로 정하였으나 여의치 않아 별도로 활동한 것으로 보인다. 이후 별다른 활동을 보이지 못하다가 약 2개월 후인 1907년 6월 경 다시 일을 시작하였으나 큰 성과를 거두지 못하였다.

1907년 4월 거의 비슷한 시기에 국채보상연합회의소와 국채보상지원금총합소가 설립되었다. 국채보상연합회의소는 1907년 4월 4일 보성관 내에, 국채보상지원금총합소는 1907년 4월 8일 대한매일신보사 내에 설립되었다. 국채보상연합회의소는 국채보상기성회로 발기하였으나 전국에서 의연금을 송금해오고 중앙조직으로 인정되어 국채보상연합회의소 체제로 바꾸었다. 국채보상지원금총합소는 국채보상운동이 상당히 진척된 뒤 의연금 총괄관리의 필요성이 제기되어 처음부터 전국조직으로 발기하였다. 국채보상금 수합·관리를 위한 기구가 국채보상지원금총합소와 국채보상연합회의소 두 단체로 이원되었다, 이에 두 단체로 이원화되는 것은 바랍직하지 못하고 분열을 초래할 수 있다는 여론이 확산되어 두 단체의 통합을 추진하였다. 국채보상연합회의소 측에서는 총무 김광제와 국채보상지원금총합소 측에서는 검사원 이강호를 대표로 하여 협의한 결과 국채보상연합회의소는 국채보상운동 지도·권장 업무를 총괄하고 국채보상지원금총합소는 의연금 수합·관리를 전담하기로 하였다. 1907년 5월 26일 국채보상연합회의소 소장 윤웅렬과 국채보상연합회의소 소장 겸 국채보상지원금총합소 부소장 김종한은 두 단체가 하나로 통합하기로 하였다. 그리하여 1907년 6월 29일 국채보상연합회의소는 폐지하고 국채보상지원금총합소로 단일화하여 체계적인 의연금 모금을 전개하였다.

제3장

여성들의 현실 인식과 국채보상운동

김혜진(경성대학교 외래교수)

1. 머리말

오랜 전통을 유지하고 있던 조선사회는 19세기 근대라는 물결과 일본 제국주의 침략으로 급격하게 변화를 초래하였다. 서구문물의 전래는 가치관 변화와 더불어 일상사 변화로 이어졌다. 여성들은 전통적 관념에서 점차 벗어나 여성해방을 위한 단체를 결성하는 등 '자기 목소리'를 내기 시작했다. 이들은 근대의 주체자로서 식민지배에서 벗어나기 위한 민족해방운동에 참여하였다.

여성들은 시대의 변화에 따라 부여된 새로운 지위와 역할에 따라 양성평등과 여성교육의 필요성을 주장하였다. 갑오개혁으로 신분제가 폐지되고 여성의 재가가 허용되는 등 여성 중에서도 소외되었던 계층의 사회참여가 부분적이나마 이루어졌다. 소수에 의한 이와 같은 인식은 가치관을 변화시키는 요인 중 하나였다. '절대자 앞'이라는 제한적인 의미가 있으나 개신교 등을 통한 신앙생활은 여성들에게 '자기 존재성'을 인식하는 결정적인 요인이었다.[1] 이러한 가운데 여성들도 국민의 절반임을 스스로 자각하기에 이르렀다.

을사조약 이후 위기의식은 상상을 초월할 수 없을 정도로 커다란 충격파였다. 일제의 경제적인 침략에 따른 화폐공황과 물가 상승은 사회적인 불안을 가중시켰다. 차관 공세에 의해 증가한 국채는 국가 존망을 위협

1 김형목, 〈어윤희, 개성 3·1만세운동에 앞장서다〉《여성독립운동가 열전》, 세창출판사, 2021, 111~113쪽.

하는 가장 시급한 현안으로 다가왔다. 국채보상을 위한 대열에 여성들은 자발적이고 경쟁적으로 참여하였다. 특히 서울지역은 양반부인과 여학생을 비롯해 부실副室이나 기생·주모·노파 등 다양한 계층이 앞장섰다. 이는 개화와 근대교육의 혜택을 누릴 수 있었던 여성들의 사회참여라는 사실에서 주목된다. 이제 전통적인 여인들도 국가라는 공적 개념을 인지하고 '자기목소리'를 내는 시발점이었다.

그럼에도 취지서 내용과 달리 여성들의 직접적인 참여는 상당히 제한적이었다. 전통적인 여성관에 입각한 인식은 사회적인 공감과 아울러 여전히 영향력을 발휘하고 있었다. 즉 절대적인 윤리관인 삼종지도三從之道가 공존하는 현실은 여성들의 사회활동이나 민족운동 참여를 극도로 제한했다. 남성 중심적인 사회질서에 대한 도전은 이때를 전후로 널리 파급되어 나갔다. 대구 '남일동 패물폐지부인회' 7인은 취지서 발표와 대중연설로 '자기존재성'을 곧바로 알렸다.[2] 이는 국채보상운동사는 물론 우리 여성운동사에서 획기적인 출발선이라 해도 과언이 아니었다.

여성층 참여에 대한 중요성은 해방 직후 유자후에 의해 처음으로 연구가 이루어졌다.[3] 그는 헤이그특사 주역인 이준의 국채보상운동에서 역할을 다루면서 부인 이일정과 신소당 등과 관련된 몇몇 여성단체를 소개했다. 개괄적인 수준이나 국채보상운동사에서 여성들 역할에 주목한 사실은 연구 영역 확대라는 측면에서 중요한 의미를 지닌다. 이어 박용옥은

2 〈경고 아 부인동포라〉《大韓每日申報》 1907년 3월 8일(국채보상운동기념사업회, 《유네스코 세계기록유산에 등재된 국채보상운동기록물(이하 국채보상운동기록물로 표기)》 1(취지서·발기문), 도서출판 선인, 2017, 62~63쪽 재인용).

3 유자후, 《이준선생전》, 동방문화사, 1947, 205~211쪽; 국채보상운동기념사업회, 《국채보상운동기록물》 5, 2018, 89~93쪽.

근대 여성운동사의 흐름 속에서 국채보상운동에 참여한 여성단체에 대한 성과를 객관적으로 정리했다.[4] 여성교육이나 여성단체 활동 등을 통하여 기형적인 구조 속에서 성장하는 '여성상'을 밝혔다. 다만 부분적인 누락이나 지나친 해석 등 아쉬운 부분은 있으나 선구적인 성과물임이 분명하다. 이효재나 이송희 등의 연구도 여성운동사의 관점에서 새롭게 조명한 성과물 중 하나이다.[5]

1990년대 지방자치제 시행과 더불어 심화한 역사 인식은 '거대담론'보다 지역사나 생활사 등으로 확대되었다. 특히 미증유의 IMF 사태를 경험한 이후 국채보상운동에 관한 관심도 상당히 고조되는 분위기였다. 국채보상운동기념사업회는 국제학술회의 개최나 자료집 발간 등을 통하여 이러한 분위기를 확산시켰다. 비록 일부이기는 하지만 역사 무대 뒤안길에 묻혀있던 ○○○ 모(어머니)·○○○ 처(부인) 등의 실명을 파악하는 성과는 주목된다.[6] 단순한 인물 파악이라는 차원을 벗어나 인적 관계망과 정세관 등을 보다 객관적으로 엿볼 수 있기 때문이다. 그러나 주·객관적인 상황과 성격 등은 아직 '걸음마' 수준에서 크게 벗어나지 못했다.

이 글은 기존 연구를 바탕으로 서울지역 여성단체의 국채보상운동에서 활동과 위상 등을 밝히는데 중점을 두었다. 먼저 대한제국기 여성들

4 박용옥, 〈국채보상운동에의 여성 참여〉《사총》 12·13, 1968;《한국근대여성운동사연구》, 한국정신문화연구원, 1984; 〈국채보상운동의 발단 배경과 여성 참여〉《한국민족운동사연구》 8, 1993.

5 이효재, 〈구국을 위한 여성의 사회참여〉《한국여성사: 개화기-1945》, 이화여자대학교 한국학연구원, 1972; 이송희, 〈한말 국채보상운동에 관한 일연구〉《이대사원》 15, 1978.

6 최세정, 《남일동 패물폐지부인회 7부인 이름 찾기 사업보고서》, 대구여성가족재단, 2016; 정일선, 〈대구 여성국채보상운동과 '남일동 7부인회'〉, 한국여성독립운동연구소·국채보상운동기념사업회 편, 《국채보상운동과 여성구국운동의 재조명》, 천지당, 2017, 176~181쪽.

의 존재 양상과 사회활동 등 변화하는 상황을 살펴보았다. 근대교육의 혜택을 받은 신여성은 물론 전통적인 여인들도 변화를 인식하고 대응책을 스스로 모색했다. 여성교육 보급을 위한 여성단체 활동은 사회적인 충격과 아울러 신선한 자극제였다. 자주적인 국민국가 건설에 여성들도 참여함으로써 사회적인 인식을 크게 변화시켰다. 다음으로 국채보상운동 배경과 전개 양상을 여성층 참여라는 관점에서 접근했다. 변화에 부응하려는 여성층 역동성은 여기에서 찾아진다. 국민운동으로의 진전은 여성층의 능동적이고 주체적인 참여로서 가능할 수 있었다. 의연금 모금을 주도한 인물은 전통적인 여성·부실·기생 등 매우 다양했다. 물론 국채보상소가 조직되지 않았으나 조직적으로 모금된 예도 있었다. 새로운 사회질서에 부응하려는 움직임은 여기에서 찾아볼 수 있다.

2. 여성들의 국민으로서 자각

1) 여성교육론의 대두

1876년 조일수호조약(일명 강화도조약)으로 문호가 개방되면서 서구의 문물과 제도에 관심은 높아졌다. 개화론자들에게 적자생존과 약육강식은 보편적 국제질서로 인식되었다. 일본 망명 중 박영효는 처음으로 의무교육을 제시했으나 곧바로 시행될 수는 없었다.[7] 그러나 의무교육론은 근대교육에 대한 중요성과 인식을 확장시켰고 여성교육론을 촉발하는 중요한 계기를 맞았다.

7 《日東記遊》 권2, 〈問答九則〉(국사편찬위원회, 《수신사기록》, 1971, 108쪽 재인용).

수신사로 파견되었던 김기수는 동경여자사범학교를 방문한 후 일본의 교육상황에 대해 정부에 보고하였다.[8] 당시 우리에게는 여성이 교육을 받을 수 있도록 하는 것이 흔치 않은 일이었기 때문이다. 그러나 조선에서 여성교육론은 여자를 남자에게 종속된 존재로 인식하는 전통적인 가치관에 정면으로 맞서는 주장이었다. 우리나라 최초의 신문이었던 《한성순보》,[9] 1888년 2월 24일 국왕에게 올린 박영효 상소,[10] 유길준의 《서유견문》[11] 등에서 여성교육을 제시하였으나 대체로 소개하는 수준에 그쳤다.

이후 근대의 흐름 속에 국왕도 〈홍범 14조〉에서 근대교육에 대한 의지를 천명하면서 관제가 개편되어 학무아문이 독립되었다. 이것을 시작으로 〈한성사범학교관제〉·〈외국어학교관제〉·〈소학교령〉·〈보조공립소학교규칙〉·〈의학교관제〉·〈중학교관제〉 등이 반포되면서 관립소학교는 물론 공립소학교와 사립학교 등이 설립되었다.[12] 제도화된 학교를 통한 근대교육은 법령 정비로 가능할 수 있었다.[13]

이러한 가운데 《독립신문》은 문명화를 위한 지름길은 근대교육을 통한 인재양성임을 부각시켰다. 《황성신문》과 《제국신문》 등도 아동교육과 여성교육의 즉각적인 시행을 당면과제로서 강조하였다.[14] 1898년 서울 북

8 《日東記遊》 권2, 〈問答九則〉(국사편찬위원회, 《수신사기록》, 1971, 108쪽 재인용).

9 《한성순보》 1884년 3월 29일·7월 11일, 1886년 10월 11일자 등에서 구미 교육제도를 소개하고 개혁의 필요성을 강조하며 근대교육을 실시해야 함을 언급한다.

10 정중환, 〈박영효상소문〉 《아세아학보》 1, 1962, 135~137쪽.

11 유길준전서편찬위원회, 〈해제〉 《서유견문》, 경인문화사, 1969, 17쪽.

12 손인수, 《한국근대교육사 1885-1945》, 연세대학교출판부, 1971, 27~28쪽; 윤건차 저·심성보 외 역, 《한국근대교육의 사상과 운동》, 청사, 1987, 103~107쪽; 안기성, 《한국근대교육법제연구》, 고려대학교출판부, 1984, 99~100쪽.

13 한철호, 〈아관파천기 정동파의 개혁활동〉 《한국근현대사연구》 4, 1996, 314~317쪽.

14 〈동몽교육〉 《독립신문》 1898년 7월 6일; 〈녀인교육〉 《독립신문》 9월 13일; 〈男女俱學〉

촌에서 시작된 최초의 여성단체인 찬양회는 순성여학교 설립을 계획하는 등 여성교육의 시급함과 중요성을 밝혔다.

> 이왕에 우리보다 먼저 문명개화 한 나라들을 보면 남녀가 동등권이 있는지라. 어려서부터 각각 학교에 다니며 각종 학문을 다 배워 이목을 넓혀 장성한 후에 사나이와 부부지의를 결여하여 평생을 살더라도 그 사나이에게 조금도 압제를 받지 아니하고 후대함을 받음은 다름이 아니라 그 학문과 지식이 사나이에 못지 아니하는 고로 권리도 일반 일반이니 어찌 아름답지 아니하리오. (중략) 옛풍규를 전폐하고 개명 진보하여 우리나라도 다른나라와 같이 여학교를 설립하고 각각 여자아이들을 보내여 각항 재주를 배워 이후에 여자 중 군자들이 되게 하도록 당장 여학교를 항설하오니.[15]

취지서를 보면 문명사회는 남녀가 동등한 사회이며 문명화는 여성교육을 통해 가능하다고 인식하였다. 이들에게 여학교 설립은 최우선적 과제가 될 수밖에 없었다. 이 취지서를 통해 사회적 관심이 촉발되었지만, 교사와 교사진 확보, 운영비 조달, 여성에 대한 사회적인 편견 등으로 여성교육은 별다른 진전이 없었다.[16] 반면 선교사업으로 운영된 서울 이화학당·정신여학교, 인천 영화여학당, 공주 영명여학당, 수원 삼일여학당, 개

《황성신문》 1898년 11일 3일; 〈급여인교육〉《제국신문》 1901년 1월 22일.

15 〈五百年有〉《황성신문》 1898년 9월 8일.

16 이종일, 《묵암비망록》 1898년 9월 16일.
회원 수는 기록에 따라 약간의 차이를 보인다. 300여 명(〈여인교육〉《제국신문》 1898년 9월 13일)과 400여 명(〈녀학교 찬성〉《독립신문》 1898년 9월 15일) 등이다. 이는 통문 발표 이후에 회원은 급속하게 증가한 당시 상황과 밀접한 연관성을 지닌다. 곧 변화에 대한 여성들의 갈망은 여기에서 엿볼 수 있다.

성 호수돈여학당 등은 여성교육의 보급·확산에 크게 이바지하였다.[17] 물론 개신교계 여학교가 널리 운영된 배경은 여성들의 개신교에 대한 우호적인 입장과 무관하지 않지만, 본질적인 문제는 여성교육에 대한 필요성이 사회적으로 인식되었다는 사실이다.

2) 여성교육을 위한 여성단체 조직

일찍부터 박은식·이동녕·이종일·지석영 등은 여성교육에 관심을 가지고 있었다. 박은식은 야학을 통한 민중교육론으로 근대교육의 광범한 보급에 중점을 둔 학구學區에 의한 의무교육을 주장하였다.[18] 의무교육 대상자에 노동자·부녀자와 학령아동이 포함되었는데 특히 여성교육의 효용성을 강조했다. 또한 지석영도 한글교육과 여성교육의 결합 속에서 여성교육의 확대를 도모하였다. 한글 실용화·과학화를 지향한 그의 국문학교 설립은 이러한 계획의 한 방편이었다.[19]

17 이만규, 《조선교육사》(하), 을유문화사, 1948, 159~160쪽; 손인수, 앞의 책, 1971, 24~25쪽; 김호일, 〈근대사립학교의 설립이념 연구〉《사학연구》23, 1973, 101~102쪽; 윤건차 저·심성보 외 역, 앞의 책, 1987, 183~184쪽; 박용옥, 《여성운동》, 한국독립운동사편찬위원회·독립기념관 한국독립운동사연구소, 2009, 166~169쪽.

18 박은식, 《학규신론》, 박문사, 1904; 박은식전서 편찬위원회, 《박은식전서》(중), 단국대학교출판부, 1975, 23쪽. 學區에 의한 의무교육은 자강운동기 의무교육론의 주류였다. 주요한 내용은 500여 호를 기준으로 주민 부담에 의한 사립학교 설립·운영이었다(김형목, 앞의 글, 1997, 74~76쪽). 이는 을사조약 이후 지방자치제 일환으로 상당히 광범하게 논의되었다. 서울의 한성부민회·연강학무회·인평의무교육회를 비롯하여 평양·강화도·안악·포천·남양·인천·직산·한산 등지에서 사립학교 설립을 통한 의무교육은 주민 부담에 의하여 실지로 시행되었다(김형목, 〈자아를 각성시킨 교육계몽운동〉《인천항일독립운동사》, 인천광역시사편찬위원회, 2021).

19 〈국문여학교에 관계〉《제국신문》 1903년 6월 19일; 〈女子宜興〉《大韓每日申報》 1905년 12월 8일; 〈農事雜誌〉《大韓每日申報》 1907년 12월 22일.

사실상 우리나라에서 시작된 최초의 근대적 여성교육은 1886년 설립된 이화학당이 그 효시이다. 당시에는 근대교육에 관한 법령이 제대로 마련되지 못한 상황이었다. 조선에 온 선교사들은 선교사업 일환으로 학교를 설립하였다. 이들 교육활동은 지배층에게 자극제로 작용했다. 근대교육은 부국강병을 위한 시무책으로 인식되었다. 국제교류를 위한 번역관 양성은 가장 절실한 현안 중 하나였다.

정부는 갑오개혁 이후 근대교육 시행을 위한 〈교육입국조서〉를 1895년 내렸다. 교사 양성을 목적으로 〈한성사범학교 관제〉를 발표하며 관립학교 등을 설립하고 여러 관제와 규칙을 내렸으나 여성교육을 위한 조치은 없었다. 그나마 여성교육에 대한 내용을 담은 것이 〈소학교령〉이었다.[20] 1895년 8월 〈소학교규칙대강〉에 의하면 소학교는 국민교육의 기초와 그 생활상에 필요한 보통지식 및 기능을 주는 것을 목적으로 한다. 소학교는 관립·공립·사립 등 3종으로 하고, 관립은 국고, 공립은 부 혹은 군, 사립은 개인이 부담한다고 밝혔다. 그리고 소학교를 심상과와 고등과로 나누어 심상과는 3개년 고등과는 2개년이나 3개년 과정으로 하였다.[21] 그러나 〈소학교령〉 역시 여성교육에 관한 특별한 내용은 없었다. 단지 여성들에 한해 심상과와 고등과에 재봉시간을 따로 둔다는 것만 언급하는 수준이었다.

을사조약 전후로 여성교육의 중요성이 크게 대두되었다. 근대교육을 받은 이른바 신여성들은 여성교육을 위한 단체를 만들었다. 이들은 여학교설립운동을 본격적으로 추진하였다. 이는 일제의 침략이 가속화되

20 김형목, 《대한제국기 야학운동》, 경인문화사, 2005, 51~53쪽.

21 이만규, 앞의 책, 1949, 52~53쪽.

던 당시 애국계몽운동 계열에서 실력배양을 위한 국권회복운동의 일환으로 내세우는 상황과 맞물려 있었다. 이러한 시대적 상황 속에서 여성들도 애국계몽운동에 참여하는 등 사회구성원으로서 자기역할임을 자임하고 나섰다. 찬양회가 설립한 순성여학교 이후 별다른 활동이 전개되지 못하다가 다시 여성들 스스로 여성개화를 위한 계몽운동과 여학교 설립을 위한 단체활동이 시작되었다. 그러나 1886~1910년에 설립된 사립여학교의 설립자를 보면 174개 학교 중 21개만이 여성들에 의해 설립되었으며, 1905~1910년 설립된 여성교육단체 중 규모가 큰 단체도 주로 남성들 지원이나 후원으로 조직·운영되었다. 이는 여성 스스로 사회적 진출을 요구한 것이라는 측면이 있으나 남성 중심 사회에 맞추어 여성운동이 전개되었다는 제한성도 엿보인다.[22]

순성여학교 이후 여학교 설립을 위해 만들어진 단체는 여자교육회, 진명부인회, 양정여자교육회, 대한여자흥학회, 한일부인회, 자선부인회, 동양애국부인회, 자혜부인회 등이었다.[23] 더불어 여성 개인에 의해 설립된 여학교도 등장한다. 숙명여학교와 진명여학교를 설립한 엄귀비나 정화여학교를 설립한 김정혜金貞蕙가 대표적인 경우이다.[24] 여성교육 수혜를 받은 여성들이 사회활동과 더불어 교사 등 전문직으로 진출하면서 여성들의 역할을 강조되었다.

(1) 여자교육회

여자교육회는 사립여학교의 설립과 운영을 지원하고 일반 여성을 계

22 박용옥, 앞의 책, 1984, 10~11쪽.

23 박용옥, 앞의 책, 1984, 11쪽.

24 김형목, 〈김정혜의 사립 정화여학교와 육영사업〉《여성과 역사》 25, 2016.

몽하기 위한 목적으로 1906년 5월 조직된 단체이다. 여성들에게 보수적이었던 당시의 상황에도 성격이 가장 근대적이었고 활동도 광범위했던 여성단체였다. 하지만 여자교육회는 진학주·진학신 형제와 고희준 등이 주축이 되어 개화 인사들과 고관 출신의 지도급 인사들을 불러모아 발기하였는데, 부녀들의 계몽을 목적으로 하였기에 양규의숙의 설립을 후원하기도 했다. 여학교를 설립하고 후원하기 위해서는 귀부인단체의 지원이 필요했기에 당시 귀부인 30~40여 명이 회원으로 입회하였다. 이후 양규의숙이 개교한 지 4개월 지난 1906년 10월에는 여성회원이 점차 증가해 300여 명에 이르렀다.[25] 여자교육회의 취지는 시대적 요청에 따라 여성들이 남성들과 동등한 권리를 갖기 위해 여자교육을 실시해야 한다는 것임으로 이에 찬성하는 여성들을 규합했다. 그러나 당시에는 "학문 없는 여자를 학식 있는 교사 점잖은 남자가 기도해야 아름다운 결과를 얻는다."라는 분위기였다. 이 때문에 여학교의 숙장이나 숙감 등은 저명한 남자로 임명되었고 교사 두 명만이 여자로 임명하였다. 그리고 남자 찬무원 10명을 두어 여자교육회를 지도할 상층기구로 삼았다.[26] 게다가 여성들 중에서도 상류사회 여성들의 단체 참여를 독려하고 임원에 임명하였기 때문에 대부분이 유지부인들이었다.[27]

여자교육회가 설립한 양규의숙은 36명의 학생으로 1906년 6월 개교하였으나 6개월 만에 경비 부족으로 학교운영이 불가능하게 되어 다음 달인 12월에 폐교되었다. 여자교육회는 이러한 재정적 위기를 극복하기 위한 방법으로 1907년부터 친일 고관 이지용의 부인 이옥경을 교육회 총재

25 〈女子教育會趣旨書〉《황성신문》 1906년 11월 1일.

26 박용옥, 앞의 책, 1984, 83~84쪽.

27 〈여교흥왕〉《만세보》 1906년 11월 2일.

로 추대하였다. 이후 여자교육회의 새 임원진의 대부분이 친일 고관 부인들로 교체되었다. 이는 여자교육회가 점점 친일화 되어감을 보여준다.[28]

1906년 7월부터 1907년까지 개최된 연설회·토론회의 내용은 여성 및 유아교육, 의관제 개량, 내외법 폐지, 부인산업, 공업개발 등이었다. 강연자는 남자였으나 토론은 여성이 담당했다는 점에서 일반 여성 대중의 사회참여 의식을 높였다는 점은 주목할 수 있다. 또한 잡지와 회보 등의 매체를 교육의 중요한 수단으로 인식하여 《양규잡지養閨雜誌》를 간행했다는 것 또한 여자교육회가 여성들의 사회진출에 대한 사회적 분위기를 조성하는데 적지 않은 이바지했음을 짐작할 수 있다.[29]

(2) 진명부인회

여자교육회는 초기부터 남성을 중심으로 하여 남성찬무회가 주도하였고 양규의숙의 폐교 이후 재정위기로 친일인사들이 유입되었다. 이때문에 점차 민족주의운동으로서의 성격이 흐려져 조직 내 분규와 분열이 가속화되었다. 이는 여자교육회에 참여했다가 탈퇴한 후 진명부인회를 설립한 사례에서 엿볼 수 있다. 진명부인회를 설립한 이들은 애국적인 입장에서 여성들의 개화를 위한 계몽운동을 위해 단체를 설립하였다.

진명부인회는 1907년 4월 30일 최화사·박영자 등 여성들이 참여하여 엄귀비를 총재로, 신소당을 회장으로 추대하며 설립되었다.[30] 진명부인

28 정경숙, 〈대한제국기 진명부인회의 조직과 사상〉《대한제국기연구》 5, 이화여자대학교 한국문화연구원, 1986, 6~7쪽.

29 박용옥, 앞의 책, 2009, 11~12쪽.

30 〈進明組成〉《대한매일신보》 1907년 4월 25일; 〈婦人進明〉《황성신문》 1907년 8월 20일; 〈進明婦人會況〉《만세보》 1907년 5월 21일.

회의 설립 목적은 수천년의 완고한 습관을 버리고 쇄신하는 시대에 알맞은 지식을 교환하고 교육하는 데 찬성하는 것이었다. 설립에 참여했던 최화사·신소당·김석자·박영자 등은 양반대관 부인이거나 부실 등으로 여성운동에 비교적 앞장섰던 인물들이었다.[31]

〈표 1〉 진명부인회 명단

직위	이름
총재	엄귀비
부총재	최화사(하란사)
회장	신소당
부회장	이석경
총무	박영자
회계원	이종석
재무원	이기홍 부인
서기	김석자, 김일당
평의장	민박영인
찬성장	이미경
부찬성장	이미경
평의원	권직상 부인, 이기동 부인, 김익자, 구보영 부인, 문양상 부인, 문원식 부인, 월산당, 송문섭 부인 등 16인

진명부인회는 여자교육회가 지원하던 양규의숙이 재정난으로 운영이 어렵게 되자 학교를 위해 매월 일정액의 재정지원을 결의하였다. 또한 국채보상운동이 전개되었을 때 신소당은 서울 대안동에 대안동국채보상부인회를 조직하여 여성계의 국채보상운동 총본부로서 역할을 행하였다.[32]

31 정경숙, 앞의 글, 1986, 21쪽.

32 정경숙, 앞의 글, 1986, 21쪽.

3) 부실·기생들의 사회참여

애국계몽운동가들 중 일부는 국권상실의 원인 중 하나를 인구의 절반인 여성들이 자립적인 경제능력을 갖지 못함이라 지적했다.[33] 이는 여성도 남성과 마찬가지로 자립적인 경제활동을 해서 자업자식自業自食해야 남귀여천男貴女賤이 없어질 수 있다고 보았다.[34] 이러한 여성담론은 그동안 소외되었던 여성들이 사회로 나오는 진전을 보여주었다.

진일보한 여성들의 현실 자각은 기독교의 유입과 근대교육뿐만 아니라 19세기 이후 조선에서 발생한 내재적인 힘의 역할이 컸다. 박영효와 유길준 등 개화사상가들의 여성관을 바탕으로 1894년 갑오개혁에서는 사회신분제도의 개혁에서 여성과 관련된 비중이 상당부분 차지하고 있다.[35] 조혼금지, 과부의 재가 문제, 서얼차별제도를 개혁하고자 한 것은 결과적으로 가족제도 내에서 여성의 지위를 안정시키고 향상하는 데 많은 영향을 주었을 것으로 보인다.[36] 갑오개혁에서 여성개화는 이후 여권신장론의 초석을 마련하였으며 여성들이 스스로 현실을 자각하고 사회에 참여하게 한 요인이었다.

우리 고유의 사상으로 창시된 동학은 평등사상을 지향하며 천주교와 더불어 한국여성에게 개화의식을 태동시킨 계기가 되었다. 즉, 동학을 통해 여성해방과 함께 남녀 평등관을 정립시켜주고 압박, 외면당하고 있던 당시 여성에게 사회참여 의식을 촉진하는 결과를 낳았다.[37]

33 윤효정, 〈여자교육의 필요〉《황성신문》, 1906년 5월 22~23일.

34 김하염, 〈여자교육의 급선무〉《서우》 15, 1908. 2.

35 《고종실록》 권33, 고종 32년 6월 28일.

36 이배용, 〈19세기 개화사상에 나타난 여성관〉《한국사상사학》 20, 2003, 144~146쪽.

37 김경애, 〈동학의 여성관에 대한 고찰〉《한국사상사학》 20, 2003, 84쪽.

조선시대는 전 시기에 걸쳐 지배세력에 의한 축첩이 공공연히 이루어졌다. 이에 대한 문제가 본격적으로 논의된 대한제국 시기에도 오히려 지위와 재력이 있는 지배층 사이에 첩을 두는 것이 일반화된 관습이었다.[38] 남성 지배층에서 첩은 가족질서를 위협하는 존재인 동시에 자신의 권력과 재력을 과시할 수 있는 욕망의 대상이라고 해도 과언이 아니었다.

근대사회와 더불어 첩인 부실들에게도 변화를 가져와 첩 출신의 계몽운동가가 출현하였다. 이들은 친족 청년들에게 근대교육을 권하며 학비를 지원하거나 단체를 만들어 남편을 대신하여 문상을 가기도 했다. 또한 자신의 권리를 호소하기 위해 신문에 투고하는 등 자신감을 드러내었다.[39]

당시 신문에는 양반가의 첩 출신 여성들을 흔히 '부인', '부실'로 기재하였다. 신소당·이일정·김석자 등은 가부장제에 기생하는 존재로 전통적으로 비난을 받을 위치였던 '첩'의 자리에서 벗어나 자기 삶의 자리에서 각성된 근대 주체로서의 운동성과 실천을 보여주기 시작했다.[40]

신소당申蕭堂은 대한제국의 고위관료였던 김규홍金奎弘의 부실이었다. 1898년부터 《제국신문》에 신소당의 글이 6회에 걸쳐 나타난다. 찬양회의 운영 방향에 대한 제언, 만민공동회가 고종의 명에 따라 해산하는 것이 좋겠다는 의견의 글, 1907년 이후에는 국채보상운동에 관한 글을 기고하였다.[41] 신소당은 자신의 의견을 신문에 기고하는 적극성을 보인 동시에 여

38 개항기 서울 지역 호적에 따르면 신분별로는 양반이, 경제력으로는 20칸 이상의 재력가가 첩을 두고 있었다(조은·조성윤, 〈한말 서울지역 첩의 존재 양식-한성부 호적을 중심으로〉 《사회와 역사》 65, 2004).

39 《제국신문》 1898년 11월 10일.

40 홍인숙, 〈'첩'의 인정투쟁-근대계몽기 매체를 통해 본 '첩' 재현과 그 운동성〉 《한국고전여성문학연구》 18, 2009, 547쪽.

41 《제국신문》 1898년 11월 5일·11월 10일, 1907년 3월 27일·4월 2일·5월 23일, 1909

자교육회, 진명부인회, 광동학교, 양정여자교육회 등에서 회장, 평의장, 교장 등의 중책을 맡아 근대 초 계몽운동의 최전선에서 활동했다.[42]

이일정李一貞은 이준의 재취부인으로 알려져 있으나 이준의 첫째 부인인 신안 주씨가 죽었다거나 이혼을 했다는 사실이 밝혀지지 않아 재혼 또는 중혼의 상태로 맞이한 첩이라 추측된다. 기존의 연구에서 이일정이 신식교육을 받았다는 점과 기독교인이었다는 점, 1905년 '안현 부인상점'을 개점·운영했다는 것을 들어 이일정 가문이 일찍 개화된 문물을 받아들일 수 있었던 중인 이하의 상업 계통에 종사했다고 한다. 어쨌든 이일정은 공진회, 여자교육회, 광동학교 등과 관련된 단체 활용에 참여하였고 국채보상운동, 일본유학생 단지사건, 《제국신문》 폐지 등에 관한 사항 등으로 활발한 투고 활동을 하였다. 신소당과 비교해 이일정은 단체와의 연관성보다는 개인적인 차원에서 활동한 것이 많은 것이 특징이다.[43]

김석자金石子는 생몰년대가 알려지지 않았지만, 당시 일진회 기관지였던 《국민신보國民新報》의 주필을 지낸 최영년의 부실이다. 1906년부터 여자교육회, 진명부인회 명단에 이름이 등장하기 시작했고 국채보상운동 당시에는 '부인감찬회'를 조직하여 활동하였다. 이외에도 자선부인회 등의 활동을 하였는데 자선부인회가 친일 고관 부인들이 주를 이루어 친일적인 성향을 띠었던 것은 분명하다.[44] 그러나 '친일적'이라는 잣대로 김석자의 활동을 규정짓기보다는 활동의 의의와 내용을 객관적으로 바라보고

년 10월 20일.

42 홍인숙, 〈근대계몽기 첩 출신 계몽운동가들〉《이화어문논집》 40, 2016, 209쪽.

43 김형목, 〈이일정, 마음의 상처를 애국혼으로 승화하다〉《관보》 5월호, 독립기념관, 2015a.

44 홍인숙, 앞의 글, 2009, 532~533쪽.

평가할 필요도 있다.

위의 여성들은 당시 양반 가문에 속한 부녀자가 자신의 이름을 걸고 공적 발언을 하거나 단체활동을 하기가 쉽지 않았던 시기에 활동했던 대표적인 여성들이다. 그것은 아마도 그들이 가졌던 첩이라는 신분이 양반 가문의 여성보다 활동에 제약이 작았기 때문으로 추측된다. 또한 이들이 가부장제에 기생하는 비난의 대상이라는 위치를 극복하고 근대의 주체로서 활동할 수 있었던 힘은 제도로부터 부정되는 존재였기 때문에 더 강렬했을 것이다.

기생은 가족 제도의 외곽에 위치하며 일부일처제를 근간으로 하는 가부장적 가족질서가 유지되도록 하는 모순된 역할을 담당해왔다. 전통적으로 재색과 예술적 전문성을 가지며 공적인 영역에서 활동한 집단이다. 그러나 노비와 마찬가지로 한번 기적妓籍에 올려지면 천민이라는 신분에서 벗어날 수 없었고 천자수모법賤者隨母法에 따라 그 자식도 노비나 기생이 될 수밖에 없었다.

갑오개혁을 계기로 집단적 면천이 이루어지면서 관기들은 관노비라는 신분에서 벗어나기 시작했다. 그러나 여전히 기생들은 국가 전례에 동원되었고 관에서 부과하는 의무에서 벗어나지 못했다.[45] 그리고 근대의 시선은 기생을 애초에 문명화된 국가의 국민에서 배제하였고 계도와 훈육의 대상으로 바라보았다.

기생에 대한 사회의 차별에도 이들은 각종 공익 활동에 참여하며 사회일원의 역할을 하기 시작했다. 이들은 신문에 글을 기고하고 만민공동회에 성금을 보내기도 했으며[46] 여학교를 세우기 위해 노력하였다.[47] 특히

45 권도희, 〈20세기 관기와 삼패〉《여성문학연구》 16, 2006, 83쪽.

1905년 을사조약의 체결과 민영환의 자결은 기생들을 비롯한 여성들의 각성을 폭발적으로 이끌어내었다. 당시 민영환에 대한 추모는 남녀노소와 내외국인을 불문하고 다양한 사람들이 참여하였다. 그중에서도 여성들의 참여가 눈에 띄는데 첩이나 기생 등 소외된 여성들의 참여가 두드러진다. 기생들의 조문 참여는 그동안 소외된 타자에서 국민의 일원이 되어 감을 상징적으로 보여준다.[48] 근대 계몽지식인들은 기생에게도 국민의 의무를 부과하려 했고 사회의 인정을 받고자 했던 기생들이 적극적으로 수용한 결과였다. 면천을 통해 관비의 신분에서 벗어난 기생들은 자발적으로 국민의 의무를 수용하고 국채보상운동에까지 참여하면서 사회의 주류로 편입되기 위해 노력하였다.

3. 국채보상운동의 전개와 여성 참여

1) 양기탁의 체포와 공판

일제는 1894년 청일전쟁을 전후로 조선에 대한 경제적인 차관공세에 나섰다. 이는 경제침략을 통하여 조선을 완전한 식민지로 예속시키려는 의도에서 비롯되었다. 아관파천 이후에는 철도부설권·광산채굴권·산림벌채권 등 각종 이권 획득에 동분서주하였다.[49]

46 〈小女敬之〉《황성신문》1898년 12월 6일; 〈萊技發起設敎〉《제국신문》1898년 12월 8일.

47 동래부 기생 3인이 여학교를 세우기 위해 자본금과 장소를 구한다는 신문기사가 있다(〈平妓損助〉《제국신문》1906년 12월 14일).

48 박애경, 〈기생을 바라보는 근대의 시선-근대 초기 신문 매체에 나타난 기생관련 기사를 중심으로-〉《한국고전여성문학연구》24, 2012, 349~352쪽.

49 이배용, 《한국근대광업침탈사연구》, 일조각, 1989.

1904년 발발한 러일전쟁으로 일제는 조선의 전신선이나 주요 시설 등을 군용 시설로 강제 수용하였다. 러일전쟁에서 승기를 잡은 일제는 한일의정서 체결 이후 더욱 적극적으로 차관공세를 추진하였다. 한국에 진출한 일본 상인들도 금융·상품을 비롯한 상업유통권을 장악하는 등 조선의 상권을 마음대로 좌지우지하였다. 특히 통감부를 비롯한 일제 침략자들의 적극적인 지원과 보호책은 조선의 토착 자본을 일시에 붕괴시켰다. 기형적인 경제구조는 만성적인 식량난과 더불어 민중생존권을 위협하였다. 하와이·멕시코로 이민과 연해주·만주 등지로 대량적인 유이민은 이러한 상황을 그대로 보여준다.[50]

한편 재정고문으로 부임한 메가타 다쯔타로[目賀田種太郎]는 1906년까지 4차에 걸쳐 일본으로부터 1,150만 원에 달하는 막대한 차관을 도입하였다. 그는 화폐개혁을 주도하면서 한국인 자산을 수탈하는 한편 식민지용 화폐인 일본 제일은행권 유통·보급에 앞장섰다.[51] 실질적인 구매력이 없는 통화를 차관으로 하여 식민지화에 필요한 제반 경비는 이로 대체하기에 이르렀다. 이는 금융공황을 초래하여 한국 경제계를 파산상태인 궁지로 내모는 가운데 일본의 금융독점을 강화시켰다. 구채舊債 상환이나 세계부족보충비歲計不足補充費 명목의 국고증권채國庫證券債, 금융공황 구제나 민간금융 지원을 구실로 한 금융자금채金融資金債 등도 식민지 경영을 위한 행정기구 개편이나 어용금융기관 설치 지원 등에 자의적으로 사용했다.

을사조약은 한국인의 의지와 전혀 상반된 일제와 일부 친일세력 간

50 김형목, 〈멕시코 이민 전후 한국의 정치·사회 동향〉《아시아 아메리카 연구》 5-1, 2005.

51 김혜정, 〈러일전쟁 이후 일제의 고문정치 실시와 목적-재정고문 목하전종태랑을 중심으로-〉《한국민족운동사연구》 44, 2004, 66~72쪽.

의 합의로 이루어졌다. 일제는 친일단체를 동원하여 조선의 보호국화에 대한 필요성을 선전하였고 1905년 9월 27일 구체적인 보호국화 계획안 8개 항을 결정하였다.[52] 일진회는 11월 6일 〈외교권이양선언서〉를 발표하는 등 그들의 친일행각을 만천하에 드러내었다. 이토 히로부미[伊藤博文]를 전권대사로 특파한다는 소식을 접한 송병준은 일진회 국면전환책 일환으로 이를 활용하였다. 친일세력은 이를 자신들의 세력화와 권력 장악을 위한 기회로 이용하는데 주저하지 않았다.

1906년 통감부를 설치한 일제는 시정개선施政改善과 기업자금 명목으로 막대한 차관을 도입하였다. 문명국가 건설을 표방한 시정개선은 명목에 불과할 뿐이었다. 실제는 한국침략에 소요되는 제반 경비를 고율의 국채를 기채起債하고 일본으로부터 차관 조달에 전력을 기울였다. 이러한 차관공세로 생긴 국채는 1,300여만 원에 달하는 거액이었다. 이는 대한제국 정부 1년 예산에 버금가는 엄청난 액수였다. 경제적인 예속화는 심각한 상황에 직면하는 등 대한제국을 반신불수로 만들었다.[53] 게다가 차관은 도로비 150만 원, 수도공사비 437만 원 농공은행 설립비 80만 원, 학교신축 수리비 50만 원, 대한병원 신축비 28만 원 등으로 대부분 일제의 침략수단에 이용되는 시설을 구축하는데 사용되었다.

반면 정치·경제적인 침략 강화는 민중의식을 크게 각성시키는 요인이었다. 식민지화에 대한 위기의식은 국권회복을 위한 자립경제운동 활성화로 이어졌다. 대일 부채 증가는 곧바로 일제 식민지로 전락할 수밖에 없다는 인식을 팽배시켰다. 국권회복은 자립경제를 기반으로 가능하다는

52 김형목, 〈해제: 한말~일제초기 친일의 유형과 논리〉《친일반민족행위관계사료집》 2, 친일반민족행위진상규명위원회, 2008.

53 이송희, 앞의 글, 1978.

사회적인 공감대를 형성하고 있었다. 각종 계몽단체는 강연회·토론회 개최 등을 통하여 자립경제의 중요성을 널리 확산시켰다. 민족경제 수립을 위한 식산흥업殖産興業과 과학교육에 중점을 둔 실용교육 강조는 이러한 의도와 밀접한 연관성을 지닌다. 이에 선각적인 지식인들과 자본가들은 국채보상을 위한 실천적인 활동에 나섰다.

국채보상운동은 김광제金光濟와 대구지역 재계를 대표하는 서상돈徐相燉 등의 발의에서 시작되었다. 이들은 대구민의소大邱民議所(현 대구상공회의소) 임원진 등과 함께 일제의 경제침략으로부터 벗어나 자립적인 경제권 수호를 주창하였다. 이는 1907년 1월 29일 대구광문사 특별회의에서 처음으로 발의되었다.[54]

서상돈 발의에 참석한 회원들은 만장일치로 찬동하고 대구광문사 사장 김광제가 발기 연설을 마친 후 당장 실시할 것을 제안했다. 그는 자신의 연죽과 연갑을 버리고 3개월치 담배값 60전과 특별의연금으로 10원을 내놓았다. 이에 서상돈, 대동광문회 회장 박해령朴海齡, 회원 김윤란金允蘭(일명 金炳淳)·장상철張相轍·강영주姜永周 등도 적극적인 모금에 나섰다. 대구민의소는 북후정堠北亭에서 국채보상 모금을 위한 군민대회를 개최하는 등 적극적으로 추진하였다.

발기인들은 김광제·서상돈 공동명의로 〈국채1,300만원보상취지〉를 발표함으로 전국적인 이목을 받았다. "국채 1,300만 원은 우리나라 존망과 직결되는 문제이다. 갚지 못하면 반드시 (나라는) 망할 수밖에 없다. 그런데 국고로서 갚을 길이 전무하니 2,000만 인민이 3개월 동안 단연하여

54 김형목, 〈나랏빛은 망국임을 일깨운 선각자, 김광제·서상돈〉《순국》242, 대한민국순국선열유족회, 2011, 56~60쪽.

그 대금으로 국채를 갚아 국가를 위기에서 구하자."라는 간결한 내용이었다.[55] 대구광문사와 대동광문회大東廣文會 회원을 중심으로 한 국채보상운동 발기인들은 취지서를 언론사와 국외 한인사회에 배포했다. 《대한매일신보》·《황성신문》·《제국신문》·《만세보》 등 신문과 대한자강회 임직원은 이를 즉각적으로 각지에 알려졌다. 일제 침략에 고통을 받던 각계각층은 자발적·경쟁적으로 모금 대열에 합류하였다. 이들은 국채를 '자신들 채무'로서 인식할 만큼 적극적이었다.

2월 22일 서울에 거주하는 김성희金成喜·유문상劉文相·오영근吳榮根·김상만金相萬 등은 국채보상기성회를 조직하는 동시에 〈국채보상기성 취지서〉와 〈국채보상기성회 회칙〉 등을 발표하였다. 이들은 대한매일신보사와 상동청년학원사무소 등 의연금 수전소收錢所 8곳을 지정하는 등 국채보상운동의 중앙기구로서 역할을 자임하고 나섰다. 윤흥섭尹興燮·박규순朴圭淳·서병염徐丙炎 등도 〈국채보상 포고문〉을 발표한 후 국채보상중앙의무사를 조직하였다.[56] 이들은 수금소로 황성신문사를 지정하는 등 전국적인 모금과 소식을 전하기 위한 만반의 준비를 갖추었다

장지연은 《황성신문》에 〈단연보국채斷煙報國債〉라는 논설을 통하여 적극적인 참여를 호소하고 나섰다. 특히 2월 26일 고종의 단연보상 참여는 커다란 반향을 불러일으켰다. 영친왕 길례吉禮도 음력 7월로 연기하는 등 국채보상운동의 전국적인 확산에 부응하였다. 초기 국채보상에 소극적이었던 고관대작들도 이를 계기로 단연을 결의하는 분위기로 반전되었다. 대한매일신보사의 사원 단연 결의에 대한 대대적인 보도는 각계각층의

55 이동언, 〈대구에서 국채보상운동의 깃발을 세운 김광제〉《대구의 문화인물》 1, 대구광역시, 2006, 106~108쪽.

56 김형목, 《김광제, 나랏빛 청산이 독립국가 건설이다》, 도서출판 선인, 2012, 111~112쪽.

동참을 유도하는 '기폭제'였다. 대한자강회·황성기독교청년회·서우학회·한북흥학회 등도 국민의무와 단연 등에 관한 토론회·강연회를 개최하여 애국심을 환기시켰다.[57] 3월 1일 대한자강회 임시평의회는 김광제의 국채보상에 관한 의안을 수리하였다. 이어 단연과 국채보상 문제를 적극 개진하는 가운데 각지의 국채보상회 〈취지서〉를 《대한자강회월보》에 게재하는 등 국채보상운동의 중요성을 널리 부각시켰다.

〈국채보상 발기문〉과 〈국채보상 취지서〉에 따르면 전 국민이 3개월 동안 담배를 끊어 일본의 국채 1,300만 원을 갚자는 구체적인 방법을 제시하였다. 담배는 당시 한국에 들어온 일본 상인들이 폭리를 취하는 대표적인 상품의 하나로 당시는 〈연초전매법〉이 실시되기 이전이어서 일본 상인들은 군수품을 대량 유출하여 시판하거나 궐련을 만들어 시중에 팔았다. 일본제 담배에는 종가세 20%가 부과되는 데 비해 군수품은 면세였다. 대구의 한 일본인 군납업자는 이 점을 이용하여 군수용 담배를 대량으로 빼돌려 대구 서문시장 안에 대판원전이라는 상점을 통해 판매하여 많은 수익을 올렸다. 담배는 항상 품귀 현상을 보일 정도로 잘 팔렸으며 일본인 상인들은 서울과 부산에 담배공장을 세워 공급할 정도였다.[58]

지방에서도 도·군·면 단위로 이 운동을 지지하는 취지서를 발표하고 국채보상회를 설립하였다. 운동 초기부터 3월 말까지 설립된 국채보상소는 27개였다.[59] 실제는 이보다 더 많이 조직되었으리라 짐작된다.

57 대구상공회의소, 《국채보상운동사》, 1997, 52~69쪽.

58 나눔과 책임연구소, 《세계가 주목하는 국채보상운동》, 도서출판 그루, 2017, 31쪽.

59 국채보상 서도의성회·충북 옥천군 국채보상 단연의무회·동래부 국채보상일심회·국채보상 해서동정회·황해도 은율군 국채보상회·경남찬성회·충남 예산군 의연금 모집소·수안 절용맹회·한북국채보상단성회·국채보상 관서동맹, 평양 국채보상회·한산호서 국채보상기성의무사·금산군 국채보상동맹·전북전남 국채보상의무소·경

2) 국채보상운동의 여성 참여 배경

국채보상운동은 국권을 수호하기 위해 민족이 결집한 거대한 민족운동으로서의 의의도 있지만, 여성이 국가구성원으로서 자발적으로 참여했다는 것에 더 큰 의의를 둘 수 있다. 서상돈의 발언에서 단연을 중심으로 한 의연 모금의 주체는 남성으로 보이지만 개항 이후 근대에 눈을 뜬 여성들은 스스로 조직체를 만들어 함께 국가의 위기를 극복하고자 했다. 국채보상운동에 관련된 기사 중 여성이 가장 처음 등장한 것이《대한매일신보》1907년 2월 24일자에 이소사가 은비녀를 팔아 4원을 의연했다는 내용이다.[60] 여성들도 자발적인 참여를 통해 사회적인 존재성을 드러내었다. 남성들 주도로 전개되는 국채보상운동에 격분한 여성들은 마침내 조직적인 참여를 위한 여성단체를 조직하였다. 2월 23일에 정운갑 모친 서씨(서채봉), 정운화 처 김씨(김달준), 서석균 처 최씨(최실경), 서학균 처 정씨(정말경), 서덕균 처 이씨(이덕수), 김수원 처 배씨(미상) 등 7인이 최초로 대구 남일동패물폐지부인회를 결성하였다. 이들은 한글로 된 취지서를 신문에 게재하여 자신들의 입장과 목적을 분명하게 밝혔다.

> 삼가 우리 부인 동포에게 알린다. 우리가 여자의 몸으로 閨門에 머물러 삼종지도 외에 간섭할 사무가 없사오나 나라 위하는 마음과 백성 된 도리에야 어찌 남녀가 다르리오. 듣자하오니 국채를 갚으려고 2천만 동포들이 석

남애국회·충북 영동군 국채보상회·제주의성회·황해도 재령군 보성소·국채보상경남회·창원마산항 국채보상의연소·충청남북도 국채보상의성회·대구 국채담보회·춘천군 국채보상동맹·전주국채보상회·상무회의소단연회·국채보상 전북기도회·단천군 국채보상소 등 27개였다.

60 《대한매일신보》1907년 2월 24일.

> 달간 담배를 아니 피우고 그 돈을 모은다고 하오니 족히 사람으로 감동하게 할 일이요 진정 아름다움이라. 그러하오나 부인들을 논외로 한다니 대저 여자는 나라 백성이 아니며 化育中一物이 아니오. 본인 등은 여자의 소처로 몸에 가진 것은 다만 패물 등이라. 태산이 흙덩이를 사양하지 아니하고 강과 바다가 적은 물을 가리지 아니하기로 적음으로 큰 것을 도우나니 유지하신 부인 동포들은 적음을 불구하고 혈심 의연하여 국채를 다 갚게 하는 것이 천만다행이라.[61]

〈남일동 패물폐지부인회 취지서〉의 핵심은 국채보상운동에 대한 비판과 경고였다. 그들은 남녀평등론에 입각하여 여성도 사회적인 존재로서 역할 분담과 자발적인 참여를 해야 한다고 강조하였다.[62] 이를 통해 여성들은 더 이상 안채에 틀어박혀 있는 부인이 아닌 민족구성원의 하나로 자기존재성을 알리고자 했다.

남일동 패물폐지부인회를 발기한 7명의 부인들은 서채봉을 중심으로 한 가족이었다. 서채봉은 정운갑·정경주 남매의 어머니이자 집안의 가장 연장자로 대표나 마찬가지였다. 그러나 실제 남일동 패물폐지부인회를 이끈 것은 정경주로 짐작된다. 그리고 정경주의 손아래 올케 김달준, 맏며느리 최말경, 둘째 며느리 최실경, 셋째 며느리 이덕수가 발기인이다. 김수원의 부인 배씨는 현재까지 정확한 관계가 파악되지 않는다. 정경주의 남편 서병규는 대구군 국채보상운동사무소 회계감독을 맡아 실질적인 국

61 〈경고 아 부인동포라〉《대한매일신보》1907년 3월 8일; 국채보상운동기념사업회, 〈우리 부인 동포에게 공손히 알리는 글〉 앞의 책, 2017, 62~63쪽.

62 최혜령, 〈들불처럼 삶을 지핀 여성들〉《빚, 나눔으로 빛이 되다: 국채보상운동 이야기》, 국채보상운동기념사업회, 2019, 156쪽.

채보상운동을 이끈 인물이었다. 그는 서울에 국채보상지원금총합소의 발기인과 회계감독에 참여하는 등 국채보상운동이 국민운동으로 나가는데 결정적인 역할을 하였다.[63]

이러한 집안의 배경과 분위기는 정경주가 남일동 패물폐지부인회의 주역으로 활동할 수 있는 밑바탕이 되었다. 이들은 취지문을 작성하고 패물을 의연하는 것에 그치지 않고 대중집회에 나서 취지서를 읽고 나누어 주는 등 적극적인 활동을 전개하였다. 국채보상 소식을 전파하고 여성들의 참여를 독려했던 것이다.[64]

대구의 남일동 패물폐지부인회의 소식이 알려지면서 여성들은 즉각적인 반향과 동시에 자발적인 참여로 화답하였다. 각 지역에 여성단체가 조직되었는데, 여성단체는 여성들이 활발하게 참여할 수 있게 한 원동력이자 여성을 국민으로 진전시킨 기반이 되었다.

> 당초 단체에서 정한 규정에는 부녀와 아동은 의연금에 대해 의논하지 말 것이라고 하였다. 가정부인들이 감격하여 부녀회(여성단체)를 만들고 흔쾌히 패물을 내어놓았다. 심지어 거지·백정·마부·나물 파는 여인·술집 노파·계집종·품팔이까지 말하기를 "나라가 있은 연후에 백성이 있을 수 있다."하고 다수가 의연금 내니 가히 하늘의 뜻과 인심에 생생한 기운이 가득함을 볼 수 있다. 이는 2천만 동포가 다시 나아갈 날이 아니겠는가. 하물며 금연회는 문명국의 위생 가운데 한 가지 일이지만 우리 백성들에게 곧 국토와 겨레의 삶을 보호하는 문제이다.[65]

63 정일선, 앞의 글, 2017, 178~179쪽.

64 남일동패물폐지부인회의 인물 발굴과 활동 등은 최세정, 앞의 책, 2016을 참조.

65 〈大邱西門外壽昌社國債志願金收合事務所公函이 如左〉《大韓每日申報》1907년 3월 9일.

이후 신문에 게재된 국채보상운동 관련 기사를 보면 여성이나 걸인 등의 의연금 동참에 대한 격찬이 이어졌다. 언론도 이들의 의연을 '미담 사례'로서 널리 알리는 등 경쟁적인 참여를 유도하는 분위기를 확산시켰다.[66] 대구에 사는 퇴기退妓 앵무는 지화 100원을 가지고 국채보상수금소에 와서 서상돈·김윤란·정재학 등에게 말했다. "저는 본래 천한 사람으로 더욱이 남편이나 자식도 없으나 국민의무로 1,300만 원에 대하여 만분의 1이라도 출연할 터이다. 여자로서 감히 남자보다 한 푼이라도 더 많이 낼 수가 없어서 100원을 출연한다. 만약 남자가 1,000원이나 1만 원을 의연하면 죽기를 각오하고 따라 하겠다는 의지를 피력하니 세 사람은 각기 출연하겠다고 결의하였다."[67] 국채보상운동에 참여하는 일이 국민의 의무임을 강조하였고 대구단연동맹회 회원들은 이에 자극받아 더욱 분발하는 계기로 이어졌다. 대구지역 여성들 자발적인 동참은 기생 앵무의 의연과 밀접한 연관성을 지닌다.[68]

이종일·김광제·박영규·오영근 등은 수금 통합기구로서 대한매일신보사 내에 국채보상지원금총합소 조직에 앞장섰다. 4월 8일 개최된 총회에서는 소장 한규설(윤웅렬로 교체), 부소장 김종한, 회계감독 박영규·서병규, 검사원 이강호·양기탁·이면우, 사무원 윤치호 등 12명, 평의원 12인을 각각 선출하였다. 거의 같은 시기에 13도 대표를 중심으로 국채보상연합회의소도 조직되었다.[69] 의장 이준(후에 이도재, 이용식, 김종환으로 변경), 부의장 김

66 박용옥, 앞의 책, 1984, 123쪽.

67 〈義出男子〉《황성신문》 1907년 3월 26일; 〈青평論價〉《大韓每日申報》 1907년 3월 28일.

68 김형목, 〈성주지역 국채보상운동의 지역운동사에서 위상〉《한국민족운동사연구》 78, 2014, 22쪽.

69 〈國債報償佈告文〉《황성신문》 1907년 3월 2일; 〈國債報償期成會趣旨書〉《大韓每日申報》 1907년 2월 27일.

광제, 위원장 윤효정으로 하는 임원진도 구성하였다. 국채보상과 관련된 활동을 검사하기 위한 장박張博 중심의 국채보상회와 민종식을 중심으로 한 국채보상검사소도 조직되는 등 체계적인 모금 활동을 위한 기반을 구축한 셈이다.

전자의 두 단체는 의연금 수합경쟁을 초래하는 등 취지와 달리 통일적인 의연금 모집에 크게 기여할 수 없었다. 이에 지원금총합소는 수합한 의연금을 주관하고 연합회의소는 일반 인민의 지도방침을 담당하기로 결정하였다. 비록 총괄적인 단일기구로서 완전한 통합은 아니지만, 어느 정도 협력체제는 구축되었다. 양 조직체는 지방에서 활동하는 국채보상소(회)를 체계적으로 관리하는 한편, 수합된 의연금을 조직적으로 관리하기 위함이었다.

여성들 적극적인 동참은 국채보상운동을 한 차원 승화시키는 계기였다. 생계조차 곤란한 걸인·고용인·노비, 사회적인 존재로서 버림받은 백정·무당·죄수 등도 의연금 모금에 동참하였다. 5~6세에 불과한 아동들도 세뱃돈을 의연하는 등 분위기를 고조시켰다. 이는 모범적인 사례로서 널리 칭송되었다. 인천·원산 등 개항장에 거주하는 일본인, 평북 영유 이화학교梨花學校 일인교사 마사야나기 요시야키[正柳好彬] 등도 모금활동에 적극적이었다.[70] 극소수 친일파를 제외한 전 민족적인 참여는 국민운동으로 승화되는 밑거름이었다. 단천군 국채보상소 발기인 이병덕·김인화 등이 지은 〈국채보상가〉는 이를 방증한다.

70 김형목, 앞의 책, 2012, 64~65쪽.

애국심이여 애국심이여 대구의 서공 상돈일세.

1,300만 원의 국채를 갚기 위해 동맹단연회를 설립했네.

애쓰는 마음을 일으키니 대한국민 분명하네.

지금 나라가 어려운 때에 이러한 열성을 누가 내겠는가.

경상도 대구의 서공 등을 사람마다 찬미하네.

2천만 대한 사람 중에 서상돈만 사람이더냐.

단천군 이곳 우리들도 한국 백성이 아니겠는가.

외채가 해마다 이자가 늘어 많은 액수를 감당할 수가 없구나.

전쟁 없어도 나라가 망하면 아! 우리가 어디에서 살겠는가.

나라의 강토가 없어지면 집과 논밭은 누구의 것인가.

빈천 부귀 능력에 따라 국민이 되어서 무심하겠는가.

아홉 살 아이 이용봉도 세뱃돈으로 의연을 하는구나.

감동스럽고 감동스럽네 충군 충애심이 감동스럽네.

포동 사는 안형식은 금년에 여섯살 어린애로다.

아버지의 의금 내는 것 보고 구화 2원을 내었다네.

애국사상 이러하니 ○○○○ 하겠구나.

6세 9세 아이들도 외국 빚 갚기에 저러하는구나.

군자들아 군자들아 이번 기회 놓치지 말고 보상하오.

무릇 국채보상 끝냈을 때에 기쁘지 않겠는가.

힘쓰고 힘쓸지어다 우리 단천 군자들이여.[71]

71 〈國債報償歌〉《大韓每日申報》 1907년 4월 14일; 국채보상운동기념사업회, 앞의 책, 2017, 28~30쪽.

미담 사례는 장날을 통하여 각지로 전파되는 가운데 경쟁적인 의연금 모금으로 이어졌다. 농민과 노동자는 물론 빈한한 살림살이를 맡은 이름 없는 부녀자들도 나름대로 역할을 자임하고 나섰다. 이는 사회적인 책무를 스스로 인식하는 동시에 자긍심 고취로 이어졌다. 의연금 모금 소식은 들불처럼 국내외 한인사회로 파급되었다.

일본유학생 친목단체인 태극학회太極學會도 총회에서 단연·금주 단행을 결의하는 한편 의연금을 황성신문사로 보내왔다. 미주지역 동포들은 공립협회共立協會를 중심으로 모금한 돈을 대한매일신보사에 의연하였다. 부인들은 격려 〈의연서〉까지 보내는 등 지원을 아끼지 않았다. 블라디보스토크에 거주하는 교포들도 의연에 나섰다. 해외 한인들의 의연금 동참은 국채보상운동을 추진시키는 자극제나 다름없었다.[72]

여성국채보상운동은 참여 방법에 따라 몇 가지로 분류하면, 첫째는 현금 의연형, 둘째는 패물 의연형, 셋째는 절미감찬節米減餐 의연형, 기타 등으로 나눌 수 있다.[73] 현금 의연형은 사회활동 등으로 현금을 융통할 수 있는 여성들이 국채보상운동에 참여한 방식이다. 서울 및 지방 상업도시에서 나타난다. 패물 의연형은 여성들에게 패물이 가지는 의미를 상기하면 그 의의를 더할 수 있다. 예부터 한국인의 풍속에 패물이란 장식용이 아닌 가족의 생명 및 생계에 위험이 닥쳤을 때를 대비한 비상금이었다. 이러한 패물을 여성들이 내놓았다는 것은 여성들이 국가에 대한 근대적 개념을 가지고 있었으며 전통적인 가정보다 국가의 위기가 우선이라는 생각을 엿볼 수 있다. 절미감찬 의연형은 전통적 유교적인 가치관에 따른 근검절

72 임동현, 〈국외 '국채보상운동'의 전개양상과 성격〉《국채보상운동과 여성구국운동의 재조명》, 천지당, 2017.

73 박용옥, 앞의 책, 2009, 52쪽.

약 정신으로 여성들이 실행하기 가장 쉽고 효과적인 방법이었다. 기타 의연형은 함경도의 청북강계부인급수보상회를 예로 들 수 있다. 이들은 직접 물을 길어 사용함으로 물장수에게 지불했던 급수비를 국채보상금으로 내는 색다른 방법이었다. 이처럼 여성들의 국채보상운동은 지역적으로도 조금씩 차이를 보인다.

〈표 2〉 여성국채보상운동 참여 단체

단체명	발기 날짜	지역	신분	의연방법
대구남일동패물폐지부인회	1907.2.23	대구	유지 부인	패물, 기타
감선의연부인회	1907.4	부산	유지 부인	감선
창원항부인회	1907.2	창원	유지 부인	현금
대안동국채보상부인회	1907.2	서울	양반 부인	현금, 기타
부인감찬회	1907.2.28	서울	부실	반찬 줄이기
국채보상여자의성회	1907.3	서울	신여성	사치, 회식 줄이기
검단면국채보상의무소	1907.3	김포	부인	현금, 패물, 곡식
국미적성회	1907.3	인천	기독교 부인	절미
봉황정부인의회	1907.3	금산	유지 부인	현금
애국상채회	1907.3	진주	부실	현금
청북강계부인급수보상회	1907.	강계	부실	물값 절약
진주애국부인회	1907.3	진주	기생	현금
삼화항패물폐지부인회	1907.4	진남포	유지 부인	패물, 현금
부인의성회	1907.4	화성	기독교 여성	현금, 기타
안성군국채보상부인회	1907.4	안성	상인 부인	현금, 기타
여주 흔바위 예수 믿는 부인	1907.6	여주	기독교 부인	현금
비석동예수교부인국채보상회	1907.2	삼화항	기독교 부인	현금 등
선천군의성회	1907.4	선천	전직관인, 부인	패물, 현금 등
국채보상탈환회	1907.4	안악	유지 부인	패물
진천국채보상부인회	1907.4	진천	유지 부인	패물
제주삼도리부인회	1907.4	제주	유지 부인	현금
단성군국채보상부인회	1907.3	산청	군수부인, 부실	현금 등
단연동맹부인회	1907.5	부산	상인 부인	현금 등
연안이씨문중부녀회	1907.4	거창	문중 부인	절미

단체명	발기 날짜	지역	신분	의연방법
제주부인의성회	1907.4	제주	유지 부인	현금
영흥군국채보상감반회	1907.6	영흥	유지 부인	현금 등
대구남산국채보상부인회	1907.6	대구	유지 부인	패물
영도국채보상부인회	1907.6	부산	유지, 기독교 부인	현금 등
수정동부인의연회(부산항)	1907.6	부산	양반 부인	현금
*평양기생18인회	1907	평양	기생	현금
*평양국채보상회	1907.3	평양	주희	현금
*종남산미타사여승40	1907.3	양주	여승	
*금산부인의연회	1907.4	금산	양반 부인	현금
*의령군퇴기20명회	1907.4	의령	퇴기	현금
*과천군동면삼성리부인36명회	1907.5	서울	일반 부인	현금
*이화학당 교사/생도	1907.8	서울	교사 / 학생	현금
*약방 기생		서울	기생	현금
*태의원 의녀		서울	의녀	현금
*궁내부 기녀		서울	기생	현금
*양규의숙 생도		서울	학생	현금
*음성군 금자면 무극리 패물폐지부인회		음성	농민 부인	패물
*보은군 양방 부인		보은	양반 부인	현금
*목포 죽동수세국내 부인		목포		현금
*무안 부내면 죽동의 부인		무안		현금

출처: 나눔과 책임 연구소, 앞의 책, 2017, 108~109쪽.
비고: * 표시는 준단체

〈표 2〉에서 보이는 것처럼 여성국채보상운동 단체를 조직한 주체는 대부분 일반 여성과 부실·기생 등이었다. 개신교 신자나 신여성도 여성단체를 설립하였으나 소수에 불과하였다. 급격한 사회변동과 을사조약으로 인한 위기의식은 일반 여성과 부실·기생 등에게 사회구성원으로의 자각을 가져온 중요한 계기가 되었다.[74] 을사조약에 반대하다가 자결하거나 구속되어 순국한 이들에 대해 부실·소실·첩 등은 지극한 정성으로 옥바

라지와 장례식을 치뤘다. 팔의부八義婦라는 칭송을 받으며 반민족매국자들에게 비수와 같은 경고를 보냈다.[75]

국채보상운동의 여성 참여는 한국근대여성운동사에서 정치적인 일에 여성도 참여했다는 점, 여성이 독자적 의지로 구국운동에 참여하게 되었다는 점, 국가에 대한 남녀동권의 의무론이 바탕이 되어 여성의 적극적 참여가 이루어진 점에서 진일보했다고 볼 수 있다. 이러한 여성들의 정신은 일제 침략 하에 여성들이 단체를 조직하고 구국항일운동에 적극 참여할 수 있는 바탕이었다.

4. 서울지역 여성들의 국채보상운동

여성들에 의해 발기된 국채보상운동 단체는 전국적으로 28개의 단체와 17개의 준단체가 있다. 신문지면상에 나타난 여성 대부분의 이름이 가족관계와 성씨, 성씨와 함께 '○소사召史'로 표기되어있다. 국채보상 의연과정에서 최초로 성과 이름으로 된 본명이 온전히 게재된 사례는 '양규의숙 여학생 김유숙金柔淑'이다.[76] 이외에 본명으로 게재된 여성 대부분이 교회 여성이었다. 여학생은 근대교육의 산물이고 기독교 여성은 교회 신앙의 산물로 모두 서구문물의 영향이었다. 한편으로 기생들의 의연도 신문지상에 게재되었는데 신분고하를 막론하고 다양한 계층의 여성들이 국채

74 오환일, 〈을사 여인의 충절〉《강단에서의 사색》, 경인문화사, 2000; 김형목, 〈을사조약에 분개한 아낙네들〉, 《관보》 11월호, 독립기념관, 2015b.

75 〈八義同傳〉《대한매일신보》 1906년 6월 3일.

76 〈國債報償期成會義金廣告 第一號〉《대한매일신보》 1907년 3월 16일.

보상운동에 참여하고 있음을 알 수 있다.

서울지역에서 발기된 국채보상운동 단체는 대안동 국채보상부인회 · 부인감찬회 · 국채보상여자의성회가 있다. 준단체로 약방기생 · 궁내부 기녀, 이화학당 교사와 학생 · 양규의숙 학생 등이었다.

1) 대안동 국채보상부인회

대안동 국채보상부인회는 서울에 있는 양반가의 부인들이 판서를 역임한 김규홍의 집인 대안동 14통 4호를 근거로 하였다. 발기인은 11명이며 취지서의 내용은 다음과 같다.[77]

〈국채보상부인회취지서〉

대저 국채로 인하여 나라가 태평하지 못한데, 아녀자도 나라의 은혜를 입었으니 나라를 사랑하는 마음이 없으면 백성의 도리가 아닙니다. 그러므로 여자들도 참여하려고 마음과 힘을 모았습니다. 본회에서 의연금을 내는 부인에게는 본회의 회원으로 책자 기록에 올리고 성명과 금액을 신문에 공포하겠으니 전국 동포 부인들은 살펴주십시오.

광무 11년 丁未(1907), 정월일

대안동 사무소 14통 4호

발기인

이씨, 송씨, 김씨, 박씨, 계씨, 염씨, 한씨, 정씨, 신씨, 오씨, 윤씨 등

77 〈不讓男子〉《대한매일신보》 1907년 3월 8일.

내용을 보면 여성들을 중심으로 국채보상부인회가 조직되었다. 이는 여성들도 남성과 동등하게 나라의 은혜를 입었으니 같은 백성으로 국채보상운동에 참여해야 한다는 논리였다. 그리고 의연금을 내는 여성은 모두 본회의 회원으로 책자에 기록한다는 것은 여성의 신분 고하를 막론하고 국채보상운동에 참여를 촉구하고 신분을 뛰어넘어 여성들의 연대를 강조하고 있다는 점이다. 의연자의 이름과 금액을 신문에 공포하겠다는 것은 여성들의 국채보상운동 참여를 알려 여성들도 국가에 기여하고 있음을 보여주겠다는 의미로 볼 수 있다.

발기인 명단에서 발견되는 신씨는 국채보상부인회의 사무실 위치로 알 수 있듯이 김규홍의 부실인 신소당이다. 신소당은 여자교육회와 진명부인회 등의 활동에서 애국계몽운동의 여성 지도자의 면모를 보여줬던 인물이다. 그가 기고한 진주 기생 부용에게 보낸 편지 〈부용 형에게 부치는 편지〉[78]에서도 그 모습을 엿볼 수 있다.

〈부용 형에게 부치는 편지〉

신소당

> 첩은 근본 평안도 안주 사람으로 판서 김규홍 씨를 섬겨서 경성에 살아온 세월이 삼십년입니다. 평생 한이 되는 것은 이 몸이 여자가 되어 이 나라 일을 못하고 초목같이 썩을 신세이니, 속에 든 이 한 생각이 마음 속에 사무쳤습니다. 다행히 우리나라에 천도가 돌아와서 국채보상에 민심이 하나로 뭉쳐져서 국채보상 의무가 크게 일어났으니, 단군 사천 년과 우리 조선

78 〈진주부용형 젼く례셔〉《대한매일신보》 1907년 3월 27일; 김형목, 〈국채보상운동에서 경남지역 여성단체의 활동과 위상〉《진주문화》 47, 2022, 175~176쪽.

조 오백 년에 들어서 이렇게 놀라운 일은 처음입니다. 이 몸이 비록 여자이지만 이천만 동포 가운데 포함된 몸입니다. 그런즉, 국가가 교화하고 길러준 백성 중의 한 사람으로 국채보상부인회를 발기하여 부인회를 설립하였더니, 동포 부인들께서 열심히 참여하셨습니다. 조심스러운 다음 동동촉촉으로 밤낮 생각하니, 애국의 정성스러운 마음은 남녀가 한 가지요, 서울과 시골이 다름이 없습니다.

향곡에서 어떤 부인께서 사업을 이루어서 일체 합심하려는지, 희소식을 들으려고 각 신문을 점검하다가 천만 이외로 진주군 부용 형이 애국부인회를 고무 격려하시는 것을 보았습니다. 진주에는 의암 씨가 계시고 평양에는 계월향 씨가 계시더니, 애국성심이 부족하여 형의 충의가 간절하니 충성 忠자는 고금에 없을 듯합니다. 두 겨드랑이에 날개가 없어서 바로 가서 칭송하지 못하였지만 남산에는 지남석이 있고 북산에는 쇠가 있다 하는 말이 두 사람을 두고 말하는 듯합니다. 형의 충의를 우리나라 백성으로 어느 누구가 감동하지 않겠습니까. 각국 사람들도 칭송하지 않을 사람이 없을 듯합니다.

강주식이라 하는 남자는, 알지 못하지만 어떠한 자이기에 사나움과 세력을 믿고 감히 저해하고자 하였으니, 이는 만민의 죄인이요 나라의 도적입니다. 신명이 위에 계시니 어찌 재앙이 없겠습니까. 강주식의 많고 많은 죄상은 차례로 성토하여 이천만 백성의 공분을 새로 만들 것이니, 원하기는 부용 형의 대의를 저버리지 마시고 도내의 뜻있는 동포 부인들과 단결 합심하여 형과 저와 같은 여인들도 나라의 은혜를 만분의 일이라도 갚아 보시기를 천번 만번 바랍니다.

위의 글은 애국부인회를 조직하여 국채보상운동을 전개하던 진주

'기생 부용'이 강주식[79]의 방해로 고전하고 있다는 기사에 대한 답신이다. 신소당은 부용의 노고를 치하하며 국채보상운동에 대한 여성들의 연대감을 나타내고 있다. 특히 부용을 '형'이라고 부르며 부용의 행동은 충의에서 비롯된 것이며 이는 임진왜란 때 진주 기생으로 나라를 위해 목숨 바친 논개와 평양 기생 계월향을 계승한 것으로 평가했다. 반면 일부 인사들은 기생들의 국채보상 참여를 상당히 부정적으로 인식했다. 신소당은 이를 비판하면서 가정부인의 적극적인 참여를 호소했다.

> 애국 성심이 부족하여 형의 충의가 간절하니 충성의 '충'자는 고금에 없을 듯하다. 두 겨드랑이에 날개가 없어서 바로 가서 칭송하지 못하나이다. 남산에는 지남석이 있고 북산에는 쇠가 있다 하는 말이 두 사람을 두고 말하는 듯하다. 형의 충의를 우리나라 백성으로 어느 누가 감동하지 않겠는가. 감히 어떤 사람들이라도 칭송하지 않을 사람이 없을 듯하다. 강주식이라는 남자는 알지 못하나 어떠한 사람이기에 사나움과 세력을 믿고 감히 저해하는가. 그는 만민의 죄인이요 나라의 도적이다. 신명이 위에 계시니 어찌 재앙이 없겠는가. 강주식의 많고 많은 죄상은 차례로 성토하여 이천만 인민의 공분을 새로 만들고자 한다. 원하건대 부용 형은 대의를 저버리지 마시고 도내의 뜻있는 동포 부인들과 단결 합심하여 저와 같은 여인들도 나라의 은혜에 만분의 일이라도 갚아보시기를 천번 만번이나 바라나이다.[80]

79 강주식·안확·강상호는 국채보상 경남회 대표 발기인이었다. 진주에서 조직된 국채보상 경남회는 1907년 3월 9일 취지서를 발표하였는데 이후 국채보상운동 내부에서 갈등이 있었다. 남존여비라는 전통적인 가치관에 입각한 남성들의 전횡에 대해 기생 부용 등이 반발하여 전국적인 관심사가 되었다.

80 〈긔부용형서〉《만세보》 1907년 4월 2일; 김형목, 〈진주지역 3·1운동과 사회적 약자: 어린이, 여성을 중심으로〉《진주 3·1운동과 근대 사회 발전》, 북코리아, 2020, 240쪽.

신소당의 신분 차별에 비판은 커다란 반향을 불러일으켰다. 빈부나 귀천에 구애되지 않는다는 취지서와 달리 실상은 가정부인이나 기생 등의 활동을 부정적으로 인식하는 현실이었다. 이를 계기로 기생이나 부실에 대한 사회적인 편향된 인식은 부분적이나마 변화되는 결정적인 계기를 맞았다.[81]

그녀가 남자학교인 동광東光학교 교장으로서 계몽운동을 주도할 수 있었던 배경은 여기에서 찾아진다. 헤이그특사 주인공인 이준 부인인 이일정과 더불어 여권 신장을 위한 선두주자로서 자리매김은 전혀 우연이 아니었다.[82] 그럼에도 이들의 인생역정이나 평가는 여전히 미흡한 현실이다.

여성도 국민의 일원이라는 계몽지식인들에 의해 유입된 자각은 나라를 위한 일에 동참하고자 하는 여성들의 국채보상운동 참여로 드러난다. 신소당도 마찬가지였는데 〈부용형에게 부치는 편지〉 첫 줄의 내용에서 보면 김규홍의 부실로 30여 년을 살았지만, 여성이기에 나라 일을 못한 것이 평생 한이라 대목이다. 당시 양반부인 외에도 많은 여성이 차별 극복의 방법을 국채보상운동 참여라 생각하고 적극적으로 나섰다. 대안동 국채보상부인회는 많은 호응을 얻었으며 종종 그 활동이 신문에 보도되기도 했다.[83] 또한 이준을 초청하여 강연회도 개최하였다.

강연회에서 이야기한 이준의 논지는 첫째, 국민된 의무로 여성들이 국채보상운동에 참여하는 것은 당연한 것이다. 우리나라 동포의 반은 여

81 〈晉州補償會詳報〉《만세보》 1907년 4월 9일.

82 김형목, 앞의 글, 2015b.

83 〈우씨송함〉《대한매일신보》 1907년 3월 21일; 〈국채보상열심〉《만세보》 1907년 3월 17일; 〈조씨송함〉《만세보》 3월 21일 등.

성이기에 남녀가 단결하여 일을 도모하는 것이 남자만 하는 것보다 효과적이다. 둘째, 남녀가 평등하기에 남녀가 함께 국채보상운동에 참여해야 한다. 셋째, 남녀평등은 새로운 것이 아니라 신라시대부터 이어져 온 것이다. 신라에는 선덕·진덕여왕이 훌륭한 통치를 했던 적도 있기에 국채보상운동에 여성이 참여하는 것은 당연하다. 넷째, 자손들을 일본의 노예로 만들지 않기 위해 남녀가 목숨을 바쳐 국권을 회복해야 하는데 이를 위해 먼저 국채를 갚아야 한다. 다섯째, 남녀가 분투하여 국권을 회복하고 남녀가 평등한 국민으로 생활하자는 비전을 제시했다. 이준은 전국의 국채보상운동을 이끌던 지도자로 이준의 활동은 많은 이들에게 영향을 주었거나 공감대를 형성했다.[84]

이준의 강연에서 중요한 것은 이준의 부실이 이일정이라는 것이다. 이일정은 1904년 12월 공진회 탄압사건으로 회장이었던 이준이 체포되자 이에 격렬히 항의하는 연설을 하고 청원서를 신문에 실으면서 공적인 활동을 시작했다. 1905년에는 안현상점을 열어 운영하였으며 1906년에는 여자교육회 토론회에 참석하고 잠시 부총무를 맡기도 하는 등 활발한 활동을 벌였다. 일본유학생단지사건에 기부하고 소감문을 기고하기도 했다. 국채보상운동에 의연금을 기부하였고 신소당이 운영하는 광동학교에 교감직을 맡아 학교 운영을 책임지기도 했다.[85]

이일정은 단체에 가입해 활동하지는 않았으나 개인적인 차원에서 신

84 김성은, 〈제2장 서울·경기지역 여성 국채보상운동〉《국채보상운동과 여성참여》(국채보상운동기념관 개관 10주년 기념 및 대구사학회 제 159회 발표회 발표집), (사)국채보상운동기념사업회, 2021, 7~8쪽.

85 《황성신문》 1904년 12월 27일·29일, 1907년 9월 12일; 《제국신문》 1905년 6월 16일·12월 19일, 1907년 9월 11일; 《만세보》 1906년 10월 12일·11월 2일; 《대한매일신보》 1907년 1월 16일·2월 19일·3월 27일·31일·5월 5일.

소당 못지않은 활동을 한 애국계동운동가였다. 대안동 국채보상부인회의 활동에 이일정이 직접적으로 관여하지는 않았지만, 이일정 · 이준 · 신소당과의 연관성이 있음이 짐작된다.

대안동 국채보상부인회는 초기 회원들이 집집마다 찾아다니며 국채보상 의연금 납부를 독려했다.[86] 국채보상부인회의 활동은 서울뿐 아니라 경기지역에서도 여성국채보상운동의 주축을 이루었다. 이는 경기지역 여성들이 의연금을 수합하여 국채보상부인회에 보낸 것으로 알 수 있다.[87]

2) 부인감찬회

1907년 2월 28일에 서울에서 조직된 부인감찬회는 김일당 · 김석자 · 박회당 등 부실들이 중심이 되어 발기되었다. 시기상으로 대안동 국채보상부인회보다 먼저 조직되었다.[88]

〈여인감찬회 발기〉[89]

> 이낙용 씨의 부실 김일당과 최영년의 부실 김석자, 이효백의 부실 박회당 세 사람이 각처에서 국채보상금을 모집하는 일에 대하여 분발하는 마음이 생겨 감찬회를 특별히 설립하고, 의연금을 모집하기 위해 발표한 안내문

86 박용옥, 앞의 글, 1968, 657쪽.

87 《대한매일신보》 1907년 3월 23일 기사에 강화군 길상면 초지동에 사는 민준식의 부인 장씨는 대안동부인총회로 의연금을 보냈다는 내용, 《만세보》 1907년 3월 23일기사에 영평군(현재 경기도 포천)에 사는 30여 명의 여성들은 수합한 의연금을 국채보상부인회로 송금했다는 내용, 《만세보》 1907년 3월 29일 기사에 삼마동 왕유식의 집에 모인 여성들이 수합한 의연금을 국채보상부인회로 보냈다는 내용 등이 있다.

88 이배용 · 전미란 · 최숙경 · 조형 · 박진숙 · 안연선, 〈한국여성사 정립을 위한 여성인물 유형연구 Ⅱ〉 《여성학논집》 8, 1991, 24~26쪽.

89 〈婦人減餐會發起〉 《만세보》 1907년 3월 2일.

은 본보 별항에 게재하였거니와, 남녀 막론하고 아침 저녁 식사에 대하여 배를 채우려는 생각을 하는 것은 사람으로서 당연한 생각이겠지만 이번에 이 부인들은 먹을 것을 반으로 줄이니, 남자의 흡연을 단절하는 일도 용단성이 없지 않다고 찬양이 자자하지만, 이 부인들의 충성 애국의 심성과 과단성이 뜻 있는 남자에 비하여 한 층 더 흠모 숭앙할 일이라 하노라.

부인감찬회는 아침저녁으로 밥을 할 때 조금씩 덜어낸 곡식을 모아 국채보상금으로 의연하자는 취지였다. 이들은 한 사람의 3개월간 쌀 소비량은 3말이므로, 그 반값인 한 말 반의 쌀값 2원 70전을 의연하고, 실행기간은 3개월, 2개월, 1개월 등 자신의 능력에 따라 자율적으로 참여할 것을 강조하였다. 그리고 발기인들은 먼저 3개월간의 감찬비를 출연하여 황성신문사로 보냈다. 또 많은 부인의 참여를 권고하는 부인감찬회는 경고문 500장과 영수증 3책을 정밀히 인쇄하여 3월 14일경에 황성신문사에 전하여, 경고문은 신문을 배포할 때 1장씩 끼워 전달케 하고, 영수증은 의연하는 부인에게만 선급하도록 부탁하였다. 부인들의 감찬減餐은 남자들의 단연보다 실천이 더 어렵고 많은 인내가 필요한 것이었으므로, 《대한매일신보》나 《만세보》는 부인들의 감찬이 애국심과 과단성에 있어 뜻 있는 남자들보다 훨씬 존경할 일이라고 높이 평가하였다.[90]

부인감찬회를 발기한 3인은 모두 일진회 간부들의 부실이었다. 비록 이들이 친일인사의 부실일지라도 국채를 상환하지 못하는 것이 국가와 민족의 존망과 관련되어 있음을 알기에 감찬회를 설립했다.

이밖에도 서울지역에서는 태의원 의녀 41인이 24원, 궁내부 기녀 40

90 〈婦人減餐會警告文〉《만세보》 1907년 3월 2일.

인이 24원을 의연하였고 약방 기생 39인이 신화 20여 원을 제국신문사에 납부하였다.[91] 기녀들이 중심이 되어 국채보상운동에 참가하기 위해 원일부인회를 조직하고 현금을 모금하기도 했다.[92]

국채보상운동 참여는 스스로에 의한 지위 향상은 물론 사회적인 인식을 바꾸는데 크게 이바지했다. 계백산인桂白山人은 여성들의 활약상에 찬사를 보냈다.

> 인천 일대 義婦와 열녀가 밥 먹을 때마다 음식을 줄이고 그 나머지를 모았다가 의연금으로 내놓았다. 또다시 남의 집을 찾아다니며 권면하고 인도하기를 마치 거지가 구걸하는 듯이 한다. 길에서 서로 만나는 사람 모두에게 무어라 무어라 말하는데 그 말을 들어보면 모두 국채보상이라 하고 그 안색을 보면 당황하는 모습이 쫓기는 사람과 같다. 한 곳이 이와 같은데 다른 곳이 어찌 홀로 그렇지 않겠는가. 곧 온 나라가 마치 미쳐서 마음에 병든 자와 같은데 시험삼아 묻노니 누가 그것을 주장한 것이며 시간은 장차 어디로 돌아갈 것인가. 붓을 잡고 글을 쓰려 함에 손이 떨리고 간담이 놀라서 어리석음이 백치와 같아지고 붓을 던지고 종이를 찢음에 몇 번이나 눈뜨고 숨만 쉬는 바보로 살고 싶지 않아서 이 인간 세상을 교화한 지가 오래되었다.[93]

20세기에 접어들면서 당대인은 군사적 제국주의가 지나가고 경제적 제국주의가 도래하고 있음을 감지하는 분위기였다. 제국주의 열강은 물

91 《황성신문》 1907년 2월 26일; 《제국신문》 1907년 2월 25일.
92 〈유시모 유시녀〉 《대한매일신보》 1907년 3월 28일; 박용옥, 앞의 책, 1984, 125쪽.
93 계백산인, 〈國債義捐現狀記〉 《대한매일신보》 1907년 3월 10일.

론 러일전쟁에서 승기를 잡은 일제는 차관 공세에 전력을 기울이는 형국이었다. 이집트나 베트남 망국사에 대한 관심 고조는 이와 같은 상황과 밀접한 관련성을 지닌다.

5. 맺음말

한반도에 밀려온 근대의 물결과 제국주의의 침략은 여성들에게 국민의 한 사람이 되기를 강요하였다. 여성들 또한 근대의 문물을 접하고 교육을 받게 되면서 사회진출에 대한 욕구가 커졌고 이는 1907년 시작된 국채보상운동으로 표출되었다.

개항과 개화는 남성들에게 문명개화의 지름길이 근대교육을 통한 인재양성임을 주지시켜 주었다. 이는 물론 여성들에게도 적용되어 남녀평등과 함께 여성교육의 필요성도 제기되었다. 이렇게 시작된 여성교육론은 여성들이 스스로 단체를 설립하고 여학교를 세우게 하는 원동력이었다.

여성들의 근대화에 대한 각성은 양반여성, 여학생, 신여성뿐만 아니라 그동안 소외되었던 여성들에게도 적용되었다. 애국계몽가들은 국권상실의 원인으로 인구의 절반인 여성이 자립하지 못함을 지적하였기 때문이다. 남성을 중심으로 하는 가부장적 질서 속에 일반 여성보다 더 차별받았던 부실이나 기생 등의 사회진출은 여성해방이라는 관점에서 그 의미가 크다.

국채보상운동은 남성 계몽가들을 중심으로 대구에서 시작되었으나 여성들이 적극적으로 동참하면서 운동을 한 차원 승화시키는 계기가 되었다. 여성들의 참여는 1907년 2월 23일 대구 남일동 부인 7명을 중심으로 조직된 폐물폐지부인회를 시작으로 전국으로 확대되었다.

남성들의 국채보상운동을 실천하는 핵심적인 방안은 단연이었다. 이에 비해 여성들은 일상사와 밀접하게 관계되고 곧바로 실행할 수 있는 방법으로 의연에 참여하였다. 여성국채보상운동 참여 방법에 따라 몇 가지로 분류하면, 첫째는 현금 의연형, 둘째는 패물 의연형, 셋째는 절미감찬 의연형, 기타 등으로 나눌 수 있다. 또한 여성들의 국채보상운동은 지역적으로도 조금씩 차이를 보인다. 이는 개화문명의 접촉도와 깊은 상관관계를 가지기 때문에 나타난 결과였다.

지방별 단체의 수는 정치·경제·문화·상공업의 중심도시와 항구도시라는 것과 관련이 있다. 즉 서울·평양·대구는 지금도 정치와 문화의 중심도시이며 인천·부산·창원 등지는 외래문물이 출입하는 항구도시였다. 강제병합 이전까지 한반도로 진출한 일본인들은 이러한 지역을 중심으로 거류민단을 조직하는 등 '침략의 첨병'으로 활용했다. 그들은 통감부이사청의 지원을 받으며 무소불위無所不爲와 같은 존재로 행세하였다. 침탈이 강화될수록 배일의식이나 항일의식은 고조될 수밖에 없는 현실이었다.

서울 여성들의 국채보상운동 참여에서 나타나는 가장 큰 특징은 대안동 국채보상부인회와 부인감찬회에서 알 수 있듯이 부실들의 활약이 두드러진다는 점이다. 축첩의 오랜 악습이 제기됨에도 여전히 남성들은 부실을 두어 자기의 재력과 힘을 과시했다. 가정 내에서도 비난과 차별의 대상이었던 부실들은 적극적으로 국채보상운동에 참여했다. 이는 국채보상운동 참여에서 남녀나 지위고하를 막론하고 사회구성원으로서 국민이 되었음을 보여준다.

평북 의주군 신동에 사는 기생 산홍은 대한매일신보사로 편지를 보내면서 국채보상에 참여한 동기를 밝혔다.

> 저는 의주의 천한 기생으로 시사에 골몰하다가 올해 나이 스물이 되어 학문과 지식에 힘쓰지 못함을 탄식하여 지난 달부터 여학교에 입학하여 공부하던 중에 소식을 들었습니다. 국채 1,300만 원에 대하여 일반 동포들이 술과 담배를 끊어서 다투어 의연금을 낸다고 하니 훌륭하다고 여겨서 본인도 비록 여자이지만 이천만 동포 중 한 사람으로서 의무로 신화 2원을 보냅니다. 국채보상에 1천만 분의 1이라도 보탬이 되기를 바랍니다.[94]

라고 자신의 담담한 심정을 밝혔다. 기생은 결코 "폐물이 아니라" 당당한 사회구성원임을 밝히는 '자기선언'이었다. 사회적인 암적인 존재라는 편견에서 벗어나 독립국가 건설에 참여하려는 의지는 여기에서 찾아진다.

여성단체에 의한 자발적인 의연금 모금은 당시 사회를 강타하는 '빅뉴스'였다. 가정부인이나 부실·기생 등 적극적인 활동은 상상을 넘어 충격이나 다름없었다. 사실상 변화는 현실에서 그대로 목격하는 현장이었다. 여성들의 참여와 '자기목소리'는 변화를 예고하는 전주곡이나 마찬가지였다.

94 〈義妓寄函〉《大韓每日申報》1907년 5월 3일.

제4장

국채보상운동 전개 과정에서 언론의 역할과 서울지역 의연 사례 보도 양상

박상준(독립기념관 한국독립운동사연구소 연구원)

1. 머리말

러일전쟁에서 승리한 일본은 독점적으로 대한제국을 지배할 수 있는 교두보를 확보하였다. 1905년 을사조약의 체결, 이듬해 통감부 설치가 진행되면서 대한제국에 대한 급격한 식민지화가 이루어져 갔다. 그러나 후발 자본주의로 출발한 일본은 자력으로 식민지를 경영할 여력이 없었고, 그 타개책 중 하나로 대한제국에 대한 차관공세를 통하여 필요한 재정을 확보하고자 하였다. 그리하여 1906년 12월 말경 대한제국의 부채는 정부 1년 예산 규모인 1,300만 원에 이르렀다.

경제적인 예속화에 대한 위기의식은 자발적인 의연금 모금으로 이어졌다. 국채는 반드시 갚아야 하는 국민의무로 인식될 만큼 사회적인 공감대가 형성되고 있었다. 3개월 단연斷煙은 사회구성원으로 당연히 참여해야 할 책무로서 강조되었다.

국망이라는 위기상황과 맞물려 국내외로 파급된 국채보상운동을 국민들에게 알리는 가장 주요한 역할을 한 것은 언론이었다. 언론사들은 국채보상운동 관련 여러 단체의 취지서를 게재하며 각 지역에서 국채보상운동이 일어났음을 알리는 한편, 다양한 형태의 기사를 보도하며 운동을 확산시켰다. 전국의 국채보상운동과 관련한 사례들을 소개하고 논설문을 통해 의견을 나타내고 의연금을 낸 사람들의 명단과 액수를 꾸준히 신문 광고로 게재하여 그 현황을 독자들에게 전달하였다. 국채보상운동의 천태만상이 당시 언론을 통해 드러났다.

이러한 이유로 국채보상운동을 다룬 대부분의 선행연구에서 언론 기사는 가장 주요한 사료로 활용되었다. 또한 그 중요성으로 언론 자체의 역할에 초점을 맞춘 연구 역시 진행되었다. 일찍이 최준은《대한매일신보》에 초점을 맞추어 국채보상운동 발생 당시 그 역할을 고찰한 바 있었으며,[1] 정진석 역시《대한매일신보》의 창간과 운영과정을 전체적으로 살피는 가운데 국채보상운동과의 연관성을 다루었다.[2] 또 이후 정진석은 기사보도, 의연금 수합 및 광고, 의연금 관리 과정에서 발생한 일련의 문제 등을 다루며 언론의 역할에 대한 연구를 심화시켰다.[3]

본고에서는 이러한 선행연구를 기반으로 국채보상운동 전개과정에서 언론의 역할과, 서울지역의 의연 사례를 어떻게 보도했는지에 대해 확인하는 차원에서 다음 세 가지 부분에 주목하고자 한다.

첫 번째는 언론이 국채보상운동을 보도하는 과정 속에서 어떠한 논리가 드러났는가에 대한 내용이다. 여기와 관련하여서는 먼저 국채보상운동의 신호탄이라 할 수 있었던 〈국채1,300만원보상취지〉와 곧바로 서울지역에서 발표된 〈국채보상기성회 취지서〉의 주요 함의를 들여다봄으로써 운동의 기본 이념을 확인할 필요가 있다. 그리고 이러한 취지서의 기초 아래에서 제기된 주장들을 비롯하여 그와는 다른 각도에서 제기된 다양한 견해, 그리고 고발성 성격을 가진 내용까지 여러 논설과 만평을 통해 살펴볼 필요성 역시 있다고 여겨진다.

두 번째로 서울지역 내 언론사에 의해 설립되어 국채보상운동과 국민들의 매개 역할을 한 단체 관련 부분이다. 국채보상운동이 전개되는 과정에서 여러 언론사들은 단순히 운동에 대한 캠페인 역할을 한 것만이 아

1 崔俊,〈國債報償운동과 프레스·캠페인〉《백산학보》3, 1967.

2 鄭晋錫,《大韓每日申報와 裵說》, 나남, 1987.

3 鄭晋錫,〈國債報償運動과 言論의 역할〉《한국민족운동사연구》8, 1993.

니었다. 이들은 수합소를 설치하여 모인 의연금을 관리·정산하고, 또 그것을 광고로 연결하는 일련의 과정을 자체적으로 수행할 수 있는 유일한 기관이었다. 이러한 의미와 중요성으로 지금까지 국채보상운동과 관련한 많은 연구에서 언론사와 연관을 맺은 단체에 대해 언급하여 왔다. 따라서 여기에서는 그러한 선행연구의 내용들을 재정리하고 미흡한 내용을 조금이나마 보완·해석하는 측면에서 대한매일신보사의 '국채보상지원금총합소(이하 총합소)'와, 황성신문사의 '국채보상중앙의무사(이하 중앙의무사)'에 대해 서술해 보고자 한다. 두 단체는 언론사 내에 설치된 수합기관 가운데서도 보다 체계화된 조직과 관리 체계를 갖추고 활동을 해나간 조직으로, 서울지역 내 국채보상운동을 이끈 주요한 축이라 할 수 있었다.[4] 또 이들 상호간에는 일정한 알력관계가 형성되기도 하였는데, 이러한 관계성에도 주목해 볼 필요가 있다.

마지막으로 의연 사례 기사들을 통해 언론사들의 서울지역 국채보상운동 보도양상과 더불어, 운동의 추이를 확인해 보는 부분이다. 특히 후자와 관련하여 국채보상운동의 양상을 시공간적 각도에서 분석한 한상구는 운동이 사실상 7월 하순까지 진행되었다고 주장한 바 있다.[5] 그는 의연 활

---

4 이들 외에도 여러 언론사들은 사내에 수합소를 운영하였다. 만세보사는 國債報償西道義成會 수합소 설치를 비롯해 의연금을 수합하는 역할을 하였다. 1907년 4월 11일까지 만세보사에 모인 금액은 총 257원 2전이었는데, 이후 만세보사는 "일을 도우는 의무는 따르지만 수금하는 일은 각 발기소가 본래부터 있으니 본사에서 수금하지 않아도 관계가 없다."는 이유로 수금을 중지하고, 단 광고하는 일에 대해서는 호응할 것을 발표하였다(〈國債報償西道義成會趣旨書〉《만세보》 1907년 3월 28일; 〈社告〉《만세보》 1907년 4월 12일). 또한 제국신문사 역시 수합소를 운영하였고, 심지어 일진회의 기관지였던 국민신보사 내에도 수합소가 설치되었다(엄창옥, 〈국내 국채보상운동의 기반과 성격〉《국채보상운동과 여성구국운동의 재조명》, 천지당, 2017, 67쪽).

5 한상구, 〈1907년 국채보상운동의 전국적 전개양상 연구〉《인문연구》 75, 2015, 135~

동과 이것이 기사로 보도되는 시점 간에는 시간차가 거의 없다는 전제하에서 의연 사례 기사는 8월에 접어들어 급감한다는 점과 8월 이후의 의연명단 기사에 나와 있는 내용들 중 많은 수가 이전 시점의 의연 사례 기사에서 확인되는 사실에 주목하였다. 따라서 8월 이후 보도된 의연명단 기사는 7월 이전의 의연 결과가 지체된 보도로 판단하며, 지역 간 차이는 있겠으나 전국적 차원의 국채보상운동은 7월 하순까지 진행되었다는 것이 주장의 주요 논지였다. 따라서 한상구의 이러한 분석 방법에 착안하여 서울지역의 의연 사례 기사 수를 시기별로 정리해 보면, 그 결과에서 나타나는 흐름을 통해 서울지역 국채보상운동의 추이를 확인하는 것이 가능할 것이다.

본고에서 살펴보고자 하는 언론은 《대한매일신보》·《만세보》·《제국신문》·《황성신문》이다. 이 4개의 일간지는 국채보상운동 전개 과정에서 다른 신문들에 비해 활발한 보도,[6] 수합소 설립 등의 활동을 통해 뚜렷한

136쪽. 한편 이와 같은 해석은 국채보상운동의 쇠퇴 원인과 관련된 문제로 이어진다. 정진석의 연구를 비롯하여 이제까지 국채보상운동에 대해 진행된 과거의 많은 선행 연구에서는 베델과 梁起鐸에 대한 일제의 탄압이 주요 요인으로 작용하여 운동이 무산 내지는 위축되었다고 해석하였다(愼鏞廈, 〈愛國啓蒙運動에서 본 國債報償運動〉《한국민족운동사연구》 8, 1993; 李尙根, 〈京畿地域 國債報償運動에 관한 연구〉《한국민족운동사연구》 24, 2000; 김상기, 〈한말 국채보상운동의 전개와 이념〉《충청문화연구》 10, 2013 등). 그러나 베델이 통감부의 압력으로 영국영사관에서 6개월의 근신명령을 받은 것은 1907년 10월, 3주의 금고형을 언도받은 것은 이듬해인 1908년 6월이었으며, 양기탁이 구속된 시기는 같은 해 7월이었다. 즉 국채보상운동이 하향곡선을 그리고 있던 시점과 일제가 베델과 양기탁을 탄압한 시점과는 시기상으로 상당한 간격이 있었기 때문에 양자를 인과관계로 규정하기에는 무리가 있는 것이다.

6 국채보상기념사업회에서 제공하는 국채보상운동 디지털 아카이브(gukchae-archive.org)에서는 16개 종류의 신문에서 보도한 총 3,822건의 기사 가운데 위 4개 신문의 건수를 총 3,591건(대한매일신보 2,006건/황성신문 1,126건/만세보 389건/제국신문 70건)으로 통계하고 있는데, 이는 전체의 94%에 달하는 비율이다. 다만 위 통계가 국

존재감을 드러내었다. 따라서 서울지역 국채보상운동의 양상과 특징을 밝혀내는 데 가장 유효한 신문이라 여겨진다.

2. 언론의 국채보상운동 보도 논리

1) 운동 초기 주요 취지서의 내용과 성격

국채보상운동에 대한 언론의 최초 보도는 이 운동의 발단이라 할 수 있는 대구광문사大邱廣文社에서의 특별회에 대해 1907년 2월 16일《제국신문》이 다룬 기사였다.《제국신문》은 잡보 기사를 통해 대동광문회大東廣文會라 개칭된 모임에서 회원 서상돈이 담배를 끊고 그 대금으로 국채를 보상할 것을 제의하자, 사장 김광제를 비롯한 회원들이 그에 찬동하여 돈을 각출하였다는 내용을 알렸다.[7]

이어 21일《대한매일신보》는 〈국채1,300만원보상취지〉 전문을 지면에 실으면서 국채보상운동이 본격적으로 시작되자 이를 전국적으로 알리는 역할을 하였다.

> 대구광문사장 김광제·서상돈 씨 등 공문
>
> 삼가 아룁니다. 신민이 된 자가 충의를 숭상하면 그 나라는 흥하고 백성은 편안하며, 충의가 없으면 그 나라는 망하고 백성은 없어지는 것은 다만 고금의 역사가 아니더라도 분명하게 증거할 수 있습니다. 지금 유럽에서 부

채보상운동 관련 기사에 대한 완전한 전수라고는 보기 어려워 실제와는 일정 정도 차이가 있을 것으로 판단된다.

7 〈國債報償計〉《제국신문》 1907년 2월 16일.

강한 나라와 멸망한 나라가, 충의를 숭상하는 것이 어떠하였는가에 따라 결정되지 않은 것이 없었습니다. 옛날의 역대 역사와 먼 유럽의 경우에도 오히려 이와 같은데 지극히 가까운 우리 동양의 최근 일을 살펴보아도 눈으로 직접 볼 수 있는 것이 있으니 바로 일본이 그것입니다. 지난 번 (일본이) 청나라와 러시아와 전쟁을 한 것은 작은 나라가 큰 나라를 이긴 것이었습니다. 병사들은 죽을 각오로, 부대는 결사적으로 싸우려는 마음을 가져서 피와 살이 날리는 싸움터를 낙원으로 가는 듯이 하였으며, 집에 있는 백성들은 신을 만들어서 팔고 여자들은 반지를 모아서 전쟁의 비용으로 보내어 마침내 동서양 역사상에서 비교할 수 없는 전공을 세워서 빛나는 위엄이 온 세상에 진동하게 하였던 것입니다. 이러한 일은 오천만 민족 구성원 각각의 뜨거운 정성이 충의에서 나온 까닭입니다. 어찌 아름답고 본받을 만하지 않습니까? (중략) 근세의 새로운 역사를 보십시오. 나라가 망하면 민족은 이어서 모두 죽으니 이집트와 월남, 폴란드에서 모두 증명할 수 있습니다. 다만 자신의 몸과 가정이 있는 줄만 알고 임금과 나라가 있는 줄 알지 못하면 이것은 곧 스스로 함정에 빠지고 자멸하는 것이 됩니다. 지금의 상황에 당하여 정신을 가다듬어 충의를 분발해야 할 바로 그 때가 아니겠습니까? 지금 나라 빚 1,300만 원은 곧 우리 대한의 존망에 관계된 일입니다. 갚으면 나라를 보존할 수 있고 갚지 못하면 나라가 망하게 되는 것은 필연적인 이치입니다. 현재 국고는 빚을 갚기 어려운 형편입니다. 그러므로 삼천리 강토는 장차 내 나라의 소유도 내 백성의 소유도 아닌 게 될 것입니다. 국토를 한 번 잃어버리게 되면 회복할 방법이 없을 뿐만 아니라 월남 등 망국 백성의 처지를 어찌 벗어날 수 있겠습니까?

이 채무에 대하여 일반 국민들은, 의무로써 말한다면 "알지 못하겠다."라고 하는 것은 옳지 못한 일이고, 時勢로써 말한다면 "갚지 못하겠다."라고

하는 것도 옳지 못한 일입니다. 다만 보상할 한 가지 방법이 있으니 능히 수고롭지도 않고 손해도 아니면서 재물을 모으는 방법입니다. 가령 2,000만 동포가 3개월 동안까지 담배를 끊고서 그 대금을 한 명당 매달 20전씩 징수하면 대강 계산하여 1,300만 원이 될 수 있습니다. 설사 채워지지 않은 것이 있더라도 1원부터 10원, 100원, 1,000원씩 특별히 기부하는 사람이 있을 것입니다. 사람이 당연히 해야 할 의무이니 이에 잠시 결심하는 것을 일본의 결사대와 신을 삼는 백성과 반지를 모으는 부녀의 일과 비교한다면 무엇이 무겁고 무엇이 가벼우며, 무엇이 어렵고 무엇이 쉽겠습니까? 아! 우리 2천만 동포 가운데 털끝만큼의 애국심이 있는 사람이라면 반드시 두 마음을 갖지 않을 것입니다.[8]

국채보상운동을 주도한 대구광문사 회원들은 제국주의 열강의 침략으로 망국한 사례를 반면교사로 삼아 국채 상환이 긴급한 현안임을 강조하였다. 국가가 민족의 필요조건임을 국민들에게 환기시키며 경종을 울리고자 한 것이다. 이와 같은 제국주의의 팽창 속에서 나타난 약소국의 교훈은 이미 국채보상운동이 시작되기 이전부터 대한제국 사회에서 지각되고 있는 부분이었다. 대표적으로 1905~1906년 사이에 국내에 전파된《애급근세사埃及近世史》나[9]《월남망국사越南亡國史》[10] 등은 지식인을 비롯한 대중

8 〈國債一千三百萬圓報償趣旨〉《대한매일신보》 1907년 2월 21일.

9 《애급근세사》 번역본의 서문을 집필한 박은식은 여기에서 "이집트가 오늘에 이르러 타인의 노예가 된 것은 무엇이오? 외채 도입으로 인해 호랑이를 끌어들임이 국권을 잃게 하여 이에 이르렀으니, 천하의 후세 독자들 또한 凜然히 두려워해야 한다."라고 서술하면서 외채의 위험성을 강조하였다(張志淵 譯,《埃及近世史》序, 1905, 4쪽).

10 현채가 번역한《월남망국사》는 약소국을 침략하는 열강의 방책을 소개하면서 국채의 위험성을 명확하게 언급하고 있었다. 한편 국채보상운동의 발기인 중에는《월남망국

들에게 반응을 불러일으키며 경각심을 가져다주고 있었다.

그러나 역설적으로 국가 부채의 근원인 일본에 대해서는 호의적 시각을 나타냈다. 국채보상운동의 필요성을 제기하는데 있어 일제의 침략성을 언급하는 대신, 오히려 국민들의 일치단결을 본받아야 할 모델로 제시하였다. 을사조약 이후 대한제국에 대한 일제의 식민지화가 가속화되고 국가 위기를 타개하기 위한 주장이 이루어지는 속에서 이와 같은 대목을 담고 있다는 사실은 새삼 주목해 봐야 할 부분이다. 이와 같이 국채보상운동을 강조하는 가운데서도 일본을 우호적으로 보는 시각은 이후 기사에서 종종 등장한다.

한편 〈국채1,300만원보상취지〉는 국채를 상환하는 구체적 방안으로 3개월 단연을 제시하였다. 그리고 그 실천의 대상으로서 '국민'을 설정하고 국민의 의무를 강조하고자 하였다. 이와 같은 〈국채1,300만원보상취지〉에서 나타난 국민의 의무와 관련한 논리는 이후 여러 취지서, 논설문 등에서 언급되며 국채보상운동의 길잡이 역할을 하게 된다.

2월 21일 〈국채1,300만원보상취지〉가 《대한매일신보》에 보도된 이튿날인 22일 서울에서는 한성사범학교 교관 김성희金成喜, 한성우체사 주사 출신 유문상劉文相 등 24명이 발기하여 국채보상기성회를 설립하였다. 국채보상기성회에서 취지서가 발표되자 《황성신문》·《만세보》·《대한매일신보》 세 신문은 이를 25일부터 27일 간에 차례대로 게재하였다. 다음은

사》의 번역·유통과 밀접하게 관련된 인사들이 많았다. 대구지역에서는 김광제와 서상돈을 비롯해 대구본의 서문을 쓴 장상철 등이 대표적으로, 여기에 따라 현채본이 대구광문사에서 발행되어 대구지역의 수요를 감당하기도 하였다. 그런가 하면 1907년에 간행된 한글번역본의 번역자 이상익, 교열자 현공렴은 서울지역 국채보상기성회의 주도적 발기인이었다(강영심, 〈1900년대 동아시아의 《越南亡國史》 유통과 수용--한국, 중국, 월남을 중심으로-〉《이화사학연구》 49, 2014, 106~107쪽).

〈국채보상기성회 취지서〉의 내용이다.

> 예전에 영국·프랑스가 이집트에 돈을 빌려 줄 때 초심이 어찌 재앙을 주려고 한 것이리오마는, 다만 빚을 얻은 이들의 일처리가 옳지 못하여 남의 나라 땅이 되었으니 (중략) 그러나 지금 우리 2,000만 국민들이 가령 한 사람이 1원씩 낸다면 2,000만 원이 될 것이오, 만약 50전씩 낸다면 1,000만 원이 될 것이니, 이렇게 하여 남에게 진 빚을 갚을 수 있지 않겠는가? 또 의연금을 내는 방법이 원하는 액수의 많고 적음에 따라 한 번에 내겠다는 사람은 편한 대로 하는 것은 참으로 말할 것도 없음이오. 그 나머지는 곧 달이나 분기로 나누어 매번 5전 10전 등 차이가 있더라도 마지막에는 나의 역량대로 내고 마친다면 어찌 묘하고도 쉬운 방법이 아니겠는가? (중략) 이에 우리들이 멀리 동래와 대구 등의 여러 분들과 함께 하나로 뭉쳐 이 회會를 조직하니 이름하여 국채보상기성회라. 이에 우리 동포들에게 널리 알려 우리 국민들의 의무를 다하기를 바라니, 아! 나라가 망하면 국민도 망하니 힘쓰자, 우리 동포들이여! 또 얼마의 때를 기다려 나라의 모든 빚을 갚은 뒤에, 세계 제일의 향기롭고 아름다운 담배 수천만 개비를 사서 온 국민 남녀노소가 바람결에 담배 한번 피면서 우리의 맑은 흥을 풀어보는 것이 어떠리오?
>
> 1. 본회는 일본에 대하여 국채 1,300만 원을 보상하는 것을 목적으로 함.
> 1. 보상 방법은 일반 국민의 의연금을 모집함. 단 금액은 많고 적음에 구애받지 않음.
> 1. 본회에 의연금을 납부한 사람은 본회의 회원으로 인정하고, 성명과 금액을 신문에 공고함.
> 1. 본회와 목적이 같은 각 단체는 서로 연합하여 목적을 이룰 것을 힘써 도

모함.

1. 의연금은 모아서 위의 금액에 이르기까지 믿을 만한 우리나라의 은행에 맡겨둠. 다만 수합된 돈은 매월 말에 신문에 공고함.

1. 본회는 목적을 달성한 뒤에 해산함 (중략)

수전소는 아래와 같음.

중서 전동 12통 1호, 보성관 안 야뢰보관 임시사무소

중서 포병 아래 광학서관 김상만

남대문 밖 도동 건재약국 유한모

서서 석정동 대한매일신보사

남대문 안 상동 청년학원사무소

남서 대광교 37통 4호 서포 고유상

중서 파조교 건너편 중앙서포 주한영[11]

〈국채보상기성회 취지서〉 역시 부채로 인한 망국의 사례, 십시일반을 통한 부채 상환, 그리고 국민의 의무를 언급하며 〈국채1,300만원보상취지〉와 핵심 내용을 같이 하였다. 대구에서 일어난 국채보상운동의 취지를 그대로 좇아 서울지역에서도 움직임을 확산시키고자 했음을 알 수 있다. 특히 이 가운데서도 '국민'이라는 개념은 종래 조선시대의 '백성'과 비교하여 훨씬 더 근대적인 의미를 갖고 있다는 점에서 특별함을 지녔다. 을사조약을 전후로 국채보상운동기에 이르러 사용 빈도가 크게 늘어난 '국민' 개념은 국가의 구성원, 국가에 대한 의무를 부담해야 할 주체, 위기의 국가를 구해야할 주권자 등으로 구체화된 것이었다. 따라서 국채보상운동

11 〈國債報償期成會趣旨書〉《황성신문》 1907년 2월 25일.

에 있어서 국민은 그 이전의 국가 구성원과는 그 위상이나 임무나 역할이 크게 다를 수밖에 없었다.[12]

이러한 국민에 대한 인식은 앞선 동학농민운동과 독립협회의 활동 등을 거치며 성장한 근대적 민권의식의 산물이었다. 즉 그것은 '왕이 국가의 주인'이라는 과거의 봉건적 국가관에서 '국민이 국가의 주체'가 되는 근대국가로 이행하려는 과정의 단면을 보여주고 있었다. 그리고 국채보상운동이 성별·신분·직업·빈부의 구분 없이 모든 계층을 아우르는 가운데 대중적 운동으로 발전하면서 당시 사회의 민권의식을 한층 성장시키는 계기가 된다.

한편 수금소 가운데 대한매일신보사가 포함되어 있다는 사실에서 알 수 있듯이 국채보상기성회는 설립 시기부터 대한매일신보사와 그 움직임을 함께하고 있었다.[13] 1907년 3월 2일 통감부 농상공부총장 기우치 주시로[木內重四郎]도 이토 히로부미[伊藤博文]에게 국채보상기성회에 대해 "배설이 주필인 매일신보(대한매일신보)도 역시 크게 고취시킴에 따라 일반인심은 크게 이를 환영하고 왕성히 의연금에 응하는 자가 있다."[14]라고 보고하면서 두 단체가 연관을 맺고 있음을 인지하였다. 또 이와 관련하여《대한매일신보》에는 각지의 의연명단 광고와는 별도로 〈국채보상기성회 의연금 광고〉라는 제목의 광고가 실렸다. 광고는 3월 16일부터 4월 4일까지《대한매일신보》에 게재되었으나 지면이 부족하여 광고가 적체되자 이후에는

12 박영석, 〈국채보상운동의 근대국가 정치사상-국권론과 민권론을 중심으로-〉, 경북대학교 박사학위논문, 2017, 174~191쪽.

13 이후 대한매일신보사 내에 총합소가 설치되자 4월 29일 국채보상기성회는 수금소로서 이 곳을 폐지한다(〈特別廣告〉《황성신문》1907년 4월 29일).

14 〈國債報還期成會 發足에 관한 件〉 1907년 3월 2일(국사편찬위원회 편,《통감부문서》 2, 1998).

기우치 주시로가 이토 히로부미에게 국채보상기성회에 대해 보고한 통감부문서

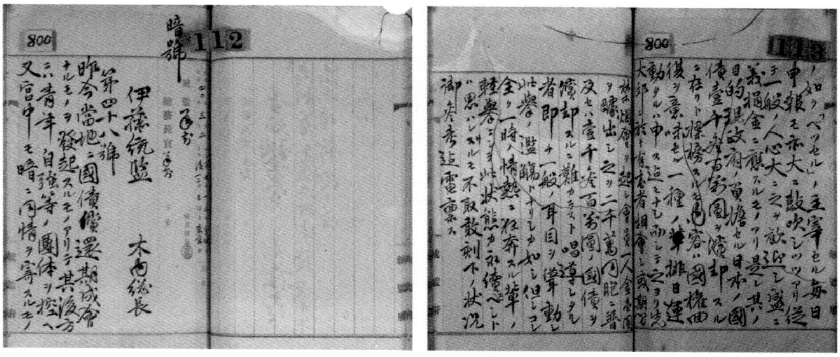

출처: 《통감부문서》 1907년 3월 2일.

《만세보》에서 광고를 내었다.[15] 이와 같은 《대한매일신보》·《만세보》 등과 국채보상기성회 간의 협동은 서울지역에서 국채보상운동이 일어났을 때 언론사들이 적극적인 방법으로 개입하고 있었음을 의미한다.

2) 논설문·만평에 나타난 논지와 특징

취지서를 시작으로 국민들 사이에서 국채보상운동의 움직임이 나타나기 시작하자 각 신문사는 솔선하여 국채보상운동의 확산에 앞장서고자 했다. 대표적으로 대한매일신보사원들은 단연을 선언하며 운동에 동참하고자 하였다.[16] 그런가 하면 신문을 통해서는 결연한 논설문을 통해 독자들을 계도하고자 하였다. 2월 21일 〈국채1,300만원보상취지〉가 발표되어 국채보상운동이 사회에 알려진 이후 《황성신문》에서는 2월 25일 〈단연보국채斷烟報國債〉[17]라는 제목의 논설문을 게재하였다. 〈단연보국채〉는 〈국채

15 〈特別廣告〉 《만세보》 1907년 4월 2일. 《만세보》의 광고는 6월 2일까지 지속되었다.
16 〈本社斷烟〉 《대한매일신보》 1907년 2월 27일.

1,300만원보상취지〉의 발표로 국채보상운동이 사회에 알려진 이후 사실상 최초의 논설문이라는 점에서 그 의미를 가지고 있다. 또한 〈단연보국채〉를 시작으로 각 신문에서 여러 논설문들이 차례로 실렸다는 점으로 볼 때, 국채보상운동이 사회적 이슈로 부각되는 데 촉매제 역할을 한 글이기도 하였다. 〈단연보국채〉의 주요 내용은 다음과 같다.

> 대한 광무 11년 새 봄의 제일 좋은 소식이 하늘에서 온 복음을 외쳐 전하는도다. (중략) 다른 소식이 아니라 곧 대구광문사 부회장 서상돈 씨 등의 단연동맹한 좋은 소식이로다. 단연동맹이 무엇을 하는 것이며 이 일이 어찌하여 좋은 소식이 되는고, 우리 2,000만 형제들아, 다 함께 귀를 기울이고 들을지어다. 내가 한바탕 설명할 것이니. 그것은 곧 광무 9·10 양년의 국채 1,300만 환의 차용은 누구나 다 아는 일이라 반드시 덧붙여 말할 것이 없거니와, 오직 이 1,300만 환의 상환이 과연 누구의 책임인고. 이것은 빚을 피하는 억만 丈의 담장을 높이 쌓는다 할지라도 우리 국민으로서는

17 〈단연보국채〉의 필자가 누구인지에 대해서는 연구자 간에 차이가 있다. 이동언은 국채보상운동의 전개 과정을 서술하는 과정에서 이 논설이 장지연에 의해 쓰여졌다고 언급한 바 있다(이동언, 〈김광제의 생애와 국권회복운동〉《한국독립운동사연구》 12, 한국독립운동사연구소, 1998, 137쪽). 반면 박정규는 〈단연보국채〉의 문체가 신채호의 특유한 논설 문체와 같다는 점, 일제 통감부의 비밀문서에 1907년에 신채호가 황성신문사에 논설 주필로 재직한 사실을 알려주는 기록이 새로 발견됐다는 점, 현대의 서사시를 연상하게 하는 형식으로 되어 있는 바 신채호는 논설문 전체를 시나 가사로 쓴 논객이었다는 점, 논설에 나오는 문구 '대한독립사 제1권 제1장'은 신채호가 쓴 것으로 확인된 논설에 몇 번 등장한다는 점 등을 들어 그것이 신채호에 의해 쓰여졌다고 주장하였다(박정규 외 편, 《단재 신채호》, 단재문화예술제전추진위원회, 2006, 67쪽). 이후 김주현은 박정규의 주장을 심화시켜 〈단연보국채〉에 나타난 수사적 표현 등을 신채호의 다른 글들과 구체적으로 비교분석을 함으로써 이것이 같은 필자에 의해 쓰여졌음을 실증하고자 하였다(김주현, 〈《황성신문》 논설과 단재 신채호〉《어문학》 101, 2008, 3장 1절 참조).

피할 수 없는 장래의 한 가지 큰일이다. 원래 이것은 우리민족의 마땅한 소임으로 상환해야할 것이니 올해 갚지 못하면 내년에 누가 우리의 빚을 갚을 것이며, 내년에 갚지 못하면 또 그 내년에 누가 갚으리오. (중략) 전국 300여 고을에 반드시 대구에서만 이런 남자들이 나올 것이 아니요. 동포 2,000만 명에 반드시 서씨 등 몇 사람만이 이런 뜻과 기개를 품고 있는 것이 아니다. 나는 감히 믿는다. 이 기회가 한 번의 움직임에 온 나라가 향응하여 장차 이 6대주 여러 나라로 우리 대한국을 존경하여 복종하지 않는 곳이 없고, 5종의 민족으로 모두들 우리 대한인을 숭배하지 않는 자가 없어 곧 20세기 오늘의 세계에 대한국민의 명예와 성가가 온 지구상에 환하게 비치게 되리니 (중략) 곧 후일 대한 독립사 첫머리 제1장에 대서특필하여 해와 별처럼 높이 받들 것이 이 단연 동맹회의 서상돈 등 제씨가 아니겠는가? 우리나라 안에서 하늘을 머리에 이고 땅을 발로 밟는 무리는 이 좋은 소식을 듣고 이 좋은 기회를 타서 국민의 의무를 잃지 말아야 할 것이다.[19]

〈단연보국채〉에서는 외채를 상환하고자 하는 노력이 한국의 명예를 드높이는 숭고한 행위이며, 이는 세계 만국의 귀감이 되는 한편 한국 독립사에도 기념될 만한 일이라고 언급하고 있다. 또한 앞서 살펴봤던 〈국채 1,300만원보상취지〉, 〈국채보상기성회 취지서〉와 마찬가지로 '국민의 의무'를 명시하면서 그것이 마땅히 행하여야 할 당위성을 역설하였다.

《제국신문》과 《만세보》에서 2월 하순에 낸 논설문 역시 비슷한 문구를 담고 있었다.

18 〈斷烟報國債〉《황성신문》 1907년 2월 25일.

〈단연보국채〉 논설 기사

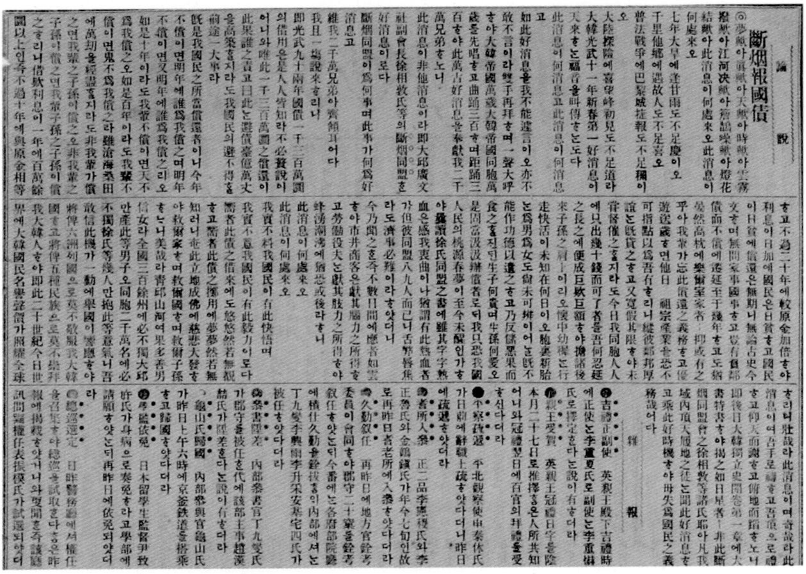
論說

斷烟報國債

출처: 《황성신문》 1907년 2월 25일.

우리가 늘 국가 일에 대하여 근심하고 있기를 마지않는 것은 나라형세가 이 지경이 되었다. 우리 전국 인민의 합심이 되지 못함으로 인하여 국민의 의무를 다 잃어버리고, 국민의 의무를 직시하지 못함으로 인민의 자유·권리를 얻지 못하여 국가가 쇠퇴하고 인종이 점점 소멸하는 재앙을 면치 못하리라고 누누이 설명하는 바이다. 근일에 이르러서 전국 각처의 유지인사들이 종종 공론하기를 국가나 사람이나 빚지고는 살 수 없으니 우리 인민이 매 명 1원씩만 出義하면 국채도 갚을 터이오.[19]

19 〈독립긔초가 보이는일〉《제국신문》 1907년 2월 25일.

국채는 정당한 필요가 있어서 빌려 사용하는 것인 즉, 국가에 이익이 되고 인민에게 이익이 되는 점이 있음을 오늘날 장황하게 말하는 것이 옳지 않을 것입니다. 그러나 본 금액을 사용한 것에 대하여 진보 상 필요에 관계가 있다 하여도 허비한 것으로 귀착이 되었고 재물이 불어난 것이 없은 즉, 미래에 빚을 갚을 기약이 아득합니다. 국고가 텅 비었으니, 빚돈을 빌려 쓴 정부에서 언제 돈을 융통하여 한꺼번에 빚을 깨끗이 갚을 방도가 있겠습니까? 그러하니 국채는 어느 때든지 국민이 부담하여야 할 책임입니다. 실력양성하기를 기다려서 갚아도 국민의 책임이요, 세액을 늘려서 갚아도 국민의 책임이요, 의연금을 갹출하여 직접 갚더라도 국민의 책임이니, 우리 대한의 인구가 2,000만이라고 모두 일컬은 즉, 본국이 빚진 돈 1,300만 환에 대하여 각 한 사람에게 분배하면 65전씩입니다. (중략) 국민의 의무에 복종하는 지식이 여기에 도달한 것은 과연 일찍이 의도하지 못한 바입니다. 대저 시종일관하여 이 목적을 이루는 날에는 우리들이 찬송할 뿐만 아니라 세계의 찬송이 높을 것입니다.[20]

위 논설문들도 국채와 '국민의 의무'를 결부지어 언급하는 한편, 단결을 통해 의연을 이루어 낼 수 있음을 강조하고 있다. 이와 같은 국채보상운동의 필요성을 내세우는 논설문들의 일관된 논리는 국채보상운동을 최초로 알리는 시초였던 〈국채1,300만원보상취지〉, 〈국채보상기성회 취지서〉가 국채보상운동의 가장 기본이 되는 정신과 지침을 담고 있었음을 재확인 시켜주는 부분이라 할 수 있겠다.

또 그런가 하면 《대한매일신보》에서는 같은 날 신문사의 회계를 맡고

20 〈國債償還義金募集〉《만세보》 1907년 2월 28일.

있던 심의철沈宜哲[21]에 의해 〈국채보상에 대하여 동포에게 경고함〉이라는 제목의 논설문이 처음으로 기고되었다. 그는 여기에서 "나라의 토지와 재산을 빼앗기고 나면 우리가 어떻게 생활할 수 있을 것"이며, "무명옷을 입고 죽을 먹고 걸어다니고 술과 담배를 다 끊어도, 아무 어려움과 부끄러움과 해로움이 없을 것이다."라고 강조하며 국민들의 결심을 촉구하였다.[22]

국채보상운동에 대한 논설문은 위와 같이 대중들을 고무시키는 글들이 주를 이루었지만 그와는 다른 차원에서 다양한 의견들이 나타나기도 하였다. 우선 국채보상운동이 일제의 차관공세로 비롯되어 민족운동의 취지에서 전개되었지만, 그것을 독려하는 과정에서 일제에 우호적이거나 반감과는 무관하다는 시각이 나타났다는 사실을 짚어볼 필요가 있다. 이러한 논지는 당시 국내외 일본 언론을 필두로 하여 제기된 국채보상운동의 부정적 인식에 대한 일종의 반박이자 해명이었다.[23] 예컨대 3월 7일자 《황성신문》 "자국민을 던져 넣고 전국의 돈을 없애면서 청나라와 싸우고 러시아를 물리치면서 매번 한국의 독립을 보호"하는 우방의 존재로 표현

21 1907년 1월 19일 통감부에서 외무차관 앞으로 발신된 〈機密統發〉 제8호 문서에 심의철의 직책이 회계로 되어있다.

22 〈國債報償의對ᄒᆞ야敬告同胞〉《대한매일신보》 1907년 2월 28일.

23 대표적으로 在인천 일본인들에 의해 운영된《조선신보》에서는 국채보상기성회 설립에 대해 "비록 善하지만 그 속 마음은 자못 꺼려지는 것이 있으니 이른바 배일사상"이라고 표현하였다. 그런가 하면 일본 내 일간지인《시사신보》는 "담배라고 하는 물건은 한인들이 이미 중독되어 버렸으니 결코 오래 참기 어려울 것이라 이 단체가 장차 웃음거리가 되어 외국인의 조롱만 받게 될 것"이라 하며 국채보상운동을 비관적으로 바라보는 한편, "응당 힘써 엄중히 사찰하여 그들로 하여금 일본을 반대하는 풍조를 일으키지 못하게 할 것이며 일본인의 권리에 해가 없게 해야 할 것"을 강조하는 등《조선신보》와 마찬가지로 운동으로 인해 비롯되는 배일사상을 경계하였다(〈辨解朝鮮新報排日思想說〉《만세보》 1907년 3월 3일; 〈國債報償의問題로外報의論評〉《대한매일신보》 1907년 5월 8일).

하며, “국채를 갚는 것은 단순히 우의를 돈독하게 하려는 것”이라 주장하였다.[24] 《만세보》 역시 3월 3일자 논설에서 “일본이 국채를 꿔준 정성에 충분히 감사하고 찬송하는 바”라고 하는 한편 “국채를 보상하는 뜻에 대하여 국민의 의연금을 모집하는 일은 자국을 사랑하는 정성의 마음에서 나온 것으로 생각할 것이지, 결코 배일사상에서 나온 것은 아니다.”라고 주장하였다. 그리하여 결국 국채보상운동은 “대여貸與와 보상報償의 관계에서 두 나라는 화평하는 것이지 조금도 유감스러운 감정이 없는 것”이라는 내용이었다.[25] 또한 5월 25일자 논설에서도 국채보상운동에 대해 “의로운 마음을 분발함은 천고千古에 귀할 만큼 드문 바이며 동서양에서 미증유한 장하고 큰 일”이라고 칭송하면서도 “배일사상에서 나왔다고 하는 한 논의는 미개한 자의 억지스러운 말이라 할만하다.”라고 주장하였다.[26] 《대한매일신보》도 마찬가지로 “이 의거는 결단코 한인의 애국사상으로부터 생겨난 것이며, 일본에 반대하는 생각으로부터 말미암았다고 일컫는 것은 옳지 않다.”라고 언급하며 반일감정에는 거리를 두었다.[27] 이와 같이 각 신문들에 나타난 주장들은 당시 사회 내에서 국채보상운동에 대해 “애국과 동시에 일본에 대한 반反 제국주의 운동으로 보는 견해”와 함께, “분명 애국운동이기는 하나 배일운동임에는 부정을 하며 선을 긋는 견해”가 공존하고 있었음을 알 수 있게 해준다. 아울러 일본에 대한 우호적 인식이라는 점에서 앞서 살펴봤던 〈국채1,300만원보상취지〉에 나타났던 시각과도 일면 유사한 맥락을 가지고 있었다.

24 〈斷烟報債가卽親日이오非排日〉《황성신문》 1907년 3월 7일.
25 〈辨解朝鮮新報排日思想說〉《만세보》 1907년 3월 3일.
26 〈民志漸發〉《만세보》 1907년 5월 25일.
27 〈國債報償의問題로外報의論評〉《대한매일신보》 1907년 5월 8일.

그런가 하면 운동의 폐단에 대한 경계의 시각이 나타나기도 하였다. 예컨대 3월 4일자 《황성신문》의 논설에는 "영수증을 가지고 두루 다니면서 돈을 모으는 자, 수합소를 각처에 설치하여 돈 받는 것을 불규칙하게 하는 자, 이것을 기회로 삼아 각 군에 사람을 보내어 강제로 모금하기를 도모하는 시정잡배" 등이 있음을 경고하며 보다 확실하고 건전한 절차를 통해 모금이 이루어져야 함을 주장하였다.[28] 3월 13일에도 "단연과 국채보상은 개개인의 순수한 자유와 자원에 의해 이루어져야 하는 것"이므로 관찰사와 군수에게 주의를 당부하였고,[29] 이튿날 역시 "무뢰한 젊은이들이 이 기회를 이용하거나 탐욕스럽고 교활한 관리가 강제로 수탈하는 등의 일이 일어나면 결국에는 운동의 본 의미가 퇴색되고 국민들의 지지를 잃게 될 것"이라 우려하였다. 특히 "애국이라는 명목을 내세워 국민들의 돈을 편취하는 자들이 많은데, 여기에 대해 관청에 호소하거나 신문에 알려서 그것을 단호히 척결할 것"을 강조하였다.[30] 국채보상운동이 전개되는 과정에서 그 취지를 악용하여 사익을 추구하는 경우가 빈번하게 발생하고 있었음을 엿볼 수 있는 대목이다.[31]

이와 같이 각 신문들은 논설문을 통해 국채보상운동에 대한 자신들

28 〈一般人民의 注意〉《황성신문》 1907년 3월 4일.

29 〈警告觀察郡守〉《황성신문》 1907년 3월 13일. 《황성신문》은 의연금 모금이 순전히 개인의 자발적 참여에 의해 이루어져야 한다는 입장이었으나, 당시 국내의 현실을 몰각하고 의연금 모금에 인색하였던 고위층에 대해서는 보다 엄정한 잣대로 이들이 마땅히 국채를 상환하는데 솔선해야 한다는 입장을 보였다. 이러한 입장은 고위층들의 방탕한 행태를 폭로하는 기사들을 통해 나타난다.

30 〈一般人民의 注意〉《황성신문》 1907년 3월 14일.

31 대표적인 예로 3월 함흥군의 관속과 향리들이, 4월 풍기 군수 민영설이 국채보상을 명목으로 강제로 주민들의 돈을 거둔 사실을 이 사실을 보도한 바 있다(〈此說信耶〉《황성신문》 1907년 3월 19일; 〈藉義充橐〉《황성신문》 1907년 4월 13일).

의 견해를 드러내었다. 그 견해는 주로 국채보상운동의 가치와 정당성을 설파하여 의연 활동을 독려하는 내용이었지만, 반드시 긍정적인 시각만이 나타났던 것은 아니었다. 다양한 논설문의 주장들은 국채보상운동이 단순이 "전 국민이 일치단결하여 국난극복을 위해 노력했다."는 한 마디로는 설명될 수 없는, 그 속에 각양각색의 양태를 담고 있었음을 시사하는 것이었다.

한편 논설문과 더불어 기득권의 행태를 비판하는 현실 고발의 글들 역시 보도되었다. 특히 서울지역은 정부 관리들을 비롯하여 양반계층의 거주 비율이 높은 곳이었기 때문에 이러한 성격의 기사는 서울지역 내에서 나타난 소재가 여럿 다루어졌다. 다음은 신문들에 보도된 비판성 기사들이다.

> 학부대신 이완용 씨가 구락부에서 내외 관리들을 청하여 연회를 베푼다고 하니, 백성들은 국채모집에 충의가 격렬하게 일어나고 있으며, 각 단체에서는 일본을 위한 불공정한 사사면의 일로 법률이 문란하다고 속이 끓고 있는데, 그 사람은 대한제국의 높으신 관리인데 무슨 즐거운 일이 있다고 이때에 연회를 하는지.[32]

> 영어학교의 일반 생도가 국채를 보상할 계획으로 모두 동맹하여 담배를 끊고 심지어 그 학교 사환까지 함께 감격하여 담배 도구를 부수어 버렸다고 한다. 같은 학교 학도들이 길에서 손을 잡고 가다가 농상부 대신이 수레 위에서 呂宋烟을 피우는 것을 보고 크게 소리 질러 꾸짖어 말하기를, "지금

32 〈茶半叢話〉《대한매일신보》 1907년 3월 3일.

대황제 폐하께서도 담배를 피우지 않으시고 일반 백성들도 모두 마음으로 담배를 끊고자 다짐하는데, 저 나라를 팔아먹은 대신놈들이 혼자 담배를 끊지 않는구나. 저 대관이 피우는 담배는 곧 이 나라를 팔아서 피우는 것이다." 라고 하니 그 대신이 들어도 못 들은 척하고 서둘러 달려가 버렸다더라.[33]

대구에서는 구걸하는 걸인들이 국채보상에 대하여 일제히 의연금을 내었으니 대한 백성들의 애국사상이 골수에 새겨졌음은 이것으로 알 수 있으나, 경성의 부자들은 각자의 힘에 따라 의연금을 내는 운동에 오히려 이렇게도 고요하니 돈 가진 사람의 단단한 이마에는 송곳 끝도 들어가지 않을 것이로다.[34]

엊그제 밤에 남서 下犁洞에 사는 張輔衡 씨 집에 모 관리의 자제들 5~6명이 모여서 연회를 열고 기생 2명을 불러서 노래 부르고 춤을 추면서 질탕하게 놀 때, 별순검 두 사람이 좌석에 들어와 말하기를 "우리나라 2,000만 동포 가운데 저 시골 가난한 백성들도 국채를 보상하려고 어떤 사람은 담배도 끊고 어떤 사람은 음식도 줄이는데 당신들은 담배 끊고 음식 줄이는 것은 고사하고 술 마시고 음식 먹는 놀음에만 골몰하여 기생이나 끼고 시조나 부르면서 목전의 세월을 풍류로 보내는구려. 주색도 즐겁고 연회도 즐겁겠지만 당신들도 좀 생각하여 보시오. 한 푼 돈이라도 술과 여색으로 다 소비하는 것이 옳겠소, 국채보상에다 보태는 것이 옳겠소? 아무리 지각이 어둡다 한들 어찌 이렇게도 나라 사랑하는 마음이 조금도 없는 게요?"

33 〈學童罵大官〉《대한매일신보》 1907년 3월 7일.
34 〈砭耳一針-大邱 乞人義捐〉《대한매일신보》 1907년 3월 16일.

하였는데, 여러 사람들이 얼굴이 잔뜩 붉어져서 머쓱하여 물러갔다고 하였다더라.[35]

그저께 농상공부에서 기생 서너 명과 소리꾼 네댓 명을 데려와 성대하게 놀았는데, 오후 8시경에 나이 20여 세 된 병사가 연설하기를 "오늘밤 우리 일행이 구경이나 할까 하고 각부를 돌아보니 불만 밝게 걸려 있었는데, 오직 농상공부에서만 기생의 음악소리가 질탕하였습니다. 이번 국채보상에 대하여 대황제 폐하께서도 담배를 끊으시고 어린아이조차도 세뱃돈을 내어서 돕는데, 소위 관리라는 사람들은 한 푼도 내는 것이 없으면서 이렇게 성대하게 노니, 이것은 관리의 체면이 아닙니다."라고 말하고는 분연히 일어나 돌아갔다. 그런데 잠시 후에 모래와 돌이 비오듯 쏟아져 관사의 유리창을 난타하여 깨뜨리는 이유로 해당 部에서 경무청에 전화한 즉, 순경 여러 명이 와서 금지시켰다더라.[36]

며칠 전 탁지부 참서관 3인과 주사 2인이 해당 부서에 숙직을 하였는데, 한 참서관이 말하되 "이번에 국채보상을 한다고 서울과 시골이 소문이 떠들썩하여 의연금을 다투어 내는데, 이 의연금을 거두어들인 것이 비록 십억만 원에 이를지라도 海關은 돌려주지 않을 것이고 그 돈은 결국 다 써서 없어져 버리리라." 하였다. 그러니 주사 중 한 사람이 대노하여 꾸짖기를 "영감도 한국관리이며, 한국인민인데 그 머리에는 한국정신과 한국사상은 한 부분도 없도다. 겉모습을 가장할지라도 언어가 어찌 그 같은가? 일전에

35 〈一言一棒〉《황성신문》 1907년 3월 18일.

36 〈兵詰慶祝〉《황성신문》 1907년 3월 23일.

이완용의 연회 개최를 비판하는 만평

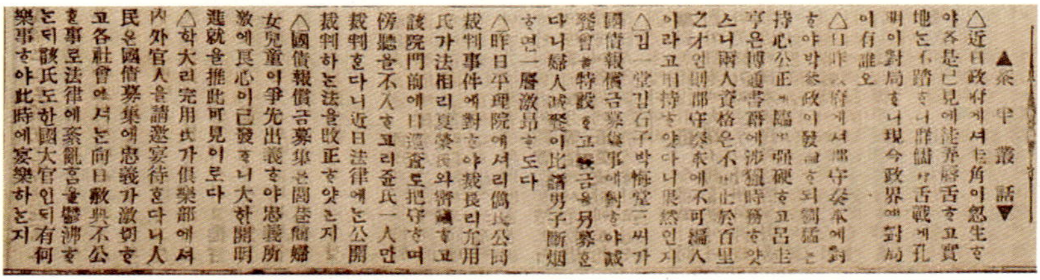

출처: 《대한매일신보》 1907년 3월 3일.

모 신보에 본부 관리를 더할 수 없이 비웃었는데, 영감이 이 같이 의롭지 않은 말을 하였다." 하니 그 참서관이 화를 내며 말하되 "일개 주사도 주임관을 노예같이 어려움 없이 꾸짖는구나."하고 한바탕 풍파를 일으켰는데, 끝내에는 주사 모씨가 해당 참서관을 향하여 말하되 "구역질이 난다."하고 소매를 뿌리치며 갔다더라.[37]

국민들이 국채 상환을 위한 노력이 이루어지는 와중에 정작 차관도입의 주요 계기였던 을사조약의 체결을 주도한 이완용을 비롯하여 고관들이 후안무치함을 규탄하는 내용들을 확인할 수 있다. 또 국가 위기 상황에서 미온적인 태도를 가지고 있는 부유층들의 인색한 모습 역시 상세하게 묘사되어 있다. 국채보상운동 전개 과정에서 나타난 당시 서울지역 세태의 단면을 잘 보여주는 대목들이다.[38] 요컨대 만평들에 드러난 논조

37 〈果是口逆參書〉《만세보》 1907년 4월 2일.

38 물론 당시 기득권들이 모두 국채보상운동에 비협조적이었던 것은 아니다. 후에 총합소의 초대 소장으로 선출되는 한규설, 이우면을 비롯하여 이용직, 민영소, 이종건, 심상훈, 조동윤, 조동희 등은 한데 모여 국채를 보상하기 전에는 다시 담배를 피우지 않겠다고 동맹하기도 하였다(〈大官斷烟〉《대한매일신보》 1907년 2월 27일).

탁지부 주사가 국채보상운동을 폄하한 참서관을 꾸짖는 만평

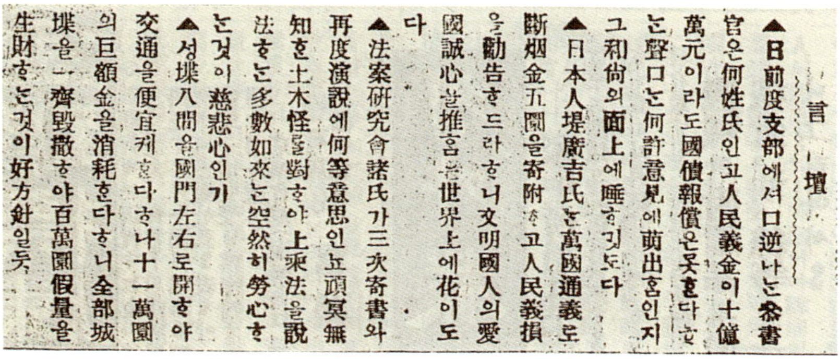
言壇

▲日前度支部에셔口逆나는參書官은何姓氏인고人民義金이十億萬元이라도國債報償은못ᄒᆞᆫ다ᄒᆞ는聲口는何許意見에萌出ᄒᆞᆷ인지그和尙의面上에唾ᄒᆞ깃도다

▲日本人堤廣吉氏는萬國通義로斷烟金五圜을寄附ᄒᆞ고人民義損을勸告ᄒᆞ드라ᄒᆞ니文明國人의愛國誠心을推ᄒᆞᆷ은世界上에花이도다

▲法案硏究會諸氏가三次寄書와再度演說에何等意思인지頑冥無知ᄒᆞᆫ土木怪를對ᄒᆞ야上乘法을說法ᄒᆞ는多數如來는空然히勞心ᄒᆞ는것이慈悲心인가

▲셩堞八門을關門左右로開ᄒᆞ야交通을便宜케ᄒᆞᆫ다ᄒᆞ나十一萬圜의巨額金을消耗ᄒᆞᆫ다ᄒᆞ니全部城堞을一齊毁撤ᄒᆞ야百萬圜假量을生財ᄒᆞ는것이好方針일듯

출처: 《만세보》 1907년 4월 2일.

는 기득권으로서 국민의 책임을 다하지 않는 이들에 대한 비판이었다. 이는 곧 국채보상운동이 시작될 당시 내걸었던 "국채상환이 곧 국민적인 의무"라는 기치의 기저 속에서 표현된 것이었다.

3. 단체 조직을 통한 수금활동

1) 대한매일신보사와 국채보상지원금총합소

대한매일신보사는 영일동맹을 맺고 있던 일본에 대하여 영국인 베델을 사장으로 내세움으로써 취재와 보도 및 논설을 포함한 일체의 언론 자유를 확보하고자 하였다.[39] 여기에 따라 국채보상운동이 전개되는 기간 동안 그 어떤 신문보다도 적극적인 활동을 펼쳐나갔다.

국채보상운동 초기였던 3월 대한매일신보사 내에서는 국채보상운동

39 崔俊, 《韓國新聞史(신보판)》, 一潮閣, 1990, 97쪽.

에 대해 소극적인 모습 역시 나타나고 있었다. 대한매일신보사는 3월 5일부터 24일까지 20여 일에 걸쳐 〈본사광고〉를 통해 의연금을 신문사로 가져오지 말라는 다음과 같은 사고社告를 매일 게재하였다.[40]

> 국채보상금을 본사로 가져오는 이가 날마다 답지하오나 본사에서는 이렇게 중대지사에 대하여 善後之策을 확실히 講定하기 전에는 영수하기 어렵기로 잠시 거두어들일 수 없으니, 여러분은 살펴 주십시오.

3월 8일자 논설에서는 실제로 국채보상을 행하는 방법에 부정적인 입장을 나타내기도 하였다. 여기에서는 "그것을 실행하는 방법에 있어서 (국민들이) 두려운 마음을 아직 면하지 못하고 있기 때문에 얼마나 조력할지는 기대할 수 없으며, 비록 백만 원을 수합하여 쌓아 두더라도 상업상 구속이 생길 것"을 우려하며, "국내에 약소한 화폐의 유통은 반드시 있어야 한다."고 주장하였다.[41]

이와 같은 대한매일신보사의 태도는 당시에 보이고 있었던 움직임과 상당히 동떨어진 자세였다. 앞서 언급한 바와 같이 이 기간 대한매일신보사는 국채보상기성회의 수합소로 지정되며 모금된 의연금을 광고하고 있었기 때문이다. 즉 국채보상운동 초기 대한매일신보사는 운동의 확산을 위해 앞장섰지만 한편으로는 회의적이고 방어적인 태도 역시 나타내고 있었다.

대한매일신보사의 이러한 양면적 태도가 일관화된 것은 3월 말경에

40 鄭晋錫, 앞의 글, 1993, 203쪽.

41 〈國債報償〉《대한매일신보》 1907년 3월 8일.

이르러서였다. 3월 28일 《대한매일신보》는 이종일, 김광제, 박용규, 서병규, 이면우; 오영근 6명을 발기인으로 하는 〈국채보상지원금총합소 규정〉을 실었다. 규정에는 "일반 국민의 지원금을 모아서 국채 1,300만 원을 갚는 것을 목적으로 할 것", "본소에서는 각 지소에서 보내오는 금액을 미루지 말고 은행에 모아서 맡기고, 해당 금액을 신문에 게재하고, 매월 마지막 날에 총액수와 항목을 또한 자세히 광고할 것", "경향 각처에서 수합한 금액을 본소에 모두 모아서 은행에 저금하게 하며, 돈을 납입한 사람의 거주지 성명과 금액을 기록하여 본소에 보내어 뒷날 증빙하게 할 것." 등을 주요 내용으로 하여 의연금 모금의 명확한 목적과 모금액 관리에 관한 제반 사항을 명시하였다. 더불어 총합소 임시사무소를 대한매일신보사 내에 둘 것을 공시하였다.[42] 이어 《대한매일신보》는 3월 31일 특별광고를 통해 "국채보상의 의연금을 지금부터 본사에서 받기로 정하였으며, 받는 대로 금액과 성명을 날마다 광고에 게재할 것"을 알렸다.[43]

여기에 따라 각 지방에서 거두어들인 의연금을 총괄 관리하는 통합기구로 서울에 총합소가 설립되었다. 총합소는 4월 8일 대한매일신보사 내에서 총회를 개최하고 진용을 갖추어 나갔다. 총합소의 임원 명단은 다음과 같다.

42 〈國債報償志願金總合所規程〉《대한매일신보》 1907년 3월 28일. 한편 이 규정문에 실린 6명의 발기인 가운데 김광제와 이종일은 곧 자신들은 무관한 일이라고 발표하여 일각에서 비판을 받기도 한다. 그러나 김광제는 이후 5월 특별총회에서 검사원으로 선출되면서 계속해 총합소 구성원으로 활동한다(〈金光濟李鐘一告白〉《대한매일신보》 1907년 4월 3일).

43 〈特別社告〉《대한매일신보》 1907년 3월 31일.

〈표 1〉 국채보상지원금총합소 임원 구성

구분	직책 및 이름
1907년 4월 총회	소장 한규설 부소장 김종한 회계감독 박용규, 서병규 검사원 이강호, 양기탁, 이면우 사무원 안덕용 윤치호 등 20인 평의원 각 사회 유지 20인
1907년 5월 특별총회	소장 윤웅렬 부소장 김종한 평의장 조존우 검사원 김광제
1908년 9월 3일 양기탁 제2차 공판 당시 증언	소장 윤웅렬 부소장 김종한 재무감독 박용규 외 1인 감사 이강호, 이면우 회계 양기탁, 정지영

출처: 〈組織總會〉《대한매일신보》 1907년 4월 11일; 〈總會組織〉《대한매일신보》 1907년 5월 25일; 〈THE NATIONAL DEBT REDEMPTION FUND: PROCEEDINGS AGAINST YANG KITAIK〉《The Seoul Press》 1908년 9월 5일.

총합소의 간부진은 한규설·윤웅렬·김종한 등 관료 출신 및 유산자 계층의 인물들이 필두가 되었다. 전직 관료나 민족자산가를 소장으로 내세운 것은 당시 국내외 상황 하에서 각계각층의 국민들을 흡수하여 일제의 탄압을 피하고, 국채보상운동을 범국민적인 운동으로 전개시키기 위한 목적성을 가지고 있었다.[44] 물론 이 가운데 윤웅렬은 이후 남작작위를 받고, 김종한은 일제에 적극적으로 가담하여 한일병합에 기여하는 등 민족지도자로서 한계를 보이기도 한다.

이렇듯 총합소는 전략상 관료층과 민족자산가층을 표면에 내세우고 있었지만, 국채보상운동을 주도한 것은 애국계몽단체·학회·민족언론기

44 조항래 편, 《국채보상운동사》, 아세아문화사, 2007, 80쪽.

국채보상지원금총합소 임원명단이 기재된 양기탁 공판 관련 기사

Judge: Then was that company in the accused's mind at the time in question?

Accused: Mr. Bethell ordered that all money received on account of the National Debt Redemption Fund should be sent to that company.

Judge: What amount of credit did the accused think the company enjoys in the world?

Accused: Did not know this; the accused had only done what Mr. Bethell had told him to do.

Judge: Then Mr. Bethell was in authority and the accused had only to carry out his instructions?

Accused:. That was so, as the public knew well.

Judge: How long had it been the intention to continue to receive subscriptions?

Accused: As long as subscription came in.

Judge: Was the fund intended ultimately to be handed over to the Government?

Accused: The object was to pay the debt the country owed to Japan, but there had been no definite idea as to whether or not the money should be entrusted to the Government.

Judge: No arrangement as to the method of redemption?

Accused: No, that was for the people to decide. What the *Tai Han Mai-il Sinpo* was concerned with was to receive subscriptions and keep them in custody.

Judge: Had the accused personally ever entertained any idea as to the method of redemption?

Accused: No.

Judge: Did it not seem rather irresponsible simply to keep the fund in custody and have no idea as to its ultimate disposal?

Judge: Would the accused explain the object for which the Central National Debt Redemption Society (國債報償志願金總合所) had been created?

Accused: The Court had better ask people who were connected with the Society.

Judge: Was not the accused connected with it?

Accused: Yes.

Judge: Then why could he not explain things about it?

Accused: He was simply a business clerk (事務員) of the Society, and so did not know anything about the object of the Society. He might, however, be able to tell concerning other things about the Society.

Judge: Could the accused tell how subscriptions had been managed by the Society?

Accused: He was an accountant there, but the position was rather nominal, never going there more than once in a month or two. He did not receive any pay from the Society. The business was managed by twenty or thirty people.

Judge: Who were the officers of the Society?

Accused: Yun Woongsol was the President; Kim Chonghan, Vice-President; Pak Yongkiu and another, Financial Supervisor; Yi Kangho, and Yi Myon-oo, Auditors the accused and Chung chiyung, Accountants.

Judge: Was the accused also Auditor?

Accused: Only nominally.

출처: 《The Seoul Press》 1908년 9월 5일.

관에서 활약하고 있던 지식인들이었다. 발기인 이종일李鍾一을 비롯하여 김광제·박용규·양기탁·윤치호 등이 대표적이다.[45]

한편 총합소는 설립 이후 국채보상운동을 효과적으로 전개하기 위한 서울 내 또 다른 조직이었던 국채보상연합회의소(이하 연합회의소)와 제휴를 시도하였다. 국채보상연합회의소는 전국 각지의 국채보상운동을 효과적으로 전개하기 위해 관련 단체들이 연계하여 1907년 3월 이상재李商在·이종일·유맹劉猛·윤효정尹孝定·유성준兪星濬·오세창吳世昌·이동휘李東輝 등의 발기로 만들어진 조직이었다.[46] 5월 26일 총합소는 윤웅렬·이강호, 연합회의소는 김종한·김광제를 각각 대표로 하여 "두 단체가 옳지 않은 경쟁을 하고 있으니 합동하여 협조할 것"을 결의하였다. 그 구체적 방안으로는 총합소는 각처에서 수금한 의연금을 총 관리하고, 연합회의소는 일반 동포의 지도방침을 맡는 것이었다. 아울러 두 단체가 하나로 합쳐 사무를 보기로 하고, 서울과 지방의 각 수금소에 검사원을 파견하여 금전장부를 조사하기로 결정하였다.[47] 여기에서 한 가지 주목할 만한 사실은 당시 연합회의소 소장과 총무를 맡으며 모임의 대표로 참여한 김종한과 김광제가 역시 같은 시기 총합소의 중역으로 이름을 올리고 있었다는 점이다.[48] 즉 총합소와 연합회의소는 지도부의 구성면에서 일정한 교집합을 가지고

45 조항래 편, 앞의 책, 2007, 82~83쪽.

46 〈報償聯合會發起〉《만세보》 1907년 3월 30일. 이들은 설립 취지서에서 "뜻있는 각 단체가 연합하여 좋은 규칙을 의논하여 정하고 서로 실천하며 수시로 회합하고 상의하여 그 목적을 달성하고자 하는 것"을 그 설립 취지로 밝혔다(國債報償聯合會議所, 〈國債報償聯合會議所趣旨書〉, 1907).

47 〈兩所歸一〉《대한매일신보》 1907년 5월 28일; 〈兩所歸一〉《만세보》 1907년 5월 31일.

48 원래 연합회의소 창립 초기 김광제는 여기에 참여하지 않고자 했다. 4월 초 보성관에서 임원을 조직할 당시 그는 부의장으로 선출되었으나, 이를 고사하였다(〈任員組織〉《황성신문》 1907년 4월 8일).

있었다.

두 단체의 협동 모색은 6월에 이르러 그 결실을 이루었다. 이 달 29일 총합소 부소장 김종한과 연합회의소 총무 김광제가 회의를 열어 서울과 지방의 상채의금償債義金 사무를 총합소로 전담하고 연합회의소는 폐지하겠다고 발표하였다.[49] 결국 총합소와 연합회의소의 통합은 위와 같은 양자간 인적 구성상의 배경과도 무관하지 않았을 것으로 여겨진다.

이처럼 국채보상운동이 전개되는 과정에서 대한매일신보사는 적극적인 보도를 하는 한편, 단체 조직을 통해 운동을 선도하고자 하였다. 이러한 움직임에 호응하여 국민들은《대한매일신보》를 구독하는 열기가 급격하게 확산되기 시작하였다. 총합소가 조직되기 하루 전인 4월 7일 4,200부의 발행부수를 기록하고 있던《대한매일신보》는 국문판의 발행이 재개되기 시작한 5월 23일에는 5,000부, 국채보상운동이 하향세를 타기 시작하는 7월 31일에는 7,000부까지 증가하였다.[50] 구독자 수가 늘어난 데에는 다른 요인도 있었겠지만 국민들의 국채보상운동에 대한 관심, 다양한 형태의 발간[51] 등이 주요했을 것으로 보인다.

49 〈一破疑眩〉《대한매일신보》 1907년 6월 30일.

50 〈本紙擴張〉《대한매일신보》 1907년 4월 7일; 〈社告〉《대한매일신보》 1907년 5월 23일; 〈保種策〉《대한매일신보》 1907년 7월 31일.

51 《대한매일신보》는 본래 1904년 창간 당시 국문 2면과 영문 4면의 한영합판의 형태를 취하였으나 이듬해 8월 국문판과 영문판을 분리시키면서 국문판은 국한문판으로 바꾸었다. 그러다가 1907년 5월 23일에 이르러 국문판의 발행이 다시 이루어지게 되었다.《대한매일신보》는 국문판을 다시 발행하면서 "국한문판과 국문판에 의연광고를 함께 게재할 것"을 알리고 국민들의 관심을 당부하는 등 국문판 증간과 국채보상운동이 결코 무관하지 않음을 피력하였다(〈本社告白〉《대한매일신보》 1907년 5월 31일). 그리하여 국문판의 발행으로《대한매일신보》는 한문 독해에 어려움이 있는 여성, 서민들 또한 신문을 접할 수 있게 하여 폭넓은 독자층을 확보할 수 있었다. 그런가 하면 영문판《The Korea Daily News》은 외국인들에게 국채보상운동을 알릴 수

2) 황성신문사와 국채보상중앙의무사

〈국채보상기성회 취지서〉가 여러 신문들에 의해 보도될 즈음인 2월 말경 서울에서는 서병염徐丙炎 · 윤흥섭尹興燮 · 박규순朴圭淳 등 59명이 중앙의무사를 설립하였다.[52] 중앙의무사의 설립 목적은 영남의 의거에 호응하기 위함이었다. 이들은 수합소를 황성신문사로 정하고 수합금은 매월 신문에 광고하기로 결정하였다.[53] 그리하여 《황성신문》은 2월 27일부터 국채보상의무금을 낸 사람의 명단과 액수를 매일 광고로 게재하기 시작하였다. 또 한편으로는 기사를 통해서도 단체 또는 개인이 내는 성금을 소개하였다. 의무금을 내는 사람들의 명단은 신문 3면에 고정된 광고란으로 정착되었다.[54] 광고는 처음에는 10여 행에 불과하였으나 국채보상운동에 참여하여 황성신문사에 송금한 사람들이 빠른 시일에 급증함에 따라 최고 160행에 이르기도 하였다.[55] 이와 더불어 《황성신문》은 모인 의무금을 은행에 예치했다는 광고도 계속하여 실었는데 한 회에 500원씩 예치하였

있다는 점에서 질적으로 파급력을 가지고 있었다. 이후 《대한매일신보》는 국채보상운동의 움직임이 점차 사그라들기 시작한 이후에도 꾸준한 증가세를 보이는데, 1908년 양기탁이 국채보상의연금 사건에 의해 구속된 시점으로 보이는 조사에서도 8,083부를 발간하며 서울의 4개 일간지(《제국신문》·《황성신문》·《국민신보》·《대한신문》)의 8,484부에 근접하고 있었다(鄭晋錫, 앞의 책, 1987, 281쪽).

52 국채보상중앙의무사가 결성된 정확한 날짜에 대해서는 확인이 어렵다. 포고문에 적힌 날짜 가운데 日 부분이 공란으로 되어 있기 때문이다. 다만 중앙의무사가 수합한 금액을 기재한 첫 광고가 2월 27일이었던 것으로 보아, 최소 이 날짜 이전에 결성된 것으로 여겨진다. 한편 중앙의무사가 설립된 이후 전국 몇몇 곳에 국채보상의무사라는 명칭의 단체들이 잇따라 생겨나기도 하였다.

53 〈國債報償布告文〉《황성신문》 1907년 3월 2일.

54 鄭晋錫, 앞의 글, 1993, 202쪽.

55 안종묵, 〈皇城新聞의 愛國啓蒙運動에 關한 硏究〉, 한국외국어대학교 박사학위논문, 1997, 270쪽.

다. 예치한 은행은 초기에는 한일은행韓一銀行과 한성은행漢城銀行이었으나, 1907년 10월부터는 한호농공은행漢湖農工銀行로 바뀌었다.

중앙의무사가 위 은행들과 관계하고 있었던 데에는 주요 임원들의 정체성과 무관치 않았다. 1907년 4월 11일 선출된 중앙의무사의 임원 명단을 살펴보면 사장 조진태趙鎭泰는 한호농공은행 창립위원, 총무 백완혁白完爀은 한호농공은행장, 재무원 조병택趙秉澤은 한일은행장이라는 배경을 가진 인물들이었다.[56] 이들이 임원 가운데서도 중역으로 선출되면서 중앙의무사와 자신들이 관여하고 있는 은행 간의 매개 역할을 했을 가능성을 생각해 볼 수 있다.

중앙의무사는 총합소와 마찬가지로 국채보상운동 관련 단체들과 통합을 도모하기도 하였다. 1907년 4월 20일 중앙의무사와 연합회의소는 중앙의무사를 폐지하고 두 단체를 통합하는 방향을 추진하였다. 앞서의 총합소와 연합회의소가 통합 논의를 시작한 것보다 한 달가량 앞선 시기였다. 두 단체는 이 날 지전도가紙廛都家에서 공동으로 회의를 열고 두 단체가 연합하기로 중론을 모아 가결시켰다. 그 내용은 단체의 명칭을 '국채보상연합소'로 한다는 것이었으며,[57] 소장으로 이도재李道宰, 부소장으로 이용직李容稙을 선출하였다.[58] 그러나 며칠 후 중앙의무사 총회에서는 '중앙의무'라는 문구를 포기하는 것은 온당치 못하다는 의견이 제기되었다.[59] 그런가 하면 《제국신문》 5월 28일에는 의무사(의무소)가 국채보상기성회와 통합했다가 다시 의무사로 되돌아왔다는 기사[60] 또한 발견이 되는데, 이를

56 선출된 전체 임원 명단은 〈義務社任員選擧〉《만세보》 1907년 4월 13일 참조.

57 〈國債報償聯合所〉《만세보》 1907년 4월 23일.

58 〈李斬出席〉《제국신문》 1907년 4월 24일.

59 〈中央聯合〉《대한매일신보》 1907년 4월 26일.

국채보상지원금총합소에 대해 비판하는 내용의 기사

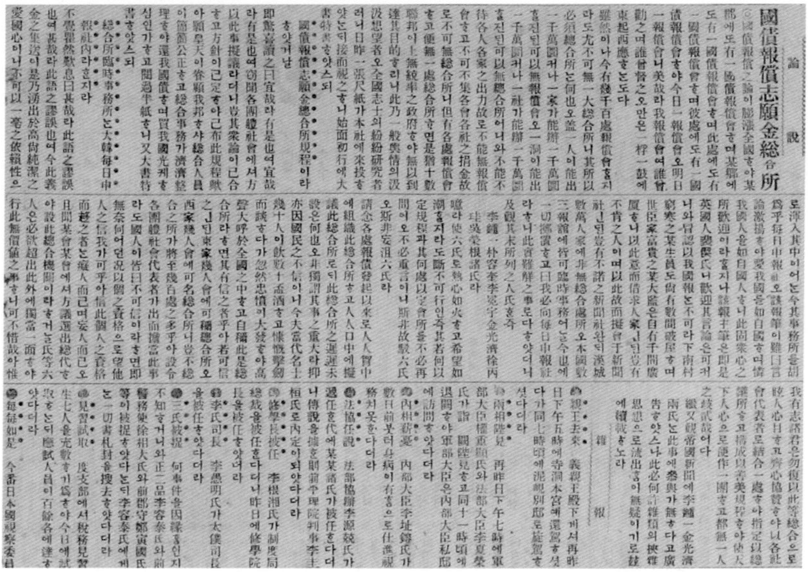

論說

國債報償志願金總合所

출처: 《황성신문》 1907년 4월 4일.

통해 결국 통합이 시도에 그쳤던 것으로 여겨진다.

한편 신문사 내 의연금 수합단체와 관련하여 한 가지 이채로운 부분은 황성신문사가 대한매일신보사의 총합소에 대해 비판적인 시각을 가지고 있었다는 점이다. 4월 4일자 《황성신문》의 논설 〈국채보상지원금총합소〉에서는 의연금을 총 관리하는 총합소의 설립 필요성에는 공감하면서도 그 주체가 대한매일신보사인 데에는 부정적인 입장을 드러내었다. 그것은 《대한매일신보》의 소유주가 영국인 베델이었기 때문에 이를 대한제국의 신문으로 볼 수 없다는 이유에서였다. 아울러 이종일 등 6명의 발기

60 〈中央義務社〉 《제국신문》 1907년 5월 28일.

인에 대해서도 "개인의 자격으로 총합소를 자처하여 설립한 것이 국민의 신뢰를 얻을 수 없고 무가치한 일을 행하려고 할 것이니 애석하다."고 평하였다. 그리하여 각 사회의 대표가 한곳에 모여서 총의소總義所를 지정하고 좋은 규정을 구성하여 인심을 하나로 뭉칠 것을 촉구하였다.[61] 이러한 사실은 대한매일신보사의 총합소와 황성신문사의 중앙의무사가 경쟁적 관계를 형성하고 있었음을 보여주는 단면이었다.

4. 서울지역 의연 사례 보도 양상과 특징

국채보상운동 과정에서 언론사들은 모범적인 의연 사례를 다양하게 소개함으로써 독자들로 하여금 국채보상운동에 긍정적인 인식을 갖도록 하였다. 특히 서울지역의 사례는 각 신문사로의 소식전달이 빨랐을 뿐만 아니라 국채보상운동에도 적극적이었기 때문에 전국 대비 높은 비율로 관련 기사가 보도되었다.《대한매일신보》는 전체 276건 중에 86건이 서울지역 사례였으며《만세보》는 82건 중 32건으로,《만세보》의 경우 그 비율이 40%에 육박하였다.[62] 보도된 지역들은 대부분 한성부 내에 집중되었으며, 오늘날은 서울 행정구역이지만 당시 경기도에 해당되었던 곳들에 대한 보도는 매우 드물었다.[63] 여기에서는《대한매일신보》·《황성신문》·《만

61 〈國債報償志願金總合所〉《황성신문》 1907년 4월 4일.

62 만세보는 기본적으로 천도교 기관지로서의 정체성을 가지고 있었고, 여기에 따라 천도교 관련 기사나 광고가 당시 교세가 강하던 관서지방에 집중되어 있었다(崔起榮, 〈舊韓末《萬歲報》에 관한 一考察〉《한국사연구》 61·62, 1988, 340쪽). 이에 비해 국채보상운동의 사례보도에 대해서는 서울지역에 많은 비중을 할애하고, 그 외 전국적으로도 고른 보도를 하였다는 점이 하나의 특징이었다.

세보》·《제국신문》 4개 일간지에서 보도한 서울지역 의연 사례 기사에서 나타나는 특징들을 살펴보고자 한다.[64]

서울지역의 의연 사례 기사들을 통해 확인할 수 있는 특징 중 하나는 바로 종교계에 대한 보도가 매우 적다는 점이다. 여기에 대해서는 종교별로 의연 명단 및 액수 기록과 비교하여 살펴볼 필요가 있다. 먼저 기독교계의 경우에는 전국적으로 당시의 교세에 비해 참여가 저조했다. 기독교계의 참여건수는 개인적 차원에서 참여한 10건을 제외하면 78건에 불과했고, 전국 가운데서도 서울지역은 특히 참여가 활발하지 않아 그 수는 단 두 건 뿐이었다. 이 마저도 개신교계 학교와 학원의 사례였으며, 교회 차원에서 참여한 사례는 전무했다. 인원과 액수로는 보면 이화학당 교사와 학생들 35명이 의연한 5원 70전이 전부였다.[65] 그렇기 때문에 서울지역 내 기독교 의연 사례 소개 기사는 당연히 보도되지 않을 수밖에 없었다.[66]

천도교계 역시 마찬가지로 서울지역에서 의연이 활발하게 이루어지지 않았던 것으로 보인다. 천도교는 국채보상운동이 전개되자 "개인으로 출금을 하지 않고 교중敎中에서 특별히 교령을 발하여 거액의 의연을 할 것"을 밝혔다.[67] 그러나 의연이 활발하게 이루어지지는 않았으며, 몇몇 지

63 여기에 해당하는 기사는 3월 16일자《대한매일신보》와《만세보》에 보도된 창동(당시 경기도 양주군) 사례 한 건 밖에 없었다(〈小兒愛國〉《대한매일신보》1907년 3월 16일; 〈小兒愛國〉《만세보》1907년 3월 16일).

64 본 장에서 다루고자 하는 의연 사례 기사라 함은 흔히 '광고'라는 제목으로 의연명단 및 액수를 보도하는 의연 명단 기사가 아닌, 특정 단체·인물들의 의연 활동을 소개함으로써 이를 칭송하고자 하는 목적으로 보도된 기사들을 말한다.

65 한규무, 〈국채보상운동과 한국 개신교계〉《숭실사학》26, 2011, 52~53쪽.

66 위에 이화학당과 관련한 의연 관련 내역은 의연 사례 기사가 아닌 의연 명단 기사에 보도된 내용이다(〈國債報償義捐金收入廣告〉《대한매일신보》1907년 6월 14일).

67 〈國債報償募集〉《만세보》1907년 3월 17일.

역에서만 그 움직임이 산발적으로 나타났다.[68] 천도교의 기관지인 《만세보》에서 조차 의연 사례를 전혀 다루지 않았다는 점도 천도교계가 의연에 적극적으로 참여하지 않았다는 사실을 뒷받침 해준다.[69]

반면 불교계는 기독교·천도교계와 달리 활발하게 의연에 참여하였다. 서울지역에서 국채보상운동에 참여한 승려의 수는 114명으로 이는 지역 내 전체 승려 수 285명의 40%에 해당하는 수치였다. 의연액수 또한 31원 50전으로 기독교계의 액수를 크게 능가했다.[70] 그럼에도 불구하고 불교계에 대한 의연 사례 기사 또한 적극성에 비해 그다지 많이 보도되지는 않았다. 이와 관련하여 확인되는 내용으로는 3개월의 공불미 예산 가운데 약간의 승합升合을 절감하여 의연금을 낸 불암사佛巖寺의 승려 현암玄庵과, 종남산終南山 미타사彌陀寺의 여승 취해翠海 등 40명에 대한 기사가 전부이다.[71] 즉 기독교와 천도교계는 서울지역에서 국채보상운동 참여가 활발하지 않아 자연히 의연 사례 기사가 지극히 적었던 반면, 불교계는 나름대로 적극적인 의연이 이루어졌음에도 불구하고 그것이 활발히 기사로 보도되

68 대표적으로 이천군 屯面 龍坪洞과 의주군 古寧朔面 天摩洞의 사례가 있다(〈國債報償義捐金收入廣告〉《대한매일신보》 4월 14일; 〈國債報償義捐金收入廣告〉《대한매일신보》 7월 25일).

69 《만세보》는 천도교 교주 손병희의 발의로 1906년 6월 17일 창간된 신문이다. 1907년 6월 29일 종간되기까지 만 1여년 동안 총 293호가 발행되어 천도교 기관지의 역할을 담당하였다. 물론 만세보는 일간신문이었다는 점에서 단순히 천도교 기관지로 국한시키지 않고, 당시 변화하는 사회 상황을 알리는 일반 시사신문의 성격을 가지기도 하였다(崔起榮, 앞의 글, 1988, 301쪽).

70 이승윤, 〈대한제국기 불교계의 동향과 국권회복운동〉, 충남대학교 박사학위논문, 2019, 126~128쪽. 여기에서의 서울은 당시의 행정구역인 한성부에 해당하는 구역이다. 또한 전체 승려 수 285명은 1909년 기준이기 때문에 국채보상운동이 진행되던 1907년 당시의 승려 수와는 미세한 차이가 있을 것으로 보인다.

71 〈減米捐義〉《대한매일신보》 1907년 3월 9일; 〈比丘出義〉《만세보》 1907년 3월 13일.

지는 않았다.

그런가하면《대한매일신보》에서는 아동과 청년학생들의 의연 사례 보도가 두드러졌다. 서울지역 의연 사례 86건 중 아동과 청년학생을 다룬 것은 총 30건으로 전체의 30%가 넘는 비율을 차지하고 있다. 의연을 하는 연령 계층이 대체로 성인층이라는 점을 감안하면 이는《대한매일신보》가 아동과 청년학생들의 의연 사례를 부각시키고자 했음을 알 수 있다. 기사는 대체로 어린 아이들이나 학생들의 행동이 가상하고 어른들의 귀감이 된다는 논조들이었으며, 전 달의 정초에 받은 세뱃돈을 의연했다는 내용들도 종종 보도되었다. 또한 여성들의 의연 사례 역시 다수가 보도되었다. 여성들의 의연 기사 수는 총 21건으로 아동 및 청년학생들 관련 기사에 이어 두 번째로 많은 수를 차지하였다. 그 사례 역시 양반가의 부인·과부·노인·학생·매음녀 등 각양각층이었다. 이러한 점은 타 지역과 비교해 서울지역에서 두드러지는 특징이기도 하였다. 서울지역의 절대적인 기사수가 많아 다양한 계층·연령의 의연 사례가 보도된 부분도 있지만, 여성의 주체성이 선진적으로 나타나고 있었음을 보여주는 단면이었다. 19세기 후반 여성교육기관의 설립, 제도적 개혁 등을 통해 그 단초가 본격적으로 마련되기 시작한 여성의식이 서울지역에서 보다 활발하게 행동양식으로 발현되고 있던 것이다.

《황성신문》의 경우에는 서울지역 의연 기사 수가 워낙 적어 여기에 한정지어 특징을 도출해내는 데는 다소 무리가 있다. 그럼에도 사례들을 살펴보면 전체 10건 가운데 아동과 청년학생들의 사례가 4건으로 높은 비중을 차지하였다. 아울러 국가 관리의 의연 사례 또한 4건을 차지하고 있었는데, 그것은 서울지역 뿐만 아니라 지방에서 역시 마찬가지였다. 왕실종친을 비롯하여 지방관리와 유지 등의 의연 사례를 활발하게 다룬 것은《황성신문》이 가진 특징이었다. 이러한 보도 양상은《황성신문》이 주요 독자층을 관리와 양반계층으로 설정하였다는 정체성과 연관성을 찾아볼 수 있다.[72] 그 외《만세보》와《제국신문》에서는 비교적 고르게 다양한 의연 사례를 보도하고 있다.

양규의숙 여학생들의 의연을 다룬 기사

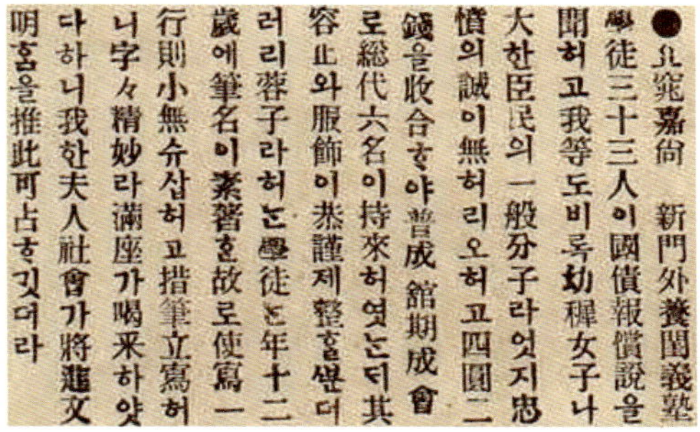
●女寃嘉尙 新門外養閨義塾
學徒三十三人이國債報償說을
聞허고我等도비록幼穉女子나
大한臣民의一般分子라엇지忠
憤의誠이無허리오허고四圓二
錢을收合ᄒᆞ야普成館期成會
로總代六名이持來허엿는ᄃᆡ其
容止와服飾이恭謹제整ᄒᆞᆯ뿐더
러리蓉子라허는學徒는年十二
歲에筆名이素著ᄒᆞᆫ故로使寫一
行則小無슈삽허고措筆立寫허
니字々精妙라滿座가喝采하얏
다하니我한夫人社會가將進文
明ᄒᆞᆷ을推此可占ᄒᆞᆯ깃더라

출처:《대한매일신보》1907년 3월 9일.

마지막으로 서울지역 내 '기층 민중'의 의연 사례에 대한 보도는 사실상 6월 중순을 끝으로 이루어지지 않았다. 6월의 기사 또한《제국신문》에서 보도한 2건[73] 뿐으로, 다른 3개의 신문은 그 이전부터 서울지역 의연 사례에 대한 기사를 찾아볼 수 없다.[74] 고종의 강제퇴위와 군대해산을 거

72 《황성신문》이 당시 발행되던 신문들과 구별된 특징은 국한문 혼용체를 사용하였다는 점이다. 같은 해 창간된《매일신문》이나《제국신문》, 심지어는《황성신문》의 전신이었던《경성신문》과《대한황성신문》도 국문을 사용하였던 데에 비하면 이례적인 것이었다.《황성신문》이 국한문 혼용체를 사용하고자 한 취지는 1898년 9월 5일 창간호 사설에서 잘 드러나고 있다. 주요 내용을 살펴보면 "황제(고종)가 갑오년 中興의 기회를 맞아 자주독립하는 기초를 확정하고 一新更張하는 政令을 반포할 때에 한문과 한글로 병행하고자 하여 공사문첩을 국한문으로 혼용하라는 勅敎를 내렸다."는 사실을 언급하며, 국한문을 함께 쓰는 것은 "황제의 聖勅을 법식으로 삼아 준행하고, 古文과 今文을 글을 함께 전하며, 독자들이 공람하는데 편리하고 쉬움을 취하기 위해"라고 그 이유를 밝히고 있다(〈社說〉《황성신문》1898년 9월 5일). 그러나 이러한 취지 여하에 관계없이《황성신문》의 국한문 사용은 주 독자층이 한문독해가 가능한 식자층으로 한정될 수밖에 없었다. 즉 독자들을 광범위한 계층으로 확장시키는 데 일정한 한계를 가지고 있었다.

73 〈志士捐金本社〉《제국신문》6월 12일; 〈李氏義捐〉《제국신문》6월 16일.

74 《황성신문》의 마지막 기사는 4월 20일,《대한매일신보》는 5월 19일,《만세보》는 5월

치며 전국단위에서 국채보상운동이 8월에 이르러 움직임이 퇴조했던 데에 비해,[75] 서울지역은 그보다 더 일찍 앞서서 5월 하순, 늦어도 6월 중순부터 그 동력을 상실했음을 알 수 있다. 이러한 사실은 서울지역이 대구 못지않은 국채보상운동의 한 거점이었다는 점에서 시사점을 주는 부분으로 향후 그 원인이 규명되어야 할 필요가 있다.

5. 맺음말

본고에서는 국내 4대 일간지를 통해 국채보상운동 전개 당시 언론의 역할과 서울지역 의연 사례 보도 양상을 확인해 보고자 하였다. 국채보상운동이 시작되자 각 언론은 국채보상을 사회적인 책무로 내세우며 다양한 형태의 글들을 연이어 보도하였고, 이를 통해 민족의식을 고조시키고자 하였다.

대구광문사에서 시작된 국채를 상환하기 위한 움직임에 호응하여 서울지역에서 국채보상기성회가 설립되자, 각 신문들은 기성회의 취지서를 곧바로 싣고 운동의 확산에 앞장섰다. 취지서의 내용은 국가와 민족의 위기 상황 속에서 그것을 타개하고자 국민들의 참여를 독려한 광문사의 〈국채1,300만원보상취지〉와 대동소이한 내용으로 구성되었다. 이 가운데 '국민의 의무'라는 부분은 국채보상운동이 단순히 국가의 부채 상환에 사회 구성원들의 헌신이라는 것을 넘어 국가에 대한 주체성을 가지는 근대적

26일이었다. 물론 6~8월 사이 세 신문에서 의연 관련 기사가 소수 보도되기는 하였지만, 이는 모두 정부 관리 및 국채보상운동 관련 단체의 사례들이었다.

75 한상구, 앞의 글, 2015, 136쪽.

의미의 국민으로 거듭나고자 했다는 점과 관련되어 중요한 의미를 가지고 있었다.

취지서를 게재한 것에서 더 나아가 대한매일신보사는 기성회의 수합소 중 하나로 지정되어 의연금을 접수하였으며, 그 금액을 광고하는 역할을 하였다. 또 이후 광고가 적체되자 만세보사가 그 역할을 대신하기도 하였다. 이렇듯 여러 언론사는 서울지역에 그 본사가 위치함으로써 기성회와 밀접한 연관을 맺으며 그 활동을 전개해 나갔다.

논설문 역시 취지서와 같은 맥락에서 국민들에게 국채보상운동의 당위성을 설파하고 확산시키려는 논조가 주를 이루었다. 이 과정에서도 '국민의 의무'가 심심치 않게 강조되었고, 그것이 국채보상운동을 추동하는 근간이 되었음을 재확인할 수 있게 해주었다. 그러나 국채보상운동이 반일적 성격의 운동이라는 점에 대한 부정, 운동 전개과정에서 발생하는 폐단의 우려 등 다양한 의견이 논설문을 통해 제기되기도 하였다. 또한 사회상류층들의 일탈된 행태를 폭로하는 만평을 게재하며, 사회적 지위에 따른 의무를 다하지 않음을 꼬집었다. 특히 서울지역에서는 국가 관료를 비롯한 고위층들이 많이 거주하고 있었기 때문에 이와 관련한 인상적인 기사들이 특히 많이 보도되었다.

언론은 단순히 기사를 보도하는데 그치지 않고 사내에 수금소를 설치하면서 의무금 모집을 활성화하고자 하였다. 언론사와 연계되어 설립된 국채보상 단체는 의연금의 모집-관리-광고로 이어지는 과정을 수행할 수 있는 존재였다는 점에서 그 의미가 있었다. 이와 관련한 대표적인 수금소는 대한매일신보사의 국채보상지원금총합소와, 황성신문사의 국채보상중앙의무사였다. 먼저 총합소는 3월 중순 대한매일신보사 내에서 국채보상운동에 대해 적극적 태도와 소극적 태도가 동시에 나타나고 있던 것이 월말에 이르러 적극적 태도로 일관되게 정리되기 시작하면서 설립된 단체였다. 관료 및 민족자산가들을 전면에 내세우는 가운데 지식인층이 중심이 되어 구성된 총합소는 국채보상연합회의소와 협력하여 운동을 이끌어 나가고자 하였다. 아울러 중앙의무사 역시 관료출신 인물들의 주도로 조직된 단체로, 그 본질적인 체계는 총합소와 크게 다르지 않았다. 다만 서울지역 내에서 유사한 성격의 단체가 존재하게 되면서 이들은 우호적이지 않은 모습을 보이기도 하였다. 한편 서울지역에서는 다양한 계층에 의해 의연이 이루어지고 각 언론들의 본사가 위치함에 따라, 양적으로 많은 의연 사례 보도가 이루어졌을 뿐만 아니라 그 주제도 다채로웠다. 이 가운데 종교계의 의연은 보도가 그다지 활발히 이루어지지 않은 반면 아동과 청년, 그리고 여성들의 의연 사례가 두드러졌다. 특히 후자와 관련하여서는 독자들에게 가장 귀감이 되고, 이를 통해 운동을 확산시킬 수 있는 효과성으로 인해 빈번한 소재로 다루어졌다고 해석할 수 있겠다.

마지막으로 의연 사례 보도의 흐름을 통해 볼 때 서울지역은 1907년 상반기가 채 지나지 않아서부터 약화되기 시작하였다. 이러한 서울지역의 양상은 전국 단위 국채보상운동의 추세보다 한 발짝 먼저 그 움직임이 퇴조한 것이었다. 여기에 대해서는 향후 관련 자료 발굴과 보다 면밀한 분석이 이루어져야 할 과제가 남아있다.

부록

《대한매일신보》, 《만세보》, 《제국신문》, 《황성신문》의 국채보상운동 의연 사례 보도 기사 목록

1. 《대한매일신보》

번호	날짜	제목	의연자
1	2.23	愛國誠意	이현포목전 박승직
2	2.24	忠義所激	남문안포목전 전득영
3	2.24	梨峴居朴承稷	이현 박승직
4	2.27	老宰義捐	전 참정대신 김성근
5	2.27	同盟斷烟	관립영어학교
6	2.27	是母是子	북촌 인력거꾼
7	2.27	兵童俱寄	상리동 상노 맹칠복
8	3.1	奇哉此童	반정동 김남극
9	3.1	婦人義助	묘동 과부 김씨
10	3.1	日新斷烟	종로 근처 일신의숙 교사 및 학생
11	3.2	學童出義	인현보통학교 학동
12	3.2	兩童可尙	이동 전복남, 도동 서환갑
13	3.2	斷烟鳩金	중서리 봉천 등, 인현보통학교 서귀동 등, 사직동 김사오·김범이
14	3.2	婦人義捐	홍문동 김희천 부인, 반송방 신동장 부인 장씨, 새문 밖 과부 김씨
15	3.2	天良可貴	장통교 이용봉
16	3.2	侍衛隊出義	시위대 장교들
17	3.2	孩兒義捐	사포동 안도, 안형식, 정충헌
18	3.3	養閨學徒義捐	양규의숙 김유숙
19	3.3	奇哉權童	재동보통학교 권녕학
20	3.3	團體感義	전 의관 이정훈 등
21	3.3	年幼義高	피마병문 방경룡
22	3.3	學徒義捐	새문 밖 보성관 김태홍
23	3.3	學童義捐	연화방 피마동 김제원·김중현, 서당 및 학동
24	3.5	感義出捐	시동 최운학

번호	날짜	제목	의연자
25	3.5	義捐多數	이현 정화선 딸, 박승직 고용인 딸, 사직동 정장헌 아들 형제, 교동보통학교 김점동
26	3.5	軍人義捐	징상대 이만섭
27	3.5	捆屨出義	새문 밖 유해종
28	3.5	女生徒出義	명신여학교 백숙경·백현경 자매
29	3.6	不讓男子	남북촌 거주 부인들
30	3.6	義哉李童	간동 이백돌
31	3.6	崔氏出義	냉정동 최동근
32	3.6	崔氏出義	원세성의 부인 남궁씨
33	3.6	夫人義捐	전 찬정 김사준의 모친
34	3.7	天良可愛	다동 김쾌문, 김덕수 등
35	3.7	元童嘉尙	상사동 원경석
36	3.8	申氏義擧	참장 신태휴
37	3.8	具童可尙	재동보통학교 구광창
38	3.8	斷烟同盟	시종무관부 사환병들
39	3.8	老寡實心	원동 노인 과부
40	3.8	銀租出義	신태휴
41	3.9	特別義捐	상사동 최영집
42	3.9	減米捐義	불암사 승려 현암
42	3.9	連次出義	합동소학교 음점석
43	3.9	玉洞烟消	옥포동 주민들
44	3.9	賣油出義	전동 이정계
45	3.9	窈窕嘉尙	양규의숙 학생들
46	3.14	五婆義捐	서빙고 거주 노파들
47	3.14	青年感義	현석리 거주 청년들
48	3.14	布廛義捐	회동 조인식 등
49	3.14	稧中出義	자암효의계 계원들
50	3.14	夫人奮義	하교동 정규명 부인 박씨, 초동 박광선 부인 조씨, 이동 박수봉 고용인 곽씨
51	3.15	李氏父子出義	대리문동 이수영 삼부자
52	3.15	婦人出義	다동 김창일 부인 정씨 등
53	3.16	小兒愛國	창동 김갑경, 회동 안옥돌
54	3.16	軍人出義	육군연성학교 하영수 · 한용학 등

번호	날짜	제목	의연자
55	3.17	奉侍義捐	농포 강세윤
56	3.19	柳童吉加尙	예관동 류만복
57	3.20	學童義捐	이현 의관 박승호 집 서당 학동들
58	3.20	三童出義	저동 최삼룡 · 박귀남 · 박용진
59	3.20	藥舖義捐	각 약방 인원들
60	3.23	車夫出義	중서 인력거꾼 장승관 등
61	3.23	學童出義	양사동 사숙 아동들
62	3.27	賣舍捐金	전 판서 김용목 부인
63	3.28	酒家義捐	동곡 과부 서씨
64	3.28	會同捐義	서문 밖 김성원 등
65	3.28	유시모유시녀	전 비서승 송인회 부인 박씨
66	3.28	부인의금	참봉 최재학 부인 차씨, 김홍덕 모친 신씨, 주사 김석영 부인 김씨, 재동 오청송 부인 이씨, 교동 참서 김봉선 부인 김씨, 운교 엄씨 부인
67	4.6	車夫出義	서십자각 인력거꾼
68	4.6	兒童出捐	차동 김창성
69	4.11	婦人再捐	원동 과부 황씨
70	4.12	卜夫出捐	자암동 점쟁이들
71	4.13	車費義捐	정삼품 정환규
72	4.14	一洞出義	용산방 전 참서 고순재 등
73	4.16	兒童奮義	계산학교 장재륜 등
74	4.18	李童可尙	니동 이귀동
75	4.18	采玉愛國	거조산동 매음녀 채옥
76	4.26	中校義捐	중동야학교 최홍모 등
77	5.2	金兵愛國	징상대 김병재
78	5.2	氷心在忠	서빙일계 상인조합 송종구 등
79	5.8	婦人義金	전 주사 한남극 부인 김씨 등
80	5.11	廣校義捐	남문 내 광화신숙 임원 및 교원들
81	5.11	夫人知義	도사 이현규 모친 정씨
82	5.15	放賣義捐	명주전 상인들
83	5.19	金氏特助	중교의숙 김우규
84	5.21	諸氏感義	윤응렬 등
85	7.4	捐俸義助	비서승 윤헌섭

2.《만세보》

번호	날짜	제목	의연자
1	2.26	報償金另助	만세보 분전수 8인
2	3.1	九歲兒出義	관동 이덕봉
3	3.2	李氏募集義金	이달용
4	3.2	女人減餐會發起	부인감찬회 김일당·김석자·박회당
5	3.7	朴氏義捐	태복사 박재경
6	3.13	比丘出義	미타사 여승 취해 등
7	3.15	金氏按月出義	하방교 김문식
8	3.15	平妓出義	경성 거류 평양 기생들
9	3.15	李氏父子出義	대리문동 이수영·이세근 등 삼부자
10	3.15	渾家出義	전 주사 한백우 일가
11	3.15	婦人出義	다동 김창일 부인 정씨
12	3.15	普成專門團體義捐	보성전문학교 주정균 등
13	3.16	軍人出義	육군연성학교 하영수·한용학 등
14	3.16	小兒愛國	창동 김갑경, 회동 안옥남·김병돌
15	3.17	義捐俸金	농포 강세윤
16	3.19	藥舖義捐	각 약방 인원들
17	3.20	篘商愛國	계동 빗자루 상인
18	3.21	會同出義	서문 밖 김성원
19	3.21	閔氏渾家斷烟	안국동 전 판서 민경호
20	3.29	水商義捐	북청인 물장수 등
21	4.5	梁氏出義	육군참장 양성환
22	4.6	兩氏特別義捐說	완순군 이재완, 전 판서 홍순형
23	4.6	金氏義捐	이현 김창열
24	4.9	內藏司官人義捐	궁내부 관리들
25	4.19	元老義捐	조병식
26	4.27	出義助會	이문동 영보신계 단체
27	5.3	合衆出義	서빙고동 부인들
28	5.4	高童義務	종로 탑골 고삼봉
29	5.15	普校學員出義	보성중학교 구성원들
30	5.16	捐助會費	김문식
31	5.26	奇哉女兒	자문동 이주현 부인 및 딸
32	6.8	三氏捐助會費	국채보상연합회의소 김종한·이용직·남정철

3.《제국신문》

번호	날짜	제목	의연자
1	2.27	一營一心	징상대 참령 이기표 등
2	3.18	申衡均氏義捐誠	남문 박 신형균
3	3.26	爲國爲社	왕십리 홍재혁 등
4	4.1	爲國爲社	명동 유찬섭 부인, 아현 맹인 김소사, 북창동 임창규
5	4.11	有志義捐	새문안 기름장수 이명보, 종교[76] 최인범
6	4.17	爲國爲社	상사동 정용혁 가족
7	4.24	寄金致謝	새문 밖 경교 신송
8	5.6	致賀寄金	새문 밖 이태준 부인 조경인
9	5.29	寄金可賀	남문 안 연초상점 신태영, 청파사계 안문재
10	6.4	致謝義金	대평동 포목전 박호선
11	6.12	志士捐金本社	교동 이용선
12	6.16	銘謝寄金	조동[77] 이동규

4.《황성신문》

번호	날짜	제목	의연자
1	3.1	又一發起	동현의 각 약국
2	3.2	閔氏斷烟	민영소
3	3.2	義哉李氏	장례원 주사 이준수
4	3.4	父感子義	보홍학교 학생 및 학부형들
5	3.5	貯金義助	태복사 주사 서정필·이규동
6	3.8	普校學員斷烟	보성전문학교 학생들
7	3.15	兩夫人愛國熱誠	부인감찬회 김일당·김석자
8	4.15	兒童奮義	계산학교 장재륜 등
9	4.20	學徒奮義	보성전문학교 학생들
10	8.17	眞是憂國	주전원 순검 신학균·박시현

76 기사에는 '종교'로 표기되어 있으나 어떠한 지명을 의미하는지 확인되지 않음.

77 기사에는 '남셔 조동'으로 표기되어 있으나, '북서 조동(현재 마포구 중동)'을 의미하는 것으로 보임.

제5장

일제의 탄압과 의연금 행방

이승윤(서대문형무소역사관 학예연구사)

1. 머리말

1907년 2월 대구에서 시작한 국채보상운동은 서울을 거점으로 다시 불길처럼 퍼져나갔다. 정치에 관심이 없던 계층조차 나라 빚을 갚겠다며 앞다투어 의연금을 내는 모습은 언론을 통해 표출되어 또 다른 의연활동으로 이어졌다. 과격한 선언도 폭력적 행동도 없는 선하기 그지없는 이 운동에 누구도 공격을 가할 수 없었고 비판을 가할 수 없을 분위기가 만들어졌다. 그러나 1907년 7월 일제에 의해 고종이 강제 퇴위당하고 군대 해산, 의병전쟁까지 연이어 일어나면서 국채보상운동은 점차 관심에서 멀어졌다. 운동을 처음 주창한 서상돈과 어느새 운동의 구심점이 되어 있는 언론사들이 틈틈이 나라 빚의 존재와 그 해결을 위해 힘을 모아야 한다는 사실을 환기시키며 겨우 이어나가고 있었다.

이러한 상황에서 결정적 전환점을 만든 것은 통감부가 주도한 양기탁 공판사건이었다. 1908년 7월 대한매일신보사에서 근무하고 있던 양기탁을 유인해 강제로 체포한 후 의연금을 사적으로 유용하였다는 혐의로 재판을 진행한 것이다. 결과적으로 양기탁에게 무죄가 선고되었지만 체포에서 판결에 이르는 세 달 남짓한 기간 동안 분위기는 완전히 반전되었다. 의연금 모금은 거의 이루어지지 않았고, 그 대신 의연금 관리에 대한 의혹만 눈덩이처럼 커졌다. 의연금 조사에 관심이 집중되면서 운동의 본질은 완전히 흐려졌다. 이후 국망으로 목적을 상실한 의연금의 활용과 처리방법을 두고 다시 사회적 논의가 분분해졌다.

이와 같은 국채보상운동에 대해 기존 연구에서는 '정치적 운동'으로 파악했다는 기본적인 이해만 있었을 뿐 통감부를 포함한 일본 측의 태도와 대응양상에 대해서는 지금까지 잘 주목하지 않았다. 통감부가 직접적인 태도를 거의 드러내지 않았기 때문이기도 하지만, '양기탁 재판이 국채보상운동을 좌절시켰다.'는 기존의 통념이 강하게 작용한 원인도 있다. 때로는 원만하게 추진되던 국채보상운동이 양기탁 재판을 계기로 중단되었다는 과장된 설명이 통용되기도 한다. 그러나 양기탁 재판만이 일제 탄압의 전부는 아니다. 이에 본고에서는 국채보상운동이 시작된 시점 이래 통감부가 이 운동에 대해 어떻게 인식하였으며, 어떠한 태도를 유지했는지부터 검토해보고자 한다.

양기탁 재판과 이후 전개양상에 대해서도 살펴볼 것이다. 양기탁 재판 그리고 베델에 대해서는 기왕의 연구가 있으므로 가급적 소략하게 다루되[1] 해당 사건을 둘러싼 정치사회적 변화에 주목할 것이다. 재판의 후폭풍이 작지 않았음에도 이후 의연금 조사와 처리과정에 대해서는 거의 밝혀진 것이 없다.[2] 국채보상의연금이 1923년 민립대학설립운동의 자금이 되었다고 소개한 글이 있을 정도로 의연금의 행방에 대해서도 잘 알려져 있지 않다.

국채보상운동에 대한 완전한 이해를 위해 본고에서는 운동 초기부터 일제가 국채보상운동에 대해 가졌던 태도와 언론 등을 통한 방해공작의 다양한 면모를 살펴보고 '국채보상금 소비사건'을 전환점으로 국채보상

1 정진석, 《양기탁-항일 민족 언론》, 기파랑, 2015; 정진석, 〈국채보상운동과 언론의 역할〉 《한국민족운동사연구》 8, 1993.

2 의연금 조사와 처리 문제에 대해서는 국채보상운동 초기 연구에서 일부 소개되었으나, 이후에는 이를 답습하는 정도의 경향이었다(최준, 〈국채보상운동과 프레스·캠페인〉 《백산학보》 3, 1967; 이송희, 〈한말 국채보상운동에 관한 일연구〉 《이대사원》 15, 1978).

운동이 종료되고 의연금 처리를 둘러싸고 펼쳐진 사회적 갈등 상황, 그리고 의연금의 행방에 대해서도 규명하고자 한다. 이를 위해 통감부문서와 조선총독부 기록물을 활용하였으며, 《대한매일신보》·《황성신문》·《만세보》 등의 언론자료도 참고하였다.

2. 운동 초기 통감부의 태도와 방해공작

대구에서 시작된 국채보상운동은 다시 서울을 거점으로 전국으로 파급되며 확대되었다. 각종 언론에서도 적극적으로 취지서 등을 소개하며 운동을 독려하기 시작했다. 이러한 움직임을 예사롭게 않게 여긴 통감부 당국자들은 모금운동이 추진되는 정황을 통감에게 보고했다. 1907년 3월 2일 농상공무총장 기우치 주시로[木內重四郞][3]가 도쿄에 체류하고 있는 통감 이토 히로부미[伊藤博文]에게 '국채상환기성회 발족에 관한 건'이라는 제목으로 보고한 것이다.

> 지금 이곳에 국채상환기성회라는 것을 발기한 자가 있습니다. 그 배후에는 청년회, 자강회 등의 단체를 두고 있고, 궁중에서도 암암리에 동정을 보내는 것 같습니다. 베델이 주필을 맡고 있는 《매일신보》에서도 역시 크게 고취시키고 있습니다. 따라서 일반 인심은 크게 이를 환영하고 왕성하게 의연금 모금에 응하고 있습니다. 이것은 그 목적이 현 정부가 부담하고

3 기우치 주시로[木內重四郞]는 한국통감부 통상공무총장(1905. 12. 21.~1907. 8. 20.) 및 조선총독부 농상공부장관(1910. 10. 1.~1911. 7. 28.) 역임했던 인물이다.

있는 일본의 국채 1,300만 원을 보상해 갚아주는 데에 있다고 표방하지만 그 내용은 국권회복을 의미하는 일종의 排日운동임은 말할 것도 없습니다. 그리고 이에 앞서 먼저 대구에서 유지자가 서로 모여 일정 기간 禁烟會를 일으켜 회원 한 명이 금 1원씩을 내고 이것을 2천만 동포에게 보급하면 1,300만 원의 국채를 상환하기 어렵지 않을 것이라고 창도한 것이 곧 일반의 이목을 움직여 이 거사의 시작이 된 것 같습니다. 오로지 일시적인 정열에 광분한 무리들이 경거망동하여 이 상황이 오래 계속될 것이라고는 생각지 않으나 우선 현재 상황을 참고하시기 바라는 뜻으로 보고합니다.[4]

보고서에는 한국에서 국채보상을 목적으로 한 기성회가 발기하여 의연금 모금을 진행하고 있으며, 대한매일신보사에서도 이에 호응하여 적극적으로 나서고 있는 점, 이 운동의 시작이 대구에서 시작된 금연운동이라는 점 등 비교적 자세한 내용을 싣고 있다.

기우치 주시로는 국채보상운동 자체에 대해서는 '일시적'이며 '광분한 무리들의 경거망동' 정도로 치부했다. 그렇기에 이 운동이 오래 지속되지 않을 것이라며 의연금 모금으로 인한 국채 상환 가능성은 크게 염두에 두지 않았다. 오히려 이러한 움직임이 본질적으로 국권 회복에 목적을 두고 있으며, 명확한 배일排日운동이라는 점은 날카롭게 인식하고 있었다. 즉 운동을 통해 국채를 갚을 가능성보다 운동 과정에서 배일 기조가 왕성히 일어나는 것을 경계하고 있었던 것이다. 더욱이 보고서에 명시된 것처럼 《대한매일신보》가 이 운동을 지원하고 있다는 점을 특별히 주목하고 있었다.

4 〈國債償還期成會 發足에 관한 件〉《통감부문서》2, 국사편찬위원회, 1998.

통감부에서 국채보상운동에 주목한데는 영국인 베델, 즉 대한매일신보사에서 이 운동을 지원하고 있다는 점이 크게 작용했다. 당시까지 대한매일신보사는 의연금의 직접 수납이나 의연금 수전소로 배정되는 것에 대해서는 거부하고 있었다. 기사를 통해 공공연하게 의연금을 수납하지 않는다고 공시한 상태였다.[5] 그러나 의연금 모금 자체를 반대하는 것이 아니었다. 오히려 국채보상 수합금 전액을 맡겨둘 만한 수합처를 결정하는 등 보다 확실하게 모금·수합방법을 정한 후에 실행하자는 입장을 표시한 것뿐이었다. 이와 별개로 2월 21일 김광제·서상돈 명의의 취지서 〈국채1,300만원보상취지〉와 2월 27일 〈국채보상기성회 취지서〉를 게재한 데 이어 2월 28일과 3월 1일에는 〈국채보상에 대하여 경고 동포〉라는 순한글 논설과 〈한인충애韓人忠愛〉라는 논설을 연달아 발표하여 국채보상운동의 참여를 적극 호소하였다.

〈한인충애〉 논설

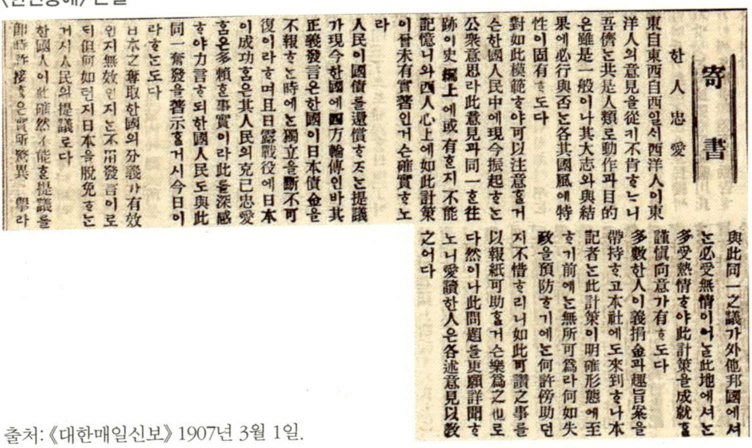

寄書
한人忠愛
東自東西自西일식西洋人이東
洋人의意見을從키不肯ᄒᆞᄂᆞ니
吾儕ᄂᆞᆫ共是人類로動作과目的
은雖是一般이나其大志와與結
果에必行與否ᄂᆞᆫ各其國風에特
性이固有ᄒᆞ도다
對如此模範ᄒᆞ야可以注意ᄒᆞᆯ거
ᄉᆞᆫ한國人民中에現今振起ᄒᆞᄂᆞᆫ
公衆意思라此意見과同一ᄒᆞᆫ往
跡이史冊上에或有ᄒᆞᆫ지不能
記憶ᄒᆞ니와西人心上에如此計策
이曾未有實蹟인거ᄉᆞᆫ確實ᄒᆞ노
라
人民이國債를還償ᄒᆞ자ᄂᆞᆫ提議
가現今한國에四方輪傳인바其
正義發言은한國이日本債金을
不報ᄒᆞᄂᆞᆫ時에ᄂᆞᆫ獨立을斷不可
復이라ᄒᆞ며且日露戰役에日本
이成功ᄒᆞᆷ은其人民의克己忠愛
ᄒᆞᆷ은多賴ᄒᆞᆫ事實이라此를深感
ᄒᆞ야力言ᄒᆞ되한國人民도與此
同一奮發을豁示ᄒᆞᆯ거시今日이
라ᄒᆞᄂᆞᆫ도다
日本之奪取한國의分義가有效
인지無效인지ᄂᆞᆫ不稱發言이로
되但何如ᄒᆞᆫ지日本을脫免ᄒᆞᄂᆞᆫ
거시人民의提議로다
한國人이此確然不能ᄒᆞᆫ提議를
卽時許接ᄒᆞᆷ은實所驚異ᄒᆞᆫ擧라
與此同一之議가外他邦國에셔
ᄂᆞᆫ必受無情이어ᄂᆞᆯ此地에셔ᄂᆞᆫ
多受熱情ᄒᆞ야此計策을成就ᄒᆞᆯ
謹愼向意가有ᄒᆞ도다
多數한人이義捐金과趣旨案을
帶持ᄒᆞ고本社에도來到ᄒᆞ나本
記者ᄂᆞᆫ此計策이明確形態에至
ᄒᆞ기前에ᄂᆞᆫ無所可爲라何如失
敗을預防ᄒᆞ기에ᄂᆞᆫ何許傍助던
지不惜ᄒᆞ리니如此可讚之事를
以報紙可助ᄒᆞᆯ거ᄉᆞᆫ樂爲之也로
다然이나此問題를更願詳聞ᄒᆞ
노니愛讀한人은各述意見以教
之어다

출처: 《대한매일신보》 1907년 3월 1일.

5 〈宜擇實處〉《대한매일신보》 1907년 2월 27일; 〈본사광고〉《대한매일신보》 1907년 3월 5일.

《대한매일신보》는 시종일관 일제의 정책을 비판하며 항일적 논조를 유지했고, 발행부수가 가장 많은 영향력 있는 신문이었기 때문에, 통감부에서는 《대한매일신보》와 베델을 철저히 예의주시하고 있었다.[6] 일찍부터 베델을 추방하고 신문을 폐간시키기 위해 갖가지 공작을 시도해왔는데, 국채보상운동이 진행 중이던 1907년 10월과 1908년 6월에도 두 차례의 재판을 통해 그를 처벌·추방하려고 했다.[7] 이렇듯 눈엣가시 같던 《대한매일신보》까지 합세해 전국적으로 확대된 국채보상운동에 대해 통감부는 운동 목적의 달성 여부보다 그 과정에서 배일 분위기가 심화·표출되는 것을 경계했다.

이는 1907년 6월 이토 히로부미가 내각총리대신에게 보고한 문서를 통해서도 확인할 수 있다.

> 국채보상회라는 이름하에 우민들을 선동하여 각처에서 집회하거나 또는 연설·토론회·인쇄물에 널리 국채 상환의 필요성을 설명하고 몰래 배일사상을 일으키려는 수단을 획책하고 있다. 사세가 이 같이 되어감에 현 내각

6 1908년 5월 말 기준 대한매일신보의 발행 부수는 국한문판 8,143여부, 한글판 4,650부, 영문판 463부로 합계 1만 3,256부로 조사되었다. 이는 《제국신문》·《황성신문》·《국민신보》·《대한신문》의 발행부수를 합친 것과 비슷한 수치이다(〈대한매일신보사의 현황(경비 제202호)〉《統監府文書》 2, 국사편찬위원회, 1998).

7 1907년 10월 일본의 요구로 《대한매일신보》와 《Korea Daily News》 두 신문 기사의 내용이 공안 질서를 해치거나 이를 조장한 것이라는 명목으로 영사관에 고소를 접수했다. 영국 총영사 헨리 코번(Henry Cockburn)이 재판장이 되어 영사재판에 회부한 뒤 베델에게 6개월의 근신과 선행 보증금을 공탁하도록 판결을 얻어낸 바 있고, 1908년 6월에는 통감부 서기관 미우라 야고로[三浦彌五郎]가 통감의 권한을 위임받아 베델을 고소한 일이 있었다. 상하이 주재 고등법원 판사와 검사가 서울에 와서 재판을 진행, 3주일의 금고형을 선고했다. 이로 인해 베델은 상하이에 가서 복역해야 했다(정진석, 《네 건의 역사드라마-국제 재판 기록 1907~1908》, 소명출판, 2022, 27쪽).

과 주의강령을 함께 하는 일진회와 같은 단체마저도 의기가 점차 소심해져 거의가 그 전일의 세력을 만회할만한 계책도 없는 듯하다.[8]

당시 이토 통감은 내각 의정부 참정대신을 박제순에서 이완용으로 교체하고 그 전말에 대해 보고했다. 한국의 정치 상황으로 인한 어쩔 수 없는 교체라는 것이다. 그 중 국채보상운동이 성황인 정황을 설명하면서 해당 운동이 '우민을 선동'하고 '몰래 배일사상을 일으키려 획책'한다고 그 성격을 설명했다.

농상공부 대신의 보고를 받은 이토는 내부 경무부에 해당 운동의 동태를 조사하라 명했다. 경무고문 마루야마 시게토시[丸山重俊][9]는 이후 면밀하게 운동의 추이 및 주요 인물의 동태를 파악·감시하였고, 주요한 사건 및 의연 상황 등은 통감에게 보고했다. 《만세보》 기사에도 내부 경무고문부에서 "국채를 보상하는 일로 발기한 사람의 이름을 적어 와서 그 사람들의 평소 품행과 이력을 조사하는 중"이라는 정황이 확인된다.[10]

경무부에서는 우선 국채보상 단체들의 설립 추이와 그 추진 인물에 대해 조사했다. 3월 9일에는 서도의성회 설립 정황, 즉 지기영池基榮이 주도하여 국채서도보상사무소를 설립했으며, 경상·충청남도의 인민들이 집합하여 비밀리에 일을 꾸미고 있다는 내용으로 보고했다.[11] 3월 14일에는 국채보상운동을 주도하고 있는 주요 단체들의 현황에 대해 정리하여

8 〈한국 내각 경질 사정 통보 건(1907. 6. 4.)〉《통감부문서》 3, 국사편찬위원회, 1998.

9 마루야마 시게토시(1856~1911)는 일본 경시청의 경시로서 1904년 2월 조인된 〈한일의정서〉에 따라 1905년 1월 대한제국 경무청의 경무고문으로 취임했다. 1907년 8월에는 경시총감이 되어 경찰 전권을 장악했다.

10 〈報償金請禁〉《만세보》 1907년 3월 3일.

11 〈國債報償事務所新設/件(1907. 3. 9.)〉, 警視廳 警務課 司法係(국가기록원 소장).

국채보상모집금 조사 문서

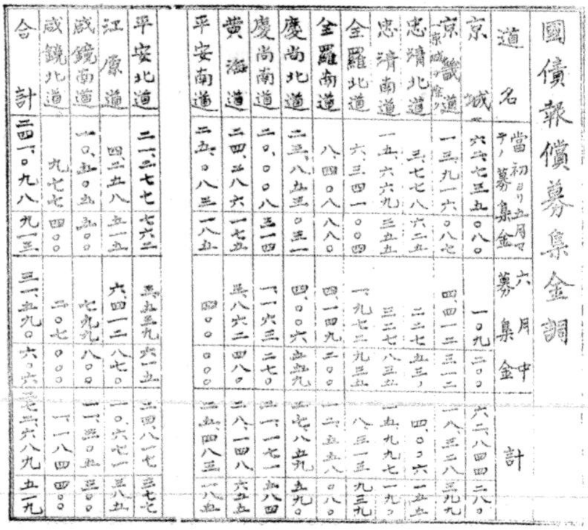

國債報償募集金調

道名	當初ヨリ五月マデノ募集金	六月中募集金	計
京城	[illegible]	[illegible]	[illegible]
京畿道(京城ヲ除ク)	[illegible]	[illegible]	[illegible]
忠清北道	[illegible]	[illegible]	[illegible]
忠清南道	[illegible]	[illegible]	[illegible]
全羅北道	[illegible]	[illegible]	[illegible]
全羅南道	[illegible]	[illegible]	[illegible]
慶尚北道	[illegible]	[illegible]	[illegible]
慶尚南道	[illegible]	[illegible]	[illegible]
黃海道	[illegible]	[illegible]	[illegible]
平安南道	[illegible]	[illegible]	[illegible]
平安北道	[illegible]	[illegible]	[illegible]
江原道	[illegible]	[illegible]	[illegible]
咸鏡南道	[illegible]	[illegible]	[illegible]
咸鏡北道	[illegible]	[illegible]	[illegible]
合計	[illegible]	[illegible]	[illegible]

출처: 국가기록원.

보고했다.[12] 단연동맹회 · 국채보상기성회 · 부인감찬회 등 8개 단체에 대해 주창자와 위치 등을 정리한 것이다.

국채보상운동이 예상했던 것보다 오래도록 왕성하게 진행되자 의연금액에 대해서도 관심을 가졌다. '국채보상모집금조'로 7월 28일과 8

12 〈國債償却國體務結社/件(1907. 3. 14.)〉, 警視廳 警務課 司法係(국가기록원 소장)의 내용은 아래와 같다.
단연동맹회: 주창자 대구 서상돈
국채보상기성회: 경성 중부 보성회관 내에 사무소가 있다.
국채보상의성회: 관서 志士 지기영을 중심으로 하고 평양 객주 김윤영 집에 사무소가 있다.
부인감찬회: 유지 부인 단체로서 별도의 사무소는 없다.
국채보상일심회: 문병길이 주창자이다.
국채보상동맹회: 관서 지사 오대규가 주창자이다.
국채보상의무회: 의주 유□연
국채보상의무소: 전라북도 志士

월 22일 조사한 기록이 남아있는데, 여기에는 경성·경기도를 포함한 14개 지역 단위 의연금의 전월까지의 모집금과 당월 모집금을 나누어 정리하여 통감에게 보고하였다.[13] 보고에 따르면 4월까지 16만 4,217.225원을 모집되었으며 5월 중 6만 6,881.688원, 6월 중 3만 1,590.606원을 모집하여 6월 말까지 27만 2,689.519원을 모집하였다고 파악하였다.[14] 이 금액은 《대한매일신보》·《황성신문》·《만세보》 등에 소개된 의연금보다 많은 것이어서 어떠한 방법으로 조사한 것인지 의문이다. 다만 금액이 구체적으로 언론을 통해 소개되지 않은 단연동맹회나 지역 단위 보상단체에서 의연한 금액을 포함하는 것이라 추측만 가능하다. 실제로 대한자강회 및 대한협회 고문으로 활동하던 오가키 다케오[大垣丈夫]가 '국채보상회에서 모집한 25만 원'으로 은행을 설립하기 위해 통감부의 승인을 얻으려던 일도 있었기에 해당 금액이 국채보상기성회 등 관련 단체에서 가늠하고 있던

13 〈본부 국채보상금모집금의 건(1907. 7. 28.)〉; 〈본부 오월분 국채보상 모집 건(1907. 8. 22.)〉, 警視廳 警務課 司法係(국가기록원 소장)

14 1907년 8월 22일 국채보상 모집금 조사 금액을 명시하면 다음과 같다.

도명	당초부터 5월까지의 모집금	6월 중 모집금	계
경성	62,735.080	109.200	62,844.280
경기도(경성 제외)	13,916.087	4,412.312	18,328.399
충청북도	3,778.625	227.530	4,006.155
충청남도	15,669.355	327.835	15,997.190
전라북도	6,341.004	1,972.935	8,313.939
전라남도	8,406.880	4,149.200	12,558.080
경상북도	23,853.031	4,006.559	27,859.590
경상남도	20,008.514	1,163.270	31,171.584
황해도	24,286.175	3,862.480	28,148.655
평안남도	25,083.185	400.000	25,483.185
평안북도	21,277.762	3,559.615	24,817.377
강원도	4,258.515	6,412.870	10,671.385
함경남도	10,505.500	799.800	11,305.300
함경북도	977.400	207.000	1,184.400
합 계	241,098.913	31,590.606	272,689.519

총 의연금액에서 도출한 것이라 추정할 수 있다.

통감부는 예금 현황에 대해서도 면밀히 감시하고 있었다. 1907년 12월 20일 총무장관 쓰루하라 사다키치[鶴原定吉]는 한국주재 미국 총영사에게 한미전기회사에 예치되어 있다고 추정되는 17만 원의 의연금에 대해 확인을 요청한 바 있다. 미국 총영사 토마스Thomas Passe Mess는 양도증서를 입수하여 외무총장 나베시마 게이지로[鍋島桂次郎]에게 비공식적으로 전달한 뒤 26일 쓰루하라에게 회신하였다.[15] 1908년 3월에도 대한매일신보사에서 모집한 예금을 천일은행에서 인천항 회풍은행匯豊銀行으로 변경한 것에 대해 통감대리에게 보고하는 등 감시를 늦추지 않았다.[16]

일제는 국채보상운동에 대해 배일적 성격으로 평가하였지만, 그 자체가 온건한 방법을 택하고 있으며 보상의 대상이 일본인만큼 보상운동을 드러내놓고 막을 수는 없었다. 의병활동에 대해 강경·과격하게 탄압했던 한국주차군사령관 하세가와 요시미치[長谷川好道] 조차 "이것은 의로운 일이니 어찌 막을 수가 있겠는가."라고 반응했을 정도이다.[17] 이에 통감부가 택한 방식은 한국인을 이용해 간접적으로 압박을 가하거나 언론을 통해 운동을 방해하는 것이었다. 일제는 내부대신 이지용에게 내부 훈령을 내려 의연금 모금을 즉각 중단시키라고 지시했다. 이에 대해 이지용은 "우리 국민들이 나를 (을사) 오적의 괴수로 지목하고 있어 내 몸도 어떻게 처신할 줄 모르고 있으니 다른 일은 금지할 수 있어도 이 일은 금할 수 없습니다."라고 답변하였다.[18] 통감부 측에서도 국채보상운동에 대해 강경한 대

15 〈1907년 12월 26일자 한국 주재 미국총영사가 總務長官에게 國債報償金에 관해 발송한 공문 (1907. 12. 26.)〉《統監府文書》2, 국사편찬위원회, 1998.

16 〈국채보상금의 건(1908. 3. 11.)〉《통감부무문》2, 국사편찬위원회, 1998.

17 〈斷煙會의 國債報償運動〉,《매천야록》권5, 광무 11년 정미(1907).

처를 할 수 없는 상황임이 드러나는 대목이다.

한국 국민들도 통감부와 일제 측의 반응을 얼마간 예상하고 있었다. 3월 중순《황성신문》에는 마산 이사청이 국채보상운동을 탄압하였을 가능성에 대해 보도한 바 있는데, 창원 지역민들이 국채보상운동을 알리고 의연금을 수합하기 위해 붙인 광고와 깃발을 마산 주재 이사청에서 철거하고 의연금을 엄격히 금지하였다는 소문이 있었다는 것이다.[19] 〈사시풍설似是風說〉이라는 기사 제목에서도 알 수 있듯이 이는 항간에 떠도는 소문에 불과하기에 사실 여부를 확인하기는 어렵다. 다만 이사청에서 의연을 금지하고 방해했다는 소문이 '그럴 듯하다.', '그럼직하다.'고 평가받을 정도로 일제 당국에서 부정적으로 반응했음을 세간에서도 인지하고 있었던 것이다.

국채보상운동을 적극적으로 금할 수 없었던 통감부는 기관지인《경성일보》와 일본인 발행 신문 등을 활용하여 방해공작을 펼쳤다.[20]《경성일보》는 1907년 3월 중순부터 국채보상운동과 관련하여 〈논단연보채회論斷煙報債會〉라는 제목의 논설을 연이어 게재하였다. 이를 통해 국채보상운동이 실효를 거둘 수 없는 허무맹랑한 운동이라고 일관되게 폄하하였다. 담배 피우기를 그만두어서 국채를 보상하자는 것이 정신은 가상하지만 방

---

18 〈報償金請禁〉《만세보》 1907년 3월 3일.

19 〈似是風說〉《황성신문》 1907년 3월 20일.

20 당시 통감부에서는 일문 일간지인《경성일보》와 영문《서울프레스(Seoul Press)》를 발행하고 있었다.《경성일보》는 일본공사관의 비밀 기관지였던《한성신보》와 기쿠치 겐조[菊池謙讓]의《대동신보》를 매수 후 1906년 9월 1일 제명을 바꿔 새롭게 발간한 것이다. 영문 일간지 서울프레스는 원래 영국인 하지(Alfred Weekley Hodge)가 1905년 6월부터 발간하던 것을 1906년 12월 통감부가 매수하여 기관지로 만들었다. 이토 히로부미는 "유력한 신문을 발행하여 對韓 보호정치의 정신을 내외에 선양하고, 日鮮融和의 대의를 창도한다."는 목적을 밝히고 해당 신문을 대내외적인 홍보 수단으로 널리 활용하였다.

법이 현실과 동떨어져 독립의 실제를 거둘 수 있는 국가적인 계책은 아니며, 보잘 것 없는 자금을 추렴하여 거금의 국채를 상환하겠다는 것이 '어리석은 사람의 꿈 이야기'[21]에 불과하다며 혹평하기도 했다.[22] 또한 한국의 인구가 어린 아이와 부녀자를 제외하면 담배를 피우는 사람의 실제 수효도 매우 작고 또 일치단결하여 힘써 실천할 수 있다는 것은 그러한 견해를 가진 자들의 망상이요 헛소리에 불과한 것이라고 폄하하였다. 이어 해당 보상회의 생각이 얕고 상스러우며 의론의 근거가 없어서 헛되이 사람들의 마음만 혼란케 한다고 반대 입장을 밝혔다.[23] 《서울프레스》도 3월 8일 '오도된 애국심Misguided Patriotism'이라는 논설을 통해 전국으로 확산되고 있는 국채보상운동이 실현 불가능한 목표를 설정한 잘못된 캠페인이라고 논평했다.[24] 《경성일보》와 《서울프레스》의 논설은 그대로 통감부와 일제 당국자들의 태도를 반영하고 있는 바, 3월 말 이토 통감이 고종을 알현할 때 국채보상운동에 대해 "백성들이 나라를 생각하는 것이 이와 같이 발전된 것을 축하드린다."고 발언한 것과 묘한 대조를 이룬다.

한국 내에서 일본인들이 발행하던 언론들과 친일 언론들도 시종일관 부정적인 태도를 견지했다. 《만세보》·《대한매일신보》·《황성신문》 등이 국채보상운동의 각종 취지서들을 게재하며 지원하고 적극적으로 참여한 것과 달리 해당 운동이 성공 가능성이 없으며 배일을 목적한 운동이라며 일관되게 부정적인 반응을 보였다. 인천 《조선신보朝鮮新報》는 〈국채보

21 원문에는 "癡人의 說夢"이라고 표시되어 있는데, 이는《冷齋夜話》에서 유래한 말로 이해도 못하는 상대에게 열심히 설명하는 어리석음을 비유한다.

22 〈各紙論〉《만세보》 1907년 3월 12일; 〈各紙論〉《만세보》 1907년 3월 13일.

23 〈各紙論〉《만세보》 1907년 3월 14일.

24 〈오도하는 충애〉《대한매일신보》 1907년 3월 12일(정진석, 앞의 책, 2022, 74~75쪽).

상기성회〉라는 제목의 논설을 통해 한국에서 일부 유지들 즉 김성희·유문상·이필상·김주형·오만선·최병옥 등 20여 명이 발기하여 국채보상기성회를 설립하고 취지서 및 규칙을 발포하여 그 모집을 개시한 사실을 소개하였는데, "그 말은 비록 선하지만 그 중심은 자못 꺼려진다."며 이른바 배일사상을 드러내는 일이라고 비판하였다.[25] 당시 일본인 발행 신문들은 일제가 지급하는 보조금을 받아 운영비에 충당하고 있었는데, 《조선신보》도 1904년부터 통감부의 보조금을 받기 시작하면서 발행지를 인천에서 서울로 옮기고 발행주기도 일간으로 확대하였다.[26] 통감부는 보조금 지급을 통해 해당 언론들을 정치적 선전에 적극 활용하고자 했고, 《조선신보》 역시 '일본 제국의 정치 방향과 강령을 일반 국민에게 홍보하는 역할을 성실히 수행'하는 언론 매체였다. 일본의 언론들은 국채보상운동을 허황되고 불가능한 것이라 말하며 폄하하고 나아가 성공 가능성이 없는 일에 사람들의 희생을 강요한다며 비난했다.

이처럼 통감부는 국채보상운동을 배일운동이라 단정 짓고 그 동태를 면밀히 감시했다. 그 자체가 온건한 방법론을 띠고 있기 때문에 적극적으로 나서서 단속 탄압하기보다는 우회적으로 운동을 중단시킬 방법을 찾았다. 내부대신 이지용을 압박해 훈령을 내리도록 한 일이나, 언론을 통해 부정적 여론을 만들면서 운동이 확산되지 못하도록 방해했다. 그러나 이러한 방해에도 국채보상운동에 대한 한국민의 열망은 쉽게 사그라들지 않았다.

25 〈各논설—辨解朝鮮新報 排日思想說〉《만세보》 1907년 3월 3일.

26 국사편찬위원회, 《한국사》 20(근대: 근대문화의 발생), 1981, 82~104쪽; 〈《한성신보》 및 《조선신보》에 관한 건(1904. 3. 8.)〉 《주한일본공사관기록》 22, 국사편찬위원회, 1991.

3. '국채보상금 소비사건' 조작

1) 양기탁 체포와 공판

1907년 7~8월을 정점으로 의연금 모금은 기세가 완연히 꺾였다. 고종황제의 강제 퇴위와 한일신협약, 이후 전국적으로 확산된 의병전쟁 등 불안한 정세 속에서 국채보상운동은 지속되기 어려웠다. 여기에 국채보상기성회 총무 오영근吳榮根이 기성회에서 수합한 의연금 중 5,000원을 횡령하는 사건이 발생하는 등[27] 기금 운영을 둘러싼 문제가 불거지면서 기금이 제대로 관리되고 있는지에 대한 의혹이 종종 제기되고는 했다. 이런 상황에서 의연금 모금은 점점 부진해졌지만《대한매일신보》·《황성신문》등은 주기적으로 국채보상의 필요성을 지적하며 의연을 독려했다.

그러나 자발적인 애국심에 호소하는 방법만으로는 목표한 금액을 달성하기 벅차다는 사실을 차츰 깨닫기 시작했다. 접수된 액수가 목표에 도달하기에는 턱없이 부족했던 것이다. 이렇게 되자 의연금을 기탁하는 열의도 차츰 식어갔고 이미 걷힌 의연금의 행방에 대해 의구심을 품는 사람까지 생기게 되었다. 한편 통감부는 이 기금이 장차 어떤 반일 목적에 사용될지도 모른다는 의심도 갖고 있었다.[28]

1908년 7월 12일 대한매일신보 총무 양기탁이 일본 경찰에 체포된 이후 상황은 급변하기 시작했다. 일찍이 국채보상운동 관련 단체와 인물 등의 동향을 예의주시해오던 경시총감 마루야마는 1908년 3월 11일 대한매일신보사 사장 베델과 양기탁 등이 예금을 옮긴 사안에 대해 부통감

27 〈吳氏納票〉《대한매일신보》1907년 7월 17일;〈國金缺損〉《황성신문》1907년 11월 5일.
28 정진석, 앞의 책, 2022, 305~306쪽.

소네 아라스케[曾禰荒助]에게 보고하였다.[29] 본래 천일은행에 예금 중이던 4만 2,535원 중 3만 원을 인출하여 비밀리에 인천항 회풍은행에 예금하였다는 내용이었다. 마루야마는 중국 상하이에 본점을 둔 해당 은행에 지금까지 보상금을 예금한 일이 없었으며, 이 일이 추후 분쟁을 초래할 요소가 될 것이라 장담했다.

이후에도 베델 등의 동향을 면밀하게 감시하던 마루야마는 7월 4일 다음과 같은 보고를 올린다.

> 대한매일신보의 주관이었던 베델과 기자 양기탁이 동 신문사가 보관했던 국채보상금에 대해서 제멋대로 처리했다는 이야기는 이미 보고한 바와 같습니다. 동 신문사가 작년 3월부터 금년 6월 사이에 접수한 의연금 총액은 실로 6만 1,000원에 달합니다. 그 금액 중 3만 원은 금년 2월 7일 베델과 양기탁이 짜고 베델 명의로 인천항 회풍은행에 맡기고 2월 말에 2만 5,000원을 인출하였고, 4월에 이르러 4,000원 또 1,000원을 3회에 걸쳐 모조리 인출하여 한 푼의 현금도 남기지 않았습니다. 그런데 보상금총합소에는 베델과 양기탁이 제출한 회풍은행 발행의 3만 원 예금어음이 있다는 것은 별지 조사서와 같습니다. 현금 없는 어음은 있을 수 없으므로 그 어음이야말로 무효일 것이며, 3만 원은 이미 달리 소비되었을 것이라고 합니다. (중략) 그런데 매일신보사는 이 의연금에 대해서는 시종 취급의 정확함을 그 지상에 광고했습니다.[30]

29 〈국채보상금의 건(1908. 3. 11.)〉《통감부문서》2, 국사편찬위원회, 1998.

30 〈국채보상금에 관한 건(1908. 7. 4.)〉《통감부문서》4, 국사편찬위원회, 1999.

이와 같이 베델과 양기탁이 의연금을 임의로 사용했다는 정황을 포착하였다며《대한매일신보》에 월 단위로 광고한 월별 총금액과 보관방법 등과 함께 상세하게 보고했다. 통감부는 이를 국채보상운동과《대한매일신보》를 동시에 제압할 수 있는 완벽한 기회로 파악했다. 더구나 베델은 1908년 6월에 있었던 재판의 결과로 금고형을 받아 한국을 떠나있던 상태였다. 양기탁은 일본 경찰의 체포를 피하기 위해 대한매일신보사 밖으로 나가지 않은 채 신문을 제작하고 있었다.[31] 베델이 돌아오기 전에 양기탁에 대한 체포와 조사를 해야겠다고 생각한 총감 마루야마는 통역관 와타나베 다카지로[渡邊鷹次郎]에게 지시하여 양기탁을 대한매일신보사 밖으로 유인하도록 했다. 7월 12일 밤 와타나베는 양기탁에게 잠시 물어볼 말이 있다며 대한매일신보사 밖으로 불러낸 뒤 그 자리에서 체포했다.[32]

불법적 수단으로 양기탁을 체포한 것에 대해 주한 영국 총영사 코번은 강력히 항의했다. 그는 양기탁이 불과 한달 전 재판에서 베델에게 유리한 증언을 한 인물이며, 통감부가 베델 사건의 증인에게 보복하지 않겠다는 약속을 저버렸다고 항의했다. 통감부는 양기탁을 구인한 것은 베델 재판과는 아무런 관계가 없으며 죄인으로 체포한 것이 아니라 조사를 위해 유치한 것 뿐이라고 회신했다. 통감부의 해명을 납득할 수 없었던 코번은 이 사건에 대해 본국에 보고하였고, 영국 정부는 이를 영국인 소유의 신문에 대한 탄압으로 간주했다.[33] 영국 정부는 도쿄 주재 영국대사에게 훈령

31 대한매일신보사는 영국인 베델의 소유였으므로 치외법권을 인정받아 일본 경찰이 들어갈 수 없는 구역이었다.

32 〈事必歸正〉《대한매일신보》 1908년 7월 16일.

33 〈대한매일신보 기자 양기탁 의연금 소비 혐의 건(1908. 7. 13.)〉《통감부문서》 4, 국사편찬위원회, 1999.

하여 데라우치 외무대신에게 조회하도록 했다. 양기탁의 보석을 허락하고 재판을 속히 진행하라는 압력이었다. 양기탁의 체포가 영국과 일본 사이의 외교문제로 비화되자 통감부는 신속히 이에 대한 대응책을 마련하기 시작했다. 이토 히로부미는 마루야마에게 양기탁의 조사가 대한매일신보 재판 사건과 무관한 것임에 유의하여 행동하라고 훈시하였다. 또한 해당 조사가 한국인 관계자의 청구에 의해 추진된 사안임을 분명히 내세울 수 있도록 준비할 것, 대한매일신보사 외의 다른 신문사에 대한 조사 여부도 확인토록 했다.[34]

양기탁은 7월 18일 경성지방재판소로 송치되었으며, 통감의 지시에 따라 황성신문사, 제국신문사, 기타 모금소에 대한 조사도 시작했다. 양기탁 체포가 일본의 정치적·보복적 의도에서 비롯된 것이 아님을 증명하기 위해 조사 전말에 대한 짜임새를 갖추어 나갔다. 초기에는 "한국인의 청구에 의해" 시작된 것이라고 두루뭉술하게 표현되던 것이 7월 23일 미우라 야고로[三浦彌五郎] 경성이사청 이사관의 발언에서는 "대구와 개성에서 보상금의 정확한 계산을 공표하도록 내부대신에게 청원한 한인이 있어" 신문을 시작했다고 구체화되었다. 7월 25일 마루야마 총감이 이토 통감에게 보고한 문서에는 보다 상세한 내용으로 표현되었다. 보고에 따르면 국채보상회 의연금 낭비설이 파다하여 시찰을 했던 바, 대한매일신보사가 취급하던 의연금을 낭비한 사실을 확신하게 되었다는 것이다. 그래서 우선 이를 조사하고자 할 때 때마침 이동휘李東輝·정영택鄭永澤·이성호李星鎬 3명이 연서하여 내부대신에게 그 금액을 조사하도록 청원하여, 대신이 그

34 〈양기탁 체포와 재판문제에 대한 영국 정부의 항의 건(1908. 7. 22.)〉《통감부문서》4, 국사편찬위원회, 1999.

금액의 출납과 보관을 엄중히 조사하라 훈령하여 양기탁을 체포했다는 것이다.[35]

국채보상지원금총합소 윤웅렬로 하여금 상환 청원을 하도록 한 것도 통감부의 정치적 의도가 드러나지 않도록 하는 수단이었다. 양기탁 체포로 영국과의 외교문제가 불거진 상황에서 통감부가 직접 베델을 상대할 수는 없었다. 7월 17일경 귀국한 베델에 대해서는 윤웅렬을 포함한 총합소 임원 등에게 추궁하도록 획책했다. 윤웅렬은 7월 30일 11시 대한매일신보사 안에서 특별총회를 개최하여 베델이 관리하고 있던 총합소 모금액 4만 2,830원 6전에 대한 반환을 요구했다. 만약 베델이 도주하거나 혹은 그 돈을 모두 반환하지 않을 때는 총합소 위원들이 영국총영사관에 재판을 청구할 것이라고 과격한 문구까지 통문에 포함시켰다.[36] 베델은 총합소 회의에서 수차례 의연금의 현황을 설명하였고, 의연금 역시 횡령하지 않았다고 해명하였으나 총합소 위원들의 공격은 계속 되었다.

일본 언론과 친일 언론에서도 《대한매일신보》와 양기탁, 베델 등에 대한 악의적인 기사를 연이어 쏟아냈다. 《경성신보》는 8월 14일에는 '국채보상금 횡령사건'이라는 제목으로 전 국민이 국채보상 격문에 속아 의연금을 내는 것을 보고 양기탁과 베델과 협의하여 의연금을 모집, 이를 임의로 사용 횡령했다는 내용으로 보도했다. 심지어 횡령 금액이 10만 원에 달한다고 과장했다. 8월 15일 기사에서도 양기탁과 베델이 한국 국민들의 오해로 빚어진 애국심을 이용하여 의연금을 모집하고 이를 횡령하려는

35 〈국채보상금소비사건에 관한 건(1908. 7. 23.)〉《통감부문서》 4, 국사편찬위원회, 1999; 〈국채보상금소비사건(1908. 7. 25.)〉, 《통감부문서》 5, 국사편찬위원회, 1999.

36 〈대한매일신보사 내 국채보상금 모금을 위한 회의 개최 통문에 관한 건(1908. 7. 29.)〉, 《통감부문서》 5, 국사편찬위원회, 1999.

생각으로 사적으로 쓴 '범죄'라는 취지로 서술했다.[37]

8월 31일 양기탁에 대한 첫 번째 공판이 열렸다. 나카가와[中川] 검사장은 양기탁이 대한매일신보사 총무로서 사장인 베델의 동의를 얻어 한국의 채무를 보상한다고 칭하고 신문사를 모금 수납 장소로 정하여 의연금을 수령했으며, 이와 별도로 의연금총합소의 이름으로 다른 단체에서 모금한 의연금도 도맡아 관리하면서 상당한 금액을 횡령했다고 공소의 사유를 밝혔다. 검사장이 주장한 바는 양기탁이 수령해 실제로 관리한 모금액은 13만 2,982원 33전인데, 신문 상에는 6만 1,042원 33전만 수령했다고 허위광고를 내세워 일반인들을 속이고 차액 7만 1,939원 99전을 횡령하였다는 것이다.[38] 통감부 기관지 《서울프레스》는 경성지방재판소에서 다섯 차례에 걸쳐 진행된 공판에 대해 상세히 보도하고 있는 바, 공판일별 주요 사항을 정리해보면 〈표 1〉과 같다.[39]

대한매일신보사는 당시 의연금 총액을 한미전기회사 은행에 예치하고 있다고 광고했지만, 실상 조금 더 많은 이자를 얻기 위해 주식 매입, 대출 등의 방법을 활용하고 있었다. 베델의 입장에서는 더 많은 의연금을 확보하기 위한 나름의 합리적 활용이었으나, 이를 일일이 알리지 않은 점이

37 〈國債報償金横領事件〉《경성신보》 1908년 8월 14일; 〈梁起鐸 事件〉《경성신보》 1908년 8월 15일.

38 검사장이 내세운 13만 2,982원 33전에는 프랑스인 마르탱에게 대여한 금액이 2만 7,500원, 금광회사 주식 매입대금이 2만 5,000원 그리고 인천의 외국은행에 예금 뒤 인출한 3만원이 포함되어 있으며, 총합소에서 직접 수납한 1만 560원 1전을 공제한 것이다(〈경비 제292호 양기탁피고사건의 공판(1908. 8. 31.)〉, 《통감부문서》 5, 국사편찬위원회, 1999).

39 양기탁 재판과 관련해서는 기존에 충분한 연구가 이루어져 여기서는 상세히 다루지 않는다. 이와 관련해서는 구대열, 《제국주의와 언론》, 이화여자대학교 출판문화원, 1986; 정진석, 앞의 책, 2015 참고.

〈표 1〉 양기탁 공판 전개 상황

차수	일자	주요 과정	주요 내용
1차	8월 31일	공소제기	• 허위광고를 통해 국채보상 의연금 납부자들을 속이고 차액 7만 1,939원 이상을 사취하였다는 취지
2차	9월 3일	양기탁 심문	• 심문 내용: 베델과의 관계, 의연금 접수, 국채보상지원금총합소, 예금 3만원의 행방 • 검사, 증인 4명(베델·콜브란·마르탱·회풍은행 지배인) 소환 요청
3차	9월 15일	증인 심문 (베델, 마르탱)	• 베델: 현금 관리에 양기탁이 관여하지 않았으며, 주식 매입 사실 등을 광고하지 않은 과실 토로 • 마르탱: 베델에게 빌린 금액과 사용처 등 증언
4차	9월 25일	양기탁 심문	• 콜브란의 조서, 주식과 예금 상황 확인 • 검사가 양기탁에게 책임을 물을 수 없다며 증거불충분으로 무죄 언도 요청
5차	9월 30일	판결	• 증거불충분에 의한 무죄 판결 • 양기탁 출감

문제가 되었다. 그리하여 공소를 제기한 검사는 광고상 명시되어 있는 금액과 이를 주식 매입 등에 사용한 금액을 합쳐 총액을 산출한 뒤 양기탁 등이 실제로 모금된 금액보다 적은 액수만을 신문에 게재했고, 7만 원이 넘는 차액을 횡령했다고 한 것이다. 이미 오래전부터 국채보상운동의 동향을 감시해온 통감부는 이 사실을 알고 있었다. 그럼에도 금액을 부풀려 공소한 것은 베델과 양기탁에 대한 세간의 의혹을 증폭시키기 위함이었다.

그렇기에 한 달에 걸친 공판의 결과 양기탁이 무죄 방면되었더라도 통감부 측은 실망하지 않았다. 오히려 재판과정에서 통감부 측이 달성한 성과는 상당한 것이었다.

첫째, 베델과 대한매일신보에 대한 한국인의 절대적 믿음에 회복할 수 없는 틈을 만들어냈다. 공판 과정에서 베델이 의연금 관리를 잘하지 못하였다는 점을 공공연하게 알린 것이다. 양기탁 체포 이후 시작된 황성신문, 제국신문, 기성회 등에 대한 의연금 조사는 국채보상운동에 대한 세간의 의혹을 증폭시켰다. 국채보상운동의 중심기관이 와해되며 의연금 모금 대신 조사 보관에 목적을 두며 운동은 방향적 전환을 맞게 되었다. 이로써 국채보상운동은 동력을 완전히 상실하게 되었다.

내부 경무국에서 부통감에게 보고한 문서를 보면 당시 일반인의 동향을 짐작할 수 있다. 함경남도 덕원德源 · 문천文川 · 안변安邊 · 영흥永興 · 고원高原 각 군 지방의 유식자들이 '국채보상금소비사건'에 대해 어떤 반응을 보이는지 조사 보고한 것이다. 이에 따르면 반응은 다양하게 나타났다. 《대한매일신보》 구독자들은 베델과 양기탁 등에 대한 깊은 신뢰를 드러내며 "그와 같이 믿을만한 신문사 사장과 사원이 국민의 열혈로 내놓은 보상금을 소비했을 리가 없다."며 이것은 반대자가 날조한 것이라 굳게 믿는 분위기였다. 반면 일진회 회원들은 베델과 양기탁이 '양두구육羊頭狗肉'하는 무리라면서 입으로는 정의를 부르짖으면서 행동은 부정한 사람들로 평가하였다. 대한협회 회원들은 대부분 《대한매일신보》 구독자와 같은 입장이었지만, 일부는 베델과 양기탁의 주장에 애매모호한 점이 있으며, 만약 소비 사실이 확실하다면 엄정히 처벌해야 한다고 반응하였다.[40] 이처럼 양기탁 재판 이후 국채보상운동을 둘러싼 국론은 분열된 양상을 보였다.

둘째, 통감부가 장악한 사법 당국의 공정성을 대외적으로 과시하는 효과를 거두었다. 양기탁 재판은 일제가 한국의 사법권을 탈취한 후 열린 첫 공개재판이었다. 체포 당시부터 양기탁에 대한 처우 등을 둘러싸고 '조

40 〈대한매일신보 모집 국채보상금소비사건에 대한 신문 구매자 및 일진회 대한협회원의 논평에 관한 건(1908. 10. 10.)〉, 《통감부문서》 4, 국사편찬위원회, 1999.

심할 것'을 강조해 온 통감부는 이 사건이 한국인의 청원으로 시작한 일임을 강조해 왔으며, 베델·마르탱 등에 대한 증인 심문이 끝난 뒤 검사 스스로 무죄 언도를 요청하는 방식으로 공정함을 과시했다. 양기탁 석방 후 소네 부통감이 이토 통감에게 보고한 문서에도 "공명한 재판에 의해 혐의자에 대해 단호히 무죄 석방 선고를 내린 사실은 내외국인으로 하여금 우리 태도의 공정함을 믿게 만든 듯 하다."는 자평이 담겨 있다.

결국 양기탁이 무죄로 석방되었음에도 재판 전후의 과정에서 국채보상운동을 좌절시키고 《대한매일신보》와 베델의 명예에 크게 타격을 입힘으로써 통감부가 의도한 소기의 목적은 충분한 달성한 것으로 볼 수 있다.

2) 조사단체의 난립과 운동의 변질

양기탁에 대한 체포가 영국인 베델과 대한매일신보사를 겨냥한 정치적 보복이라는 영국 측의 의혹을 회피하기 위해 통감부는 황성신문사·제국신문사·만세보 등에 대한 조사도 진행했다. 8월 9일까지의 조사 결과에 의하면 황성신문사의 모금액은 6만 3,000원으로 공시된 금액 대비 21전 2리가 부족하고, 만세보와 국민신문사는 각각 338원과 55원을 모금하여 과불급한 것은 없다고 하였다. 다만 제국신문사의 경우 8,004여 원 가운데 224원을 사원이 보관하는 중인데 추후 확인이 필요하다고 보고하였다. 기왕에는 제국신문사가 1,000원을 소비한 행적이 있다고 했으나 이는 사실이 아니며, 국채보상회기성회의 부족 금액도 관계서류를 잘못 정리한 것뿐이어서 크게 문제 삼을만한 정도는 아니라는 취지였다.[41]

실상 통감부가 여타 수금소를 조사한 것은 요식적 행동이었을 뿐이

41 〈국채보상금 모금 전말 조사 보고(1908. 8. 9.)〉, 《통감부문서》 4, 국사편찬위원회, 1999.

다. 오히려 보상금 조사를 한다며 깊게관여 하는 것, 그것을 빌미로 베델을 직접 압박하는 것은 국내외에서 의혹과 반발을 살만한 일이었다. 이에 통감부는 양기탁에 대한 재판에만 집중하고 베델을 추궁하는 일은 한국인에게 맡기는 방법을 택했다.[42] 국채보상금총합소 소장 윤웅렬로 하여금 베델이 보관하고 있는 의연금을 반환하도록 획책했다. 윤웅렬은 총합소의 국채의연금을 바로잡기 위해 특별회의를 개최한다며 관련 인사들을 소집해 공론화시켰다. 또한 '사취詐取'한 의연금 3만 원의 반환을 영국영사에게 요청해 달라는 취지로 내부대신에게 청원서를 제출하기도 했다.[43] 1908년 7월 30일 오전 11시에 대한매일신보사에 윤웅렬·이강호·조준우·베델 등 14명이 모였다. 이 자리에서 베델이 보관하고 있는 금액을 즉시 회수하고 총합소 도장·은행통장·서류 등도 회수할 목적이었으나, 의연금액을 둘러싼 공방이 펼쳐져 협의를 마치지 못하고 폐회하였다.[44] 다음날 조존우·민영옥 등 6명이 별도로 회합하여 베델로부터 의연금을 회수하는 동시에 소장 윤웅렬을 면직하고 총합소를 종로 상업회의소로 옮기기로 결의하였다.[45] 이후 의연금 회수 요구를 두고 총합소 위원과 베델은 팽팽하게 맞섰다. 베델이 영국총영사가 보관하도록 모금을 옮겨야 한다고 주장하며 그렇지 않으면 일본 관헌에게 빼앗길 가능성이 있다고 경고

42 "한국의 형법에는 소비한 기탁금을 즉시 상환했을 때는 죄가 되지 않으므로 사건의 진상만 판명되면 군이 추궁하지 않을 작정이다."(〈국채보상회 모금에 대한 베델의 입장에 관한 건 1908. 7. 29.)〉, 《통감부문서》 4, 국사편찬위원회, 1999).

43 〈대한매일신보사 내 국채보상금 모금을 위한 회의 개최 통문에 관한 건(1908. 7. 29.)〉(〈베델이 사취한 국채보상금 반환 청원에 관한 건(1908. 8. 23.)〉, 《통감부문서》 4, 국사편찬위원회, 1999).

44 〈7월 29일 헌기 제416호 계속 보고(1908. 7. 31.)〉, 《통감부문서》 5, 국사편찬위원회, 1999.

45 〈국채보상금에 관한 건(1908. 8. 1.)〉, 《통감부문서》 5, 국사편찬위원회, 1999.

했다.[46]

8월 말이 되면 일진회와 대한협회가 보상금 조사 문제에 적극적으로 개입하기 시작한다. 8월 28일 총합소 평의회에서 일진회 기관지인 국민신보사 사장 한석진韓錫振이 평의원장으로 선정되었다. 한석진 등은 평의회에 만함Alfred. W. Marnham과 베델을 입회하도록 하여 국채보상금의 행방을 추궁했다. 또한 같은 날 일진회 평의원회를 개최하여 차후 일진회가 이 문제를 방관하지 않겠다는 뜻을 분명히 했다. 일진회 회원들은 국채보상금 정리문제에 대해 일진회의 의견을 제출하고 끝까지 간섭하여 국민들이 의혹을 갖지 않도록 하며, 금액 전부를 치밀하게 조사하여 '베델 일파'로부터 현재 보관중인 것과 지출이 불명확한 것까지도 모두 회수하자고 결의했다. 또한 금액이 모두 회수되면 이를 정부에 헌금하거나 또는 통감부에 맡겨두었다가 뒷날을 위해 쓰자는 의견을 결정했다.[47]

본래 일진회는 국채보상운동에 적극적인 입장은 아니었다. 오히려 일진회 간부 대부분은 이에 부정적인 태도를 보였다. 운동 초기 송병준이 "한국에 무슨 재정이 있어 거액의 차관을 감당하겠느냐."고 반대한 일이 언론을 통해 알려지면서 크게 비난 받은 일이 있었고, 충청북도 관찰사 윤길병은 순경을 보내 음성 무극시장에서 국채보상운동을 주도하고 있던 정기헌·윤태식을 체포해 고문한 일로 세간의 비난을 받았다.[48] 지역에서는 일진회 회원들이 국채보상운동에 참여하는 일이 종종 있었으며, 국민

46 〈양기탁 문제에 관하여 영국 당국에 주의를 요청하는 건(1908. 8. 14.)〉; 〈양기탁 문제에 관한 영 당국의 주의 요청 건(1908. 8. 14.)〉, 《통감부문서》 5, 국사편찬위원회, 1999.

47 〈일진회 평의원회 결의안 보고(1908. 8. 29.)〉, 《통감부문서》 5, 국사편찬위원회, 1999.

48 〈忠察忘國〉《대한매일신보》 1907년 3월 17일; 〈宋乃反對〉《대한매일신보》 1907년 4월 4일.

신보사에서도 일부 의연금을 수합하기는 했으나 그 성과는 미미한 수준이었다.[49] 양기탁의 공판을 계기로 국채보상운동에 대한 의혹이 일어나자 일진회는 적극적으로 공격의 기치를 세웠다. 기관지인《국민신보》에 "28일에 열린 국채보상회 위원회에 강제로 베델을 출석시켜 모금의 소재를 힐문하였더니, 소비하였다고 자백하였으나 끝까지 불손한 태도를 보여 일동은 이에 매우 격앙하였다."는 내용의 기사를 실어 다소 악의적인 문투로 비난하였다.[50] 이를 본 통감부 당국자가 외국에서 일본에 책임을 물을까 걱정할 정도였다.

이러한 가운데 종로 상업회의소에서 국채보상금조사회(이하 조사회)가 개최되었다. 8월 30일 대한협회의 주도 아래 대동회 · 호남학회 · 제국실업회 · 대동학회 · 일진회 · 관동학회 · 기호학회 · 한성은행 · 천일은행 · 상업회의소 · 대구단연회 등 12개 단체가 참여한 첫 회의가 열렸다. 이날 참여한 인물은 윤효정 · 이학재 · 홍필주 · 이승헌 · 여병현 · 최항래 · 이민경 · 김린 · 김윤오 · 강윤희 · 권동진 · 박기원 · 정현철 등 26명이었다. 이들은 먼저 국채보상금조사회 규칙을 제정하고 임원을 선출했다.

조사회 규칙은 총 19개 조항으로 구성되어 있는데 설치 목적과 의연금 조사 방법 등에 대해 다루고 있다. 제2조에서는 전국 동포가 국채보상을 위해 의연한 금액의 조사와 보관을 완전히 하는데 목적이 있음을 밝혔다. 또한 제3조에서 서울에 본부를 설치하고 지방 주요 지역에 출장소를 설치하기로 했다. 제4조부터 제9조까지는 조사방법에 대해 규정했다. 서울에서 발행하는 신문에 국채보상금 광고를 한 신문의 호수를 조사한 후

49 국민신보사에서 수합한 의연금은 55원에 불과했다.

50 〈베델의 국채보상금 낭비사건 보도에 대한 사실 여부 확인 건(1908. 8. 30.)〉,《통감부 문서》5, 국사편찬위원회, 1999.

국채보상조사회 조직 기사

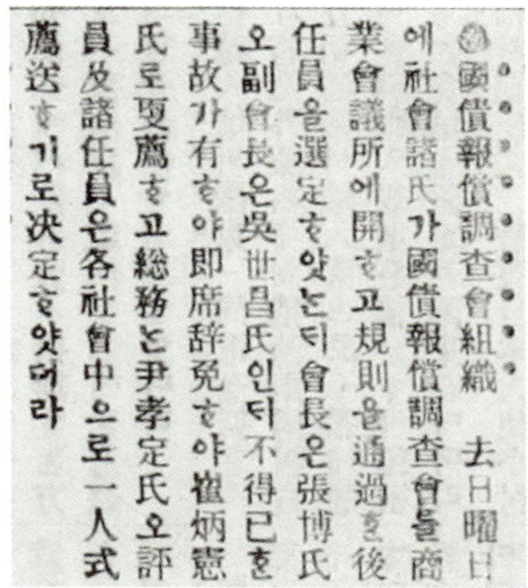
◎國債報償調査會組織 去日曜日에社會諸氏가國債報償調査會를商業會議所에開ᄒᆞ고規則을通過ᄒᆞᆫ後任員을選定ᄒᆞ얏ᄂᆞᆫᄃᆡ會長은張博氏오副會長은吳世昌氏인ᄃᆡ不得已ᄒᆞᆫ事故가有ᄒᆞ야即席辭免ᄒᆞ야崔炳憲氏로更薦ᄒᆞ고總務ᄂᆞᆫ尹孝定氏오評員及諸任員은各社會中으로一人式薦送ᄒᆞ기로決定ᄒᆞ얏더라

출처: 《황성신문》 1908년 9월 1일.

은행과 각처에 보관된 금액을 엄중히 검사하되 각 수금소 문서와 장부, 금액 과정에서 부족액이나 기타 문제를 발견했을 때에는 그 수금소에 대해 즉시 현금을 충당시키고 만약 지연될 경우 고발한다는 것이다. 각 신문 광고나 수금소 문서·장부로 조사가 원활하게 이루어지지 못할 경우 지방 각처에 통지하여 성명과 금액을 기재한 원본 장부를 요구하고 필요한 경우 지방에 조사위원을 파견해서라도 신속 정확하게 조사를 집행한다는 것이다. 조사회 운영에 필요한 자금은 각 수금서에서 은행에 맡긴 재원의 이자를 활용하되,(10조) 매월 초 전월 분의 조사 결과를 각 신문에 광고하여 공정성과 투명성을 확보한다고 했다.(12조)[51] 이어 회장에 장박張博[52], 부회장에 최병헌崔秉憲, 총무에 이민경李敏卿을 선출해 조직을 갖추었다.[53]

국채보상금조사회를 개최한 목적은 분명했다. 의연금을 보관하고 있는 베델과 대한매일신보사를 압박하고 추궁하기 위함이었다. 조사회가 양기탁 공판 하루 전에 개최한 것도 재판과 짝해 의연금 조사와 회수를

51 〈국채보상금 조사회 회칙 보고서 사본(1908. 9. 1.)〉, 《통감부문서》 5, 국사편찬위원회, 1999.

52 張博(1848~1921, 張錫周)은 함경북도 경성 출신으로 1882년 상경하여 관직생활을 시작했다. 1896년 아관파천 때 을미사변 주범으로 체포령이 내려지자 유길준 등과 함께 일본으로 망명했다. 1907년 8월 이토 히로부미의 특사로 사면되어 궁내부 특진관에 임명되었다. 1909년에는 이토 히로부미 동상 및 표창을 만들려는 東亞讚英會 총재로 선출되어 활동하였으며 1910년 10월 일본 정부로부터 남작 작위를 받았다.

53 〈헌기 제537호 국채보상금 조사위원 선정 건 보고(1908. 8. 31.)〉, 《통감부문서》 5, 국사편찬위원회, 1999.

병행하겠다는 의도로 보인다. 조사회에 참여한 단체를 보면 대구단연회를 제외하면 의연금 모금 주체는 포함되어 있지 않다.

반면 양기탁의 무죄가 확정될 무렵 또 다른 조사기구가 설립되었다. 민종식閔宗植이 주도하는 국채보상금검사소(이하 검사소)가 그것이다.[54] 이미 조사회가 설립되었음에도 다시 검사소를 발기한 것은 조사회의 활동이 미진하였기 때문이다. 취지서에 "근래에 하나둘씩 먼저 나서 빗질하듯이 조사하겠다고 나서 눈과 귀를 집중시키더니 무수한 날이 지나도록 실제로 착수하지 않고 국민들만 현혹케 한다."며 직접 국채보상검사소를 설치한다고 밝혔다.[55] 민종식은 민병성閔丙星·이용규李容珪·윤천보尹天普·황범수黃凡秀·권중훈權重薰·이문구李文求·이선호李宣鎬를 검사위원으로 선정했다. 양기탁의 무죄 방면 소식과 함께 민종식이 소장으로 있는 국채보상금검사소의 발기 소식이 전해졌다.[56]

검사소는 의연금을 맡고 있는 14개 기관 즉 황성신문사·기성회·제국신문사·안동부인회·여자교육회·청년학원·서도의성회·돈명의숙·창한모약포·약현교당[57]·대한매일신보사·연합회소·총합소·중앙의무사에 대해 대조 조사하고 적합할 때에는 예금 반환을 요구한다고 그 목적을 정하였다.[58] 이를 위해 13도 각 군수 앞으로 검사소의 취지서 1통과 기타 공

54 검사소는 당초 민종식의 집에서 시작하였으나, 총회 이후 경성 중부 대사동 9통 9호 김기문의 집을 임시사무소로 정하였다.

55 〈국채보상금검사소 취지서〉《대한매일신보》 1908년 10월 3일.

56 〈國債報償金檢査〉《대한매일신보》 1908년 10월 1일; 〈檢査發起〉《황성신문》 1908년 10월 1일.

57 경향신문사의 국채보상 의연금을 수금하던 곳이다.

58 〈국채보상금검사소 준비 및 역할에 관한 보고 건(1908. 10. 2.)〉, 《통감부문서》 5, 국사편찬위원회, 1999.

적 서한을 발송해 의연금을 맡긴 장소와 금액을 조사하기로 했다.[59] 또한 서울 내 각 수금소에서 검사위원을 2명씩 선출하여 파견하도록 했다. 검사는 먼저 황성신문사와 제국신문사에 대해 진행한 후에 대한매일신보사를 검사하기로 했다. 대한매일신보사보다 황성신문사나 제국신문사를 먼저 검사한 이유는 양기탁 공판으로 불거진 여론을 의식한 결과이며, 대한매일신보사의 양기탁과 베델이 횡령하여 검사를 시작한다는 등의 불필요한 오해와 소문을 만들지 않기 위함이었다. 특정 인물이나 단체를 타깃으로 부정 여부를 따지고 관리 책임을 묻는 방식의 조사가 아니라 정연하게 정리되지 않은 의연금의 내역을 정리하여 세간의 의혹을 해소하겠다는 뜻이었다.

민종식은 의연금 검사가 목적에 맞게 추진될 수 있도록 세 가지 원칙을 정하였다. 첫째 국채보상금 검사를 목적으로 할 것, 둘째 검사소의 임원은 국법 범위 내에서 행동할 것, 셋째 검사소의 경비는 임원들이 부담할 것이 그 내용이다. 특히 검사 및 검사소 운영에 필요한 경비는 조사회와 달리 소원이 부담한다고 하여 의연금을 훼손하지 않는다는 점을 분명히 밝혔다.

그 사이에 국채보상금조사회에는 분열이 생겼다. 본래 대한협회·일진회 등이 연합하여 국채보상금조사회를 개최하였으나, 일진회에서 국채보상금조사정리회(이하 정리회)라는 별도의 기구를 만든 것이다. 정리회는 경

59 서한에 따르면 "국민의 의무를 다하기 위해 국채를 보상하고자 한 우리 동포의 혈성에서 우러나온 의연금에 대해 근간에 의심과 이러저러한 분규가 생겨났다. 본 검사소로부터 의연금 조사 임무를 맡은 귀 군에서는 의연 금액을 조사하여 보고하시기 바란다."라고 하였다.(〈국채보상금 검사소 임원 선정 건(1908. 10. 5.)〉, 《통감부문서》 5, 국사편찬위원회, 1999).

성 남부 미동30통 5호 국민신보사 내에 임시사무소를 두었다. 목적은 다른 단체와 크게 다르지 않으나 회원은 "유지 신사 중 명예가 분명하고 뚜렷한 사람"으로 한정하였다는 점에서 다르다.(5조) 해당 정리회가 국채보상금 조사와 정리에 책임이 있음(6조)과 서울과 지방에 정리회의 조사를 받을 의무가 있음을 명시하였다.(7조) 10조~12조에는 서울과 지방의 수금소에서 예금한 통장을 정리회로 보내어 관리할 것을 규정하고 있다. 각 수금소에서 예금을 찾을 때에도 정리회 인장과 수금소 대표 도장을 함께 찍은 후 지불할 수 있도록 계약해야 한다는 점을 명시해놓았다.[60] 의연금을 완전히 장악하여 의연금 관리에 우위를 점하겠다는 의도를 분명히 드러낸 것이다.

정리회가 설립된 이후 조사회는 조사활동을 중지한다고 발표했다. 10월 30일 경성상업회의소에서 총회를 개최하여 이미 정리회와 검사소에서 의연금 조사에 착수하였으니 조사회가 중복하여 시행할 필요가 없다고 판단하고 활동을 정지한다는 것이다.[61] 결국 주요 학회와 은행을 중심으로 조직된 조사회는 일진회가 주도하는 정리회로 대체된 셈이다.

그러나 검사소와 정리회의 조사도 크게 진척을 보지 못했다. 조사가 지지부진한 모습을 보이는 가운데 1909년 1월 8일 다시 국채보상검정통합회가 조직되었다. 발기인은 김주병·김상천·이민경·이규한이며 회장은 장박, 검정위원장에 유길준을 추대하였다. 또 김가진을 지방위원장으로, 조희연을 찬성위원장에 추대하여 의연금액을 완전히 조사하겠다는 취지를 밝혔다. "의연금을 모금한지 여러 해가 되었는데 됐다고만 하고

60 국채보상금조사정리회, 〈국채보상금조사정리회 규칙〉, 1908(독립기념관 소장).

61 〈됴사회뎡지〉《대한매일신보》 1908년 11월 1일.

문제삼지 않는 것은 국민의 의무에 옳지 않으니 금액을 자세히 조사하고 흩어져 있는 것을 통합하여 완전하지 못하였다는 탄식이 없게" 함을 설립 목적으로 밝힌 바, 동월 12일부터 14일까지 《황성신문》을 통해 설립 취지를 홍보했다.[62] 그러나 의연금 조사가 원활하게 이루어지지는 못했다.

여러 조사단체가 난립하여 제대로 일을 추진하지 못한 이유도 있지만, 당초 국채보상운동이 시작할 때부터 보상소가 통일되지 못하고 들쭉날쭉하게 설립되었으며 그 운영도 방만하게 이루어진 곳이 많기 때문에 그 내역을 확인하기 어려웠던 것이다. 의연방식도 정연하지 못하여 의연금을 납부·전달·기록하는 과정에서 다양한 변수가 있었다. 의연금을 납부한다고 약속해놓고 실제 금액을 내지 않은 경우도 있었다. 이러한 점 때문에 의연금 납부 명단과 금액을 지방에서부터 찾아보고자 했던 것이다.

더구나 조사 정리 과정에서 일진회와 대한협회 등이 전면에 나서며 주도권을 경쟁하였을 뿐 체계적인 조사 방법의 수립과 실행에는 이르지 못했다. 검사소의 입장에서도 여러 단체가 병존하고 있는 상황에서 제 역할을 하기 어려웠을 것이다. 더욱 큰 문제는 의연금 모금을 시작한 본래의 취지, 즉 나라의 부채를 갚기 위해 의연금을 모은다는 사실을 망각했다는 점이다. 이미 운동은 의연금의 모금에는 관심이 없고 의연금의 보관과 조사 감독에만 초점이 맞추어져 있었다. 이에 따라 추가적인 의연은 이루어지지 않았고, 국채보상은 더욱 요원한 일이 되어버렸다.

62 〈국채금검정회〉《황성신문》 1909년 1월 8일; 〈국채보상금검정통합회 취지서〉《황성신문》 1909년 1월 12일.

4. 국채보상금처리회와 일제의 의연금 몰수

1) 국채보상금처리회 설립과 활동

각종 조사단체가 난립한 가운데 의연금 조사활동은 부진하였고, 시간이 경과함에 따라 조사와는 별개로 자금을 어떻게 처리하고 활용할 것인지에 대한 문제를 맞닥뜨리게 되었다. 그 단초를 제공한 것은 서상돈徐相敦을 포함한 대구 지역 인사들이었다. 서상돈·서병규徐丙奎·이종면李宗勉·최영환崔永煥·채석두蔡錫斗·서흥균徐興均 등은 국채보상금 조사가 제대로 이루어지지 못하는 상황을 지적하며, 대구에 모인 현금이 8,000원에 달하는데 이를 처리할 기약조차 없다며 13도 대표들이 모여 그 처리방법을 논의해 보자고 제안했다. 그 날짜를 1909년 11월 7일로 공시하고 경성 전동 교남교육회 회관에서 각 도 각 군 대표들의 회의를 하자고 미리 공표하였다.[63]

국채보상금처리회(이하 처리회) 회원 자격은 의연금을 보관하고 있는 자, 각 도 대표, 서울 내 각종 사회단체 대표로 정했다.[64] 그러나 기대와 달리 참여율은 저조하였고 회의 진행도 원만하지 않았다. 이에 대구 인사들은 대구 자체적으로 의연금을 처리하기로 결정하고,《황성신문》을 통해 자신들의 입장을 밝혔다. "설혹 좋은 방법과 특별한 의무가 있다고 할지라도 사람이 함께 모이지 않으니 또한 장차 어찌 하겠습니까."라며 아쉬움을 드러내는 동시에 대구에서 의연한 금액은 군 내 공익사업에 사용할 예정이라고 광고했다.[65]

대구 인사들이 전면에서 물러난 후 처리회는 종로 상업회의소로 위

63 〈채보금총회〉《대한민보》 1909년 10월 15일.

64 〈국채금 처리〉《황성신문》 1909년 11월 16일.

65 〈광고〉《황성신문》 1909년 11월 14일.

치를 옮겼다. 서울 인사들이 중심이 된 11월 15일 회의에서는 서상돈·이일우·이종면 등이 처리회를 지지한다며 보낸 서신을 공개하며 앞으로 처리회 운영을 지속할 것임을 분명히 하고, 18일에 다시 회의를 개최해 윤웅렬을 회장으로 추대했다.[66] 처리회에서는 일반 회원들의 의견서를 지속적으로 수렴하면서 11월 27일 평의회를 개최하여 의연금을 모아 국민은행國民銀行을 설립하기로 의결했다.[67]

12월 18일 총회에서 윤웅렬이 회장직을 사퇴하고 유길준俞吉濬이 회장에 임명되었다. 처리회가 조직되던 시점에 유길준은 일본 도쿄에 있었는데, 한성부민회 대표 자격으로 이토 히로부미의 장례식에 참석하기 위한 여정에 있었다. 유길준은 1909년 1월 조직된 국채보상검정위원회에서도 검정위원장에 추대된 바 있어서, 처리회 추진 인사들은 당초부터 유길준을 회장으로 한 조직을 염두에 두고 있었던 것 같다.[68] 유길준이 회장에 부임하면서 한기준이 서기를, 최경순이 회계를 맡게 되었다.

이후 처리회에서는 평의회와 총회 등을 연이어 개최하며 의연금 처리의 기본 계획을 세워나갔다. 12월 22일 종로상업회의소에서 개최된 평의회에서는 의연금 조사에 착수하고 필요한 행정적 조치를 내부에 청원하기로 의결했다.[69] 이에 따라 내부대신과 한성부윤, 경시총감, 내부 지방국장 및 경무국장에게 각각 한 통씩의 청원서를 제출하였다. 그 내용은 첫째, 의연금에 대해 단체와 개인을 막론하고 금액에 대한 조사가 끝나기 전

66 〈국채보상금의 회장〉《황성신문》 1909년 11월 20일.

67 〈처리계회〉《대한민보》 1909년 11월 28일.

68 대한매일신보사 베델이 보관하고 있던 의연금에 대한 조사를 추진함에 있어 유길준이 귀국한 이후에 진행하는 것으로 정한 바 있다(〈국채보상금처리 주장〉《경남일보》 1909년 11월 19일).

69 〈국채보금처리 계속〉《대한민보》 1909년 12월 23일.

에는 찾을 수 없도록 인출을 정지시키며 둘째, 의연금을 사용한 것을 조사하고 밝혀 추징할 수 있는 것은 감독관청에 보고하여 그 처분을 청하고 셋째, 서울과 각 지방에 은폐한 금액을 조사하여 밝히는 데 있어 관헌이 돕고 보살펴 줄 것을 요청하는 것이었다.[70] 이어 1910년 1월 13일 평의회에서 처리 사무를 위해 지역조사위원을 선정하였다. 이 때 선발된 조사위원은 한기준韓基準 · 김상범金相範 · 이달원李達元 · 유병필劉秉珌 · 김상천金相天 · 이규한李圭漢의 6명이다.[71]

〈표 2〉 국채보상금처리회 임원

직위	이름	주요 이력
회장(1대)	윤웅렬	대한제국 군부대신, 중추원 찬의, 국채보상지원금총합소 소장, 기호흥학회 회장
회장(2대)	유길준	내부대신, 한성부민회 회장, 흥사단 부단장
준비위원, 총무	이민경	대한협회 재무부장, 국채보상금조사회 총무, 국채보상검정통합회 발기인
총무	김주병	서북학회, 대한협회, 보성사 사장, 국채보상검정통합회 발기인
서기, 지방조사위원	한기준	대한협회 평의원
회계	최경순	대한협회 평의원
지방조사위원	김상범	기호흥학회, 대한협회
	김상천	황성신문사 사장, 국채보상검정통합회 발기인
	이달원	서북학회
	유병필	대한의원 교수 겸 의원, 일진회, 기호흥학회, 대한협회
	이규한	교남교육회, 대한협회, 대동학회, 국채보상검정통합회 발기인

70 〈국채처리총회 상황〉《대한민보》 1910년 1월 9일; 〈국채보상금처리회의 청원〉《경남일보》 1910년 1월 25일.

71 〈조사원선거〉《대한민보》 1910년 1월 15일; 〈지방조사위원〉《대한매일신보》 1910년 1월 15일.

이상 소개한 처리회 임원들의 주요 이력을 보면 국채보상금처리회가 어떠한 성격을 가지고 있는지 추정할 수 있다. 눈에 띄는 점은 대한협회와 국채보상검정통합회와의 연관성이다. 인명이 확인되는 11명 중 7명 이상이 대한협회 회원이다. 1907년 11월 10월 서울에서 조직된 대한협회는 평양·대구 등 30여 개가 넘는 지회를 둔 가장 왕성한 정치단체 중 하나였다. 대한협회는 양기탁 재판이 마무리되는 1908년 8월 국채보상금조사회 설립과 운영을 주도하였고, 1909년 1월 다시 국채보상검정통합회를 조직해 의연금 문제에 천착했다. 처리회 준비위원이었던 이민경은 국채보상금조사회 총무와 국채보상검정통합회 발기인으로 활동한 바 있으며, 조사위원인 김상천과 이규한 역시 국채보상검정통합회 발기인으로 활동했다. 인적 구성으로 보면 국채보상금처리회는 국채보상금조사회와 국채보상검정통합회에서 이어지는 조직이라 볼 수 있다.

즉 대한협회가 국채보상금처리회를 주도한 것이다. 처리회의 실질적인 업무는 대한협회 평의원들을 중심으로 추진하되 한성부민회와 홍사단이 합류한 형태였다. 한성부민회 회장 겸 홍사단 부단장 유길준을 회장으로 추대함으로써 세 단체의 협력 체계가 구축된 것이다. 당시 대한협회와 한성부민회·홍사단은 정치적으로 연대한 모습이었으며, 일찍이 국채보상조사회 설립·운영 당시 함께 동참했던 일진회는 배제된 상태였다.[72]

72 대한협회는 1909년 9월 무렵까지도 '國民團結'과 '國利民福'를 내세워 일진회와의 제휴 즉 연결운동을 벌이기도 했으나, 그 해 10월 26일 안중근의 이토 히로부미 암살 의거 이후 의견이 갈리기 시작했다. 결정적으로 12월 4일 일진회가 '한일합방성명서' 발표를 발표하고 이에 대해 대한협회는 일진회의 성명서 발표를 비판하여 일진회와의 분립을 선언했다. 이어 12월 5일에는 한성부민단·홍사단 등과 함께 임시국민대연설회를 개최하여 일진회의 매국행위를 규탄하였다. 즉 처리회를 주도한 대한협회·한성부민회·홍사단은 일종의 反일진회 연대를 구축하고 있던 것이다.(국사편찬위원

처리회는 그동안 미진했던 의연금 조사를 계속하는 한편, 광고를 통해 의연금의 보관·활용에 대한 각계각층의 의견을 수렴해 나갔다.[73] 4월 이후 진행상황은 속도를 냈다. 4월 4일 평의회에서 김해진·유진철·하중환을 교섭위원으로 선정하고, 각 은행에 보관되어 있는 의연금의 저금통장을 거두어들이기 시작했다. 4월 16일부터 19일까지는 흥사단 내에서 총회가 개최되었는데, 이 때 각 군 대표 30여 명 등 총 150여 명이 참여하였다. 총회의 주요 안건은 의연금 활용 방안을 결정하는 것으로, 은행을 설립하자는 의견과 교육비로 활용하자는 의견이 팽팽하게 맞섰다. 서울지역 인사들은 주로 은행을 설립하자는 의견이었던데 반해 지역 인사들은 토지를 구매하여 그 세를 교육비로 활용하자는 의견이 주류였다. 4월 18일 안건은 의결에 부쳐졌고, 결국 의연금으로 토지를 매수하여 그 이익금을 교육비에 사용하는 안이 결정되었다.[74] 이어 19일에는 13도 대표를 선정했다.[75] 도 대표는 각 지역별로 산재한 금액을 조사하고 통장 인계를 위한 교섭의 임무를 담당하기로 했다. 아울러 토지 매수를 추진하는 임무도 부여받았다. 이때 선정된 도 대표의 명단은 〈표 3〉을 통해 확인할 수 있다.

회, 《한국사》 43, 2002, 314~315쪽)

73 〈국채보상금처리회 알림〉《황성신문》 1910년 2월 1일; 〈광고〉《황성신문》 1910년 2월 13일; 〈일사착수〉《황성신문》 1910년 2월 17일.

74 "처리회 사안은 수차례 보도한 바와 같거니와 지난 16일부터 연일 개회하고 각 도군 대표자 100여 명이 의연금 보관방법에 대하여 지방 인사들은 그 돈으로 전답을 사두고 매년 거둬들이는 이익금으로 사범교육을 실시하라고 주장하고 경성 사회 인원은 그 돈을 은행에 임치하여 그 이자로 교육비에 충당하자고 의론이 서로 충돌되더니 필경은 답도 매수하기로 가결된 후 13도 대표인으로 각 도에 산재한 금액을 조사하여 토지 매수 방침을 연구하기로 결말이 났으나 거듭 파회하고 지난 20일 혜천관에서 간친회를 열었는데 각자 30전씩 갹출하였다더라."(〈국채보상금처리회 속보〉《경남일보》 1910년 4월 28일; 〈광고〉《황성신문》 1910년 8월 19일)

75 〈국채처리회 대표〉《경남일보》 1910년 4월 26일.

〈표 3〉 국채보상금처리회 13도 대표

이름	대표 지역	주요 이력
권동진	서울	대한협회, 천도교
현 은		기호흥학회, 대한협회, 조선총독부 중추원
홍필주	충청남도	황무지개척권 요구 반대운동, 대한협회 발기인
이상직	충청북도	진천 문명학교 설립인
정준민	경상남도	선남산업은행 설립, 교남교육회
장길상	경상북도	대한협회, 교남교육회 재무부장
한남수	전라남도	호남학회
유희열	전라북도	국채보상금조사회, 호남학회, 대한협회
남궁억	강원도	황성신문사 사장, 대한협회, 관동학회
이달원	황해도	서우학회
최재학	평안남도	서우학회, 대한자강회, 대한협회
김태순	평안북도	서북학회, 대한협회
최 린	함경남도	천도교, 보성학교장
태명식	함경북도	서북학회

서울 대표 2명에 각 지역별로 1명씩 총 14명이 선정되었는데, 대한협회 회원들이 다수를 차지한다. 그 밖에 교남교육회·호남학회·서북학회 등 서울을 근거로 활동하는 계몽단체들을 중심으로 대표자를 선정하였다. 그리하여 선정된 지역 대표들은 실제로 지역에서 활동하는 인물이 아니라 서울에서 활동하는 지역 출신 인사가 대부분이다. 당시 해당 지역에서 활동하던 인물은 이상직·남궁억 정도였다. 이들이 실제로 각 지역을 대표하는 인물이라고 평가하기는 어렵다. 처리회의 통일적 운영을 위해 임의로 선정된 인물이라고 보는 것이 적당하다.

4월 총회에서 '토지 구매 후 교육비 사용안'이 가결되었음에도 처리회 안에서는 내분이 계속되었다. 기본적으로 처리회 운영을 맡고 있던 서울 지역 인사들은 은행 설립안을 염두에 두고 있었기에 토지 구입 의견에 여전히 동의하지 않았던 것이다. 때문에 수금 및 토지 매수 업무는 지지부진 할 수밖에 없었다. 오히려 5월에는 몇몇 임원들이 다시 은행을 설립하는 계획으로 바꾼다고 하여 물의를 일으키기도 했다.[76] 8월에 들어서야 다시 토지 구매 방침을 확인하고 신문을 통해 토지를 구한다는 광고를 시작했다. 토지를 판매하고자 하는 사람은 처리회 사무소로 와서 의논해달라는 내용이었다.[77] 뒤늦게나마 토지 구매 광고를 시작하기는 했으나 머지않아 국권을 완전히 상실하게 되어 목적한 바를 달성하기는 어려웠다.

내부에서 제기된 횡령 의혹도 처리회 운영을 어렵게 만들었다. 1910년 8월 제국신문사와 황성신문사에서 의연금을 횡령하였다는 의혹이 제기된 것이다. 이때에 황성신문사·대한매일신보사 등 수금처로부터 장부 및 통장 등을 넘겨받았는데, 이 가운데 제국신문사와 황성신문사에서 의연금을 유용했다는 의혹이 제기되었고, 평의원 정영택이 이를 문제삼아 회장 유길준, 부회장 남궁훈, 교섭위원 남궁억 등에게 사퇴를 종용하는 사태까지 벌어졌다. 후에 남궁억·남궁훈은 횡령사건과 무관하다는 결론을 보기는 했지만 이미 처리회의 내분은 걷잡을 수 없는 상태까지 확대되었다.[78]

76 〈학교와 은행을 설립〉《공립신보》 1910년 5월 18일; 〈처리회의 풍파〉《대한매일신보》 1910년 8월 16일.

77 처리회에서 내세운 토지 구매 조건은 다음과 같다.
①300석 이상의 추수가 기대되는 田地(단, 이미 매수한 전지 부근에 있는 토지는 많고 적음에 구애받지 않음) ②증명권이 확실한 전지 ③전지를 조사하는 비용은 매도를 원하는 주인이 먼저 부담하고, 흥정이 이루어진 후에 해당 비용을 매수한 사람이 돌려줄 것(단 사실이 어긋나서 흥정이 성립되지 않았을 때는 해당 비용은 환급 청구를 하지 못함)(《황성신문》 1910년 8월 19일).

78 〈처리회의 풍파〉《대한매일신보》 1910년 8월 16일; 〈양씨무관〉《매일신보》 1910년 9월 28일.

2) 국권 피탈 후 의연금 관리와 총독부로의 강제귀속

처리회 활동이 난항을 거듭하는 가운데 1910년 8월 29일 일제는 한국의 국권을 완전히 강탈했다. 국권을 완전히 상실함에 따라 '국채보상금'이라는 단어도 그 의미를 잃었다.[79] 9월 20일 오후 1시 흥사단에서 열린 국채보상금처리회 총회에서 회장 유길준 등 40여 명의 임원진은 처리회의 이름을 '교육기본금관리회教育基本金管理會'(이하 관리회)로 개칭했다. 명칭이 바뀌었을 뿐 교육사업을 한다는 기왕의 목적은 그대로였으며, 임원진도 그대로였다.[80]

그러나 토지를 매수하여 그 이익금으로 교육을 증진한다는 기왕의 방침은 지속되기 어려웠다. 관리회의 내분으로 업무를 정상적으로 추진할 수 없었을 뿐 아니라 국권피탈 이후 국채보상금을 낸 사람들의 환급 요청이 증가하는 등의 일도 늘었다. 스스로 낸 의연금이 나라를 구하는 목적으로 사용될 수 없다는 점을 적시한 의연 참여자들이 관리회를 대상으로 의연금을 돌려달라고 요청하거나 나아가 재판을 청구하는 사례도 생겨났다. 전국에서 의연금 환급 요청이 쇄도하자 관리회는 지역별로 선출된 대표자를 통해 국채보상금을 환급할 수 있도록 조처하겠다고 하였다.[81]

당시 유길준을 포함한 관리회 임원들은 의연금을 가지고 있는 것에 대해 부담을 느꼈다. 기왕에 정한 토지 매수도 계속할 수 없었고, 전국에서 쇄도하는 환급 요청에 일일이 대응하는 것도 어려운 일이었다. 이에 의

79 병합 직후 대한제국의 부채는 4,412만 6,452원까지 증가한 상태였다. 한국이 일본에 병합되면서 부채는 자연스럽게 흡수되었으며, 당초 독립의 유지를 목적으로 한 의연금이었기에 목적을 잃은 것이다.

80 〈관리회 개칭〉《매일신보》 1910년 9월 22일.

81 〈국채상금 환급설〉《매일신보》 1910년 10월 16일; 〈국채상금 환추 청원〉《매일신보》 1910년 10월 28일.

연금 보관·관리의 책임을 다른 인물이나 단체에 넘길 생각을 하고 있었다. 관리회는 10월 19일 오후 3시 총회를 개최하여 그 처리에 대해 논의했고, "기본금을 각 도 대표가 아니라도 해당 도 내에 명망 있고 재산이 있는 자가 있다면 일체 위임" 하겠다는 내용을 결의했다.[82] 10월 31일에 또 한 차례 총회가 열렸는데, 이 자리에서는 각 지역별로 학교와 학회에 분급하겠다고 결정했다. 즉 평안남북도와 함경남북도, 황해도에서 낸 의연금은 오성학교五星學校에, 충청남북도와 경기도에서 낸 의연금은 기호학회에, 경상남북도에서 낸 의연금은 교남교육회에, 전라남북도에서 낸 의연금은 호남학회에 나누어 주기로 한 것이다. 나누어 주는 기한은 11월 상순경으로 정해 비교적 급하게 떠넘기는 모양새였다.[83]

몇몇 지역 대표들은 관리회의 갑작스런 결정에 당황할 수밖에 없었다. 충청남도 대표 홍필주洪弼周가 기본금 분배에 대해 혼자서 결정할 수 없으니 충남 인사들이 홍사단으로 와서 회의에 참석해 달라는 요청으로 광고한 것은 이러한 정황을 말해준다.[84]

이 때 보성전문학교에서 관리회에 학교 운영을 위한 보조금 지급을 요청해왔다.[85] 원래 이종호李鍾浩의 재정적 지원에 의지하던 보성전문학교는 그가 1909년 11월 안중근 의거의 배후 인물로 지목되어 체포된 이후

82 〈기본금분담결의〉《매일신보》 1910년 10월 20일.

83 〈국채금 분급 배정〉《매일신보》 1910년 11월 2일.

84 〈광고〉《매일신보》 1910년 11월 2일.

85 〈보성교와 기본금〉《매일신보》 1910년 11월 2일. 보성학교는 본래 이용익이 1906년 9월 설립한 사립교육기관으로, 이용익이 블라디보스토크에서 객사한 1907년 이후에는 그 손자인 이종호가 맡아 운영하고 있었다. 일찍부터 신민회에서 활동해온 이종호가 안중근 의거의 배후 인물로 지목되어 1909년 11월 일경에 체포되었고, 1910년 2월 19일 석방된 이후에는 무관학교 설립과 독립군기지 창건을 위해 중국으로 망명한 것이다.

운영난에 봉착했다. 이에 학생과 교사들이 재정난을 타개하기 위해 교육기본금관리회에 도움을 요청한 것이다. 관리회 임원들은 서울 내에서 수합한 의연금을 보성전문학교를 지원하겠다고 결정했지만, 이에 대해 서울 내 여러 학교에서 불만을 제기했다. 이미 총회를 통해 서울을 포함한 경기도와 충청도에서 모금한 의연금은 기호학회에 분급하여 처리하기로 하였는데, 몇몇 임원들이 동의 없이 특정학교만을 지원하겠다는 것에 문제를 제기한 것이다. 이에 11월 19일 평의원과 도 대표들이 모여 회의를 개최하여 공론화하였고, 장차 연합총회를 열어 신중하게 처리하기로 했다.[86]

그러나 이 문제가 원만히 해결되기는 어려웠다. 경제적 이권이 걸린 문제에 각 학교·단체들은 자신들에게 이익이 되는 방향으로 이끌어가기를 원했고, 연이은 논쟁과 사건으로 교육기본금관리회 임원들은 관리 의지를 상실했다. 12월에 이르러 교육기본금관리회는 자신들이 의연금을 소모·양여·분할·대여할 수 없다고 결론지었다. 실질적으로 관리회 해체를 선언한 것이다. 이후 문서와 장부 등은 이달원李達元이 보관하고, 은행통장은 김주병金柱炳이 관리하기로 했다.[87] 이어 12월 12일 관리회 임원들은 당 기관이 보관하던 9만 원 상당의 예금을 경무총감부로 납입했다. 당시 정황은

국채보상금처분에 관한 기사

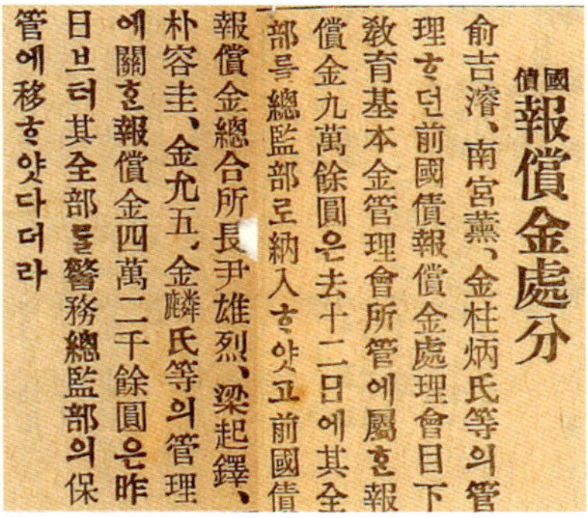
國債報償金處分
俞吉濬、南宮薰、金柱炳氏等의管理ᄒᆞ던前國債報償金處理會目下敎育基本金管理會所管에屬ᄒᆞᆫ報償金九萬餘圓은去十二日에其全部를總監部로納入ᄒᆞ얏고前國債報償金總合所長尹雄烈、梁起鐸、朴容圭、金允五、金麟氏等의管理에關ᄒᆞᆫ報償金四萬二千餘圓은昨日브터其全部를警務總監部의保管에移ᄒᆞ얏다더라

출처:《매일신보》 1910년 12월 15일.

86 〈교육기본금의 이론〉《매일신보》 1910년 11월 20일.
보성전문학교는 1910년 12월 천도교에서 인수하여 재정난을 타개할 수 있었다.

87 〈교육기본금처리의 낙착〉《매일신보》 1910년 12월 4일.

신문기사를 통해 확인할 수 있다.

> 유길준, 남궁억, 김주병 씨 등이 관리하던 前國 국채보상금처리회 지금 교육기본금관리회 소관에 속한 보상금 9만여 원은 지난 12일에 그 전부를 총감부로 납입하였고 前國 국채보상금총합소장 윤웅렬, 양기탁, 박용규, 김윤오, 김린 씨 등이 관리하던 보상금 4만 2,000여 원은 작일부터 그 전부를 경무총감부의 보관이 이전하였다더라.[88]

1910년 12월 15일자 《매일신보》 기사이다. 이 기사를 통해 교육기본금관리회에서 보관 중이던 9만 여 원과 국채보상금총합소 윤웅렬이 보관 중이던 4만 2,000여 원이 총독부의 수중에 넘어간 사실을 확인할 수 있다. 다만 주목할 만한 것은 관리회에서 보관하던 금액은 '납입'의 형태로 옮겨졌다는 점이다. 총합소 수합금 4만 2,000원을 '이전'했다고 표현한 것과는 다소 차이가 있다. 이와 관련해 또 다른 자료를 살펴보자.

> 천만다행으로 수안금광회사가 프리미엄이 붙은 채 팔렸다. 콜브란은 6% 이자를 붙여서 그 돈을 되돌려 주었다. 프랑스인-(마르탱)필자주-은 돈을 갚지 않았다. 1909년 겨울에 여러 단체가 이 돈을 차지하려고 안달했다. (중략) 결국 일본인 당국자들이 그 돈을 가져갔다.[89]

위의 내용은 《윤치호일기》 중 일부이다. '윤웅렬과 베델 이야기'라는

88 〈국채보상금 처분〉《매일신보》 1910년 12월 15일.
89 〈1921년 2월 8일 회고담〉《윤치호일기》, 역사비평사, 2001.

제목으로 아버지 윤웅렬이 국채보상금총합소장으로 활동한 후일담을 언급한 것이다. 자료에 의하면 윤웅렬은 콜브란으로부터 원금과 이자를 돌려받았고, 이를 합쳐 4만 2,000여 원을 스스로 보관하고 있었다. 1909년 겨울부터 여러 단체 즉 조사회와 처리회 등에서 의연금을 요구했지만, 내놓지않고 계속 보관하고 있다가 일본에 빼앗겼다. "결국 일본인 당국자들이 그 돈을 가져갔다."고 하는 표현은 일제에 의해 강제로 빼앗겼다는 뉘앙스를 오롯이 담고 있다.

반면 관리회의 9만여 원은 '납입' 방식으로 이전되었다. 국민들의 노력으로 모은 의연금을 관리회 스스로 일제에 고스란히 바친 것이다. 물론 일제의 압력도 작용했겠지만, 일정부분 조사회 단계부터 예고되었던 결말이다. 양기탁 재판을 통해 국채보상운동의 약점이 드러나면서 그 균열을 기회로 시작된 조사회 활동과 그 이후 국채보상검정통합회·국채보상금처리회로 이어진 일련의 단체들은 실상 국채보상운동에 적극적이지 않았던 인물들을 중심으로 운영되었다. 일제가 던진 보상금 횡령 의혹들을 키워나가며 여러 단체들은 주도권을 잡기 위한 경쟁을 벌였고, 그 가운데 분열상은 더욱 확대되었다.

국채보상금처리회 설립 이후 하나의 단체가 주도권을 장악해 조사와 보관·활용 일체를 일사불란하게 처리하는 듯했으나, 당초 불철저한 의식과 원칙 없는 자금 운영이 문제가 되었다. 자금 조사와 추징을 위해 일제가 장악한 정부 당국에 협조를 청원한 일은 국민의 고혈을 다루는 일에 일제의 간섭을 공식적으로 허용한 모양새였다. 또한 총회를 통해 결정한 사안을 임원 몇몇이 인정하지 않고 번복한 것도 처리회 임원들의 저의를 의심하게 한다. 결국 조사회에서 처리회에 이르는 일련의 과정에서 국채보상금을 대하는 이른바 지도층 인사들은 스스로 한계를 드러냈고, 그 결과 국민들이 애써 모은 의연금을 총독부에 빼앗기는 사태로 마무리되었다.

5. 맺음말

지금까지 국채보상운동에 대한 일제의 탄압과 양기탁 공판 무렵부터 시작된 의연금 조사와 처리에 대해 살펴보았다. 일제는 국채보상운동에 대해 배일운동으로 평가하였지만, 온건한 태도를 유지하고 있는 해당 운동을 직접적으로 단속·탄압하기보다 한국인 관리에 대한 압박과 동향 감시를 통해 우회적으로 중단시키고자 했고, 언론을 통해 부정적 여론을 만들어내면서 운동을 방해했다.

이러한 일제의 태도가 국채보상운동의 쇠퇴에 직접적으로 영향을 미친 바는 아니다. 오히려 문제는 1907년 7~8월 한일신협약과 고종강제퇴위, 의병 봉기 등 정치적 사안들이었다. 불안한 정치적 사안 속에서 의연금 모금의 열기는 차게 식어갔다.

한편 일제는 1908년 8월 의연금 횡령 혐의로 대한매일신보사의 양기탁을 체포해 재판에 넘겼다. 국채보상운동 자체를 탄압할 목적보다는 국민들의 두터운 지지를 받고 있는 《대한매일신보》와 베델 등에게 타격을 줄 목적이었지만, 이를 계기로 국채보상운동은 새로운 국면으로 전환하게 되었다.

의연금을 상세히 조사하여 국민들의 의혹을 풀겠다는 목적으로 국채보상금조사회·국채보상금검사소·국채보상금조사정리회·국채보상검정통합회 등의 단체가 연이어 결성된 것이다. 여러 개의 조사기구들이 병존하다 보니 서로 주도권을 경쟁하는 양상이 그려졌고, 의연금 조사 감독은 제대로 이루어지지 않았다.

한편 의연금 조사에 가장 먼저 나섰던 대한협회 계열 인사들은 국채보상금조사회와 국채보상검정통합회에 이어 1909년 11월 국채보상금처리회를 설립·장악했다. 의연금에 대한 조사를 넘어 확보한 의연금을 보관하고 활용할 방법을 모색하겠다는 것이 설립 목표였던 바, 전국에 있는 토지를 매수하여 그 이익금으로 교육비에 사용한다는 방침을 마련했으나 국권 침탈로 실행에 옮기지는 못하였다. 국권의 완전한 박탈로 '국채보상금'은 명분을 잃었고, 처리회 임원들은 단체명을 교육기본금관리회로 바꾸었다. 의연금을 교육 목적으로 활용하겠다는 당초 계획은 변함이 없었으나 정치적 환경 변화와 명분 상실로 해당 금액을 원만히 운영하기 어렵다고 판단한 관리회 임원들은 국민들의 노력으로 모은 의연금을 일제의 수중에 넘겨버리고 말았다.

의연금 모금기에는 민족적 동질감과 유대감, 국민으로서의 자부심, 독립의 유지라는 강력한 목적의식이 사회적 공감대를 이룬 반면 양기탁 체포 이후에는 의심과 의혹, 의연금 관리를 둘러싼 경쟁이 가시화되었다. 사회적 분열이 본격화되면서 국채보상운동의 약점이 고스란히 드러난 것이다. 특히 의연금 조사와 처리 과정에 개입한 인사들중 상당수는 국채보상운동과 무관한 사람이었다. 국채보상을 통해 독립을 확보한다는 것은 불가능하다며 도외시한 유력 인사들이 오히려 조사·처리 과정을 장악하면서 일본에 대한 불철저한 의식을 여실히 드러냈고, 오랜 기간 쌓여온 갈등도 해결되지 못하였다. 이러한 가운데 일제는 손쉽게 운동을 좌절시키고 운동의 결과물인 의연금까지 거두어들인 셈이다.

제6장

서울지역 국채보상운동의 역사적 성격

김형목(국채보상운동기념사업회 이사)

1. 머리말
2. 참여를 통한 국가·사회적인 책무 자각
3. 거국적 국민참여운동
4. 국민운동으로서 나눔과 책임 인식
5. 맺음말

1. 머리말

국채보상운동은 1907년 1월 대구에서 시작된 이래 국내외로 순식간에 파급·확산되었다. 이는 당시 제국신문사·황성신문사·대한매일신보사 등 언론사의 '자기역할'에 충실함을 보여주는 대목이다. 〈국채보상 1,300만원취지〉가 《대한매일신보》에 1907년 2월 21일자로 발표되기 이전에 제국신문사에 의연금이 답지된 사실은 이를 방증한다.[1] 더욱이 연해주, 미국, 일본, 만주 등지에 거주하는 한인들 동참은 이러한 사실을 그대로 보여준다.

국채보상운동은 대한제국기 한민족이 보여준 가장 역동적인 민족운동이다. 나랏빚을 청산하는데 정부가 아닌 국민이 자발적으로 나섰다. 곧 "백성에서 국민"으로 나아가는 모습은 여기에서 찾아볼 수 있다. 신분의

---

1 〈國債報償計〉《제국신문》 1907년 2월 16일, "대구광문사회 회명은 대동광문회라 ᄀᆡ칭ᄒᆞᄂᆞᆫ 일노 음력 세죵에 특별회를 열고 ᄉᆞ무를 필ᄒᆞᆫ 후에 회원 셔상돈씨가 동의ᄒᆞ기를 국ᄎᆡ일쳔만원을 갑지 못ᄒᆞ면 비록 토디라도 허급ᄒᆞᆯ 거신ᄃᆡ 지금 국고금으로ᄂᆞᆫ 갑지 못ᄒᆞᆯ지라. 우리 이쳔만 동포가 담ᄇᆡ를 셕달만 ᄭᅳᆫ고 그 ᄃᆡ금을 ᄆᆡ삭 ᄆᆡ명하 이십젼식만 슈합ᄒᆞ면 그 빗을 갑흘터이나 혹 말ᄒᆞ기를 우리나라 인죵으로 강단과 열심히 업스니 일제 담ᄇᆡᄭᅳᆫ키 극란ᄒᆞ다 ᄒᆞ나 그럿치 안은거슨 우리가 츙의를 슝상ᄒᆞ던 바라. 엇지 힘 안이드ᄂᆞᆫ 담ᄇᆡ 셕달이야 못ᄭᅳᆫ을 이 어ᄃᆡ 잇스며 셜혹 사ᄅᆞᆷ마다 못ᄭᅳᆫ더ᄅᆡ도 일원으로 쳔ᄇᆡᆨ원ᄭᆞ지 ᄂᆡᆯ 사ᄅᆞᆷ이 만을지니 무엇을 근심ᄒᆞ리오. 나부터 팔ᄇᆡᆨ원을 ᄂᆡ노라 ᄒᆞᆫ대 만장이 일치ᄒᆞ야 셔상돈씨의 동의가 가타ᄒᆞ난지라. 광문샤쟝 김광졔씨가 말ᄒᆞ기를 이 일은 ᄀᆡ왈 가타ᄒᆞ니 무론 모ᄉᆞᄒᆞ고 실시ᄒᆞ난거시 뎍당ᄒᆞᆫ즉 당쟝에 실시ᄒᆞ노라 ᄒᆞ고 연쥭과 초갑을 업시ᄒᆞ고 삼삭 담ᄇᆡ갑 륙십젼과 돈 십원을 ᄂᆡ니 졔인이 다 회장의 결심을 찬상ᄒᆞ며 담ᄇᆡ ᄭᅳᆫ은 쟈 무슈ᄒᆞ고 각각 츌의ᄒᆞ야 당쟝에 이쳔여원에 달ᄒᆞ얏고 그 회장은 박희령씨로 츄션되야 각군에 통쳡ᄒᆞ얏ᄂᆞᆫᄃᆡ 일본헌병도 그 회샤에 와셔 ᄉᆞ실을 탐지ᄒᆞ고 찬양ᄒᆞ얏다더라."

높고 낮음이나 빈부의 격차를 따지지 않은 국민으로서 존재감을 자각하는 가운데 의무를 다하는 현장은 바로 국채보상운동이었다. 사회적으로 가장 천대받는 백정·걸인·죄수·주모는 물론 도둑까지 참여하는 분위기였다. 참여를 통한 소중한 체험은 사회적인 책무를 일깨우는 생활현장이었다.[2] 일제의 탄압에도 국망國ㄷ 이전은 물론 조국이 해방되는 그날까지 항일투쟁이 전개될 수 있었던 에너지원은 바로 여기에서 찾아진다. 이는 3·1운동 당시 민중이 자발적인 참여를 통해 민족운동 주력으로 성장할 수 있는 소중한 정신적인 유산으로 자리매김했다.

오늘날 무한경쟁시대는 '빈익빈 부익부'라는 신자유주의로 지구촌이 신음하고 있다. 더욱이 코로나19나 우크라이나-러시아 전쟁으로 소통과 교류는 거의 차단된 암담한 현실이다. 공유를 통한 '나눔과 책임'이라는 새로운 패러다임이 어느 때보다 필요하다. 건전한 민주시민은 권리 이전에 사회적인 책무를 공감할 때 더불어 사는 밝은 미래가 보장된다. 국채보상운동의 진정한 정신은 바로 여기에서 찾아진다.

주지하듯이 서울은 국채보상운동을 조직적으로 운영하는 중심지였다. 신문사나 계몽론자들은 이를 추진하는 중심기관이자 주역이었다. 그럼에도 서울에서 전개된 국채보상운동은 개설적인 수준에서 서술되는 실정이다. '미담사례'에 대한 보도는 국내에 거주하는 외국인들 참여를 유도하는 등 국민운동으로 진전시키는 결정적인 계기나 마찬가지였다. 국민국가로 나아가는 과도기에 시작된 민족운동을 이끄는 중추기관이 필요했다. 국채보상기성회나 국채보상연합회의소 등은 이러한 현실적인 필요에서 조직되었다. 두 기관은 때때로 내부적인 갈등을 표출하는 등 한계를 드

2 김형목, 《충청도 국채보상운동》, 도서출판 선인, 2021, 11쪽.

러내기도 했다. 반면 자발적이고 경쟁적인 의연금 모금은 성장하는 당대인 현실인식을 보여주는 역사적인 실증으로서 분명하다. 이중적인 현상은 과도기적 시대적인 인식 한계와도 무관하지 않았다.

일제는 처음부터 배일운동 일환으로 인식하고 탄압하는데 혈안이었다. 다양한 각계각층의 자발적인 참여는 이와 같은 난간을 돌파하는 든든한 밑거름으로 작용했다. 고종황제 강제 퇴위와 군대해산에 따른 사회적인 불안은 국채보상운동을 반감시키는 주요한 요인이었다. 일제는 당시 분위기를 식민지배에 필요한 기회로 민족 분열을 서슴지 않았다. '베델 추방공작'이나 '양기탁 횡령사건' 조작 등은 대표적이다.[3]

기존 연구에서 이 사건을 지나치게 부각하는 등 실상과 유리된 부분은 비판받아야 마땅하다. 아직까지 대부분 연구는 이를 국채보상운동 침체와 연관시켜 주요한 배경으로 설명한다. 그런데 '양기탁 횡령사건'은 국채보상운동 열기가 거의 식어가는 시점인 1908년에 이루어졌다. 즉 상호 관련성은 상당히 희박한 상황이었다. 일제의 궁극적인 의도는 모금된 의연금을 탈취하는 동시에 통감부에 적대적인 베델의 추방에 있었다. 이러한 사실을 비판적으로 검토할 때에 국채보상운동의 역사적 성격을 올바로 자리매김하는 중요한 계기를 제공할 수 있다.

서울에서 국채보상운동은 국내외 참여 분위기를 이끄는 밑거름이었다. 신문사는 물론 계몽단체 등은 기관지를 통하여 국민적인 관심사로 부각시켰다. 연일 보도되는 미담사례는 "국채보상=국민의무"로서 각인시키는 결정적인 계기였다. 소식을 접한 상인들은 장시망을 통하여 이러한 사실을 널리 알렸다. 장시가 열리는 날이면 단골 소식은 바로 국채보상과 관

3 김형목, 〈베델, 양기탁〉《국채보상운동 인물사》, 도서출판 선인, 2021.

련된 내용이었다.

그럼에도 서울지역 연구는 초보적인 수준에서 여전히 미답지로 남아 있다고 해도 과언이 아니다. 이는 '나랏빚 청산'이라는 편파적인 인식과 무관하지 않다. 국채보상운동은 자립경제 수립에서 나아가 자주적인 국민국가 건설이 궁극적인 목적이었다. 국민적인 열망은 당시 기록물에 고스란히 담겨 있다. 이 글은 국채보상운동사에서 서울지역이 차지하는 올바른 역사적 위상을 정립하는데 중점을 두었다.

2. 참여를 통한 국가·사회적인 책무 자각

국채보상취지서가 발표된 다음날인 2월 22일 서울에서는 국채보상기성회가 조직되었다. 발기인들은 〈국채보상기성취지서〉와 〈국채보상기성회회칙〉 등을 발표하였다. 국채보상은 자주적인 독립국가를 수립하는 가장 근본적인 문제로서 인식되는 감격적인 순간을 맞았다.[4] 이들은 취지서를 통해 국채보상운동의 중요성을 강조하였을 뿐만 아니라 당면한 가장 중요한 문제로서 강조했다.

> 무릇 차관은 무엇인가. 대사업과 大殖產에서 백성을 이롭게 하고 나라를 부흥하게 하는 것이 눈앞에 있다. 만약 도끼를 다룰 만한 마땅한 사람이 없다면 반드시 남에게 빌려서 그 일을 해나가니 이 법이 진실로 마땅하다. 만약 이것을 가지고 바른길로 삼아서 한 번 빌리고, 두 번 빌리며 그칠 줄 모

4 〈早春樂事〉《만세보》 1907년 3월 12일.

른다면 그 나라의 형세가 어찌 끝까지 보전할 수 있으리오. 지난날 영국이나 프랑스가 이집트에 돈을 빌려줌에 애초부터 어찌 반드시 이집트에 화를 주려고 했겠는가마는 다만 빌린 자의 일 처리가 좋지 못해 남의 영토가 되었다. (중략) 지난날 우리 정부가 진보에 다급하여 빌린 돈이 1,300만 원이라. 그 마음에 어찌 여기에 힘입어 자본을 이루어서 국가의 대사업을 일으키겠다고 말하지 않으리오. 지금 우리는 2천만 민중으로서 가령 사람마다 1원씩 내면 2,000만 원이 되고, 만약 50전이면 1,000만 원이 된다. 이와 같다면 남의 부채를 갚지 못할 수 있겠으리오. (중략) 이 단체를 '국채보상기성회'라 하니 이에 우리 동포에게 널리 알려 우리 국민의 의무를 다하기를 요구하노라. 오호라! 나라가 망하면 인민이 또한 망하나니 힘쓸지어다! 우리 동포여. 또 얼마의 시간을 기다려 국채를 깨끗이 갚은 뒤에 세계 제일의 향기 좋은 담배 수만 갑을 구매하여 남녀노소 할 것 없이, 바람을 맞으며 한 번 빨아들이면서 우리의 맑은 흉취를 뿜어냄이 어떠하리오.[5]

이와 더불어 주요 규약도 다음과 제시하였다. ①본회는 일본에 대한 국채 1,300만 원 보상을 목적으로 한다. ②보상방법은 국민 의연금을 모집한다. 단, 금액의 다소에 얽매이지 않는다. ③본회에 의연금을 기부한 인원은 본회 회원으로 인정하고 성명과 금액을 신문에 공포한다. ④본회와 목적이 같은 각 단체는 상호 연합하여 목적 달성을 힘써 도모한다. ⑤의연금은 수합하여 위의 금액에 도달될 때까지 신용이 있는 은행에 맡겨둔다. 단, 수합 금액은 매월 말에 신문으로 알린다. ⑥본회는 목적을 달성한 후에 해산한다.[6]

5 〈국채보상기성회취지서〉《황성신문》1907년 2월 25일.

발기인 대부분은 문명사회를 건설을 갈구하는 잡지사 필진이었고, 야뢰보관은 기성회의 수전소였다. 김성희 · 고유상 · 김주병 · 윤태영 · 박태서 · 이상익 · 주한영 · 김상만 등은 출판이나 저술 활동으로 계몽운동을 주도하는 인물이었다. 곧 이들은 애국계몽운동을 추진하는 일환으로 국채보상운동 전면에 나섰다.

의연금을 모집 · 관리하는 장소로 다음과 같이 정했다. ① 중서 전동 12통 1호 보성관 내 야뢰보관 임시사무소, ② 중서 포병하 광학서포 김상만, ③ 남대문 외 도동 건재약국 유한모, ④ 서서 석정동 대한매일신보사, ⑤ 남대문 내 상동 청년학원사무소, ⑥ 남서 대광교 37통 4호 서포 고유상, ⑦ 중서 파조교 월편 서사 주한영 등 7개소였다.[7] 수전소는 출판사를 겸하는 책방, 신문사와 잡지사, 학교 등으로 근대문물을 상징하는 대표적인 장소였다.

국채보상기성회 활동은 짧은 시간에 대단한 성과를 낳았다. 발족한 지 겨우 보름이 지날 즈음에 약 1,800명으로부터 1,500원에 달하는 거액이 모금되었다. 의연한 주요 단체는 부산상무회의소를 비롯한 청주진위대 · 평양진위대 장교와 병사, 충북 음성과 전남 여수 등지 주민 등이었다. 이러한 분위기는 지역사회에서 의연금 모집을 활성화하는 기폭제로 작용했다. 이 단체는 국채보상운동을 지역적인 한계에서 벗어나 국민운동으로 진전시키는데 밀알 같은 역할을 마다하지 않았다.

이종일李鍾一 · 김광제 · 박영규 · 오영근 등은 수금 통합기구로서 대한매

6 김형목, 〈국민운동으로 승화되는 발판을 마련하다〉《김광제, 나랏빛 청산이 독립국가 건설이다》, 도서출판 선인, 2012.

7 최기영, 〈국채보상운동의 확산〉《애국계몽운동 II -문화운동》, 한국독립운동사편찬위원회 · 독립기념관 한국독립운동사연구소, 2009.

일신보사 내에 국채보상지원금총합소 설치에 앞장섰다. 4월 8일 개최된 총회에서는 소장 한규설(후에 尹雄烈로 교체), 부소장 김종한金宗漢, 회계감독 박영규·서병규, 검사원 이강호·양기탁梁起鐸·이면우, 사무원 윤치호 등 12명, 평의원 12인을 각각 선출하였다. 거의 같은 시기에 13도 대표를 중심으로 국채보상연합회의소도 조직되었다.[8] 의장 이준(후임 李道宰, 李容植, 김종한), 부의장 김광제, 위원장 윤효정尹孝定으로 하는 임원진도 구성하였다. 국채보상과 관련된 활동을 검사하기 위한 장박張博 중심의 국채보상회와 민종식閔宗植을 중심으로 한 국채보상검사소도 조직되었다.

두 단체는 의연금 수합 경쟁을 초래하는 등 취지와 달리 체계적인 의연금 모집에 지장을 일으켜 비난 여론이 곳곳에서 일어났다. 이에 지원금총합소는 수합한 의연금을 주관하고 연합회의소는 일반 주민의 지도방침을 널리 홍보하는 등 분할 체제로 운영하기를 협의하였다. 비록 불완전한 총괄적인 단일기구로서 통합은 아니었으나 어느 정도 협력체제를 구축할 수 있었다.[9] 양 조직체는 지방에서 활동하는 국채보상소를 계통적으로 통제하는 가운데 수합된 의연금을 조직적으로 관리하기에 이르렀다.

이러한 활동과 더불어 주요 활동가들의 당시 현실인식이나 정세관 등은 매우 중요하다. 국채보상기성회를 주도한 인물은 송당 김성희이다. 그는 1847년 8월 14일에 부친 김노규의 장남으로 충남 서천에서 태어났다. 전통교육을 수학한 후 늦은 나이에 관계에 진출하였다. 1893년 교섭통상사무아문 주사 공직을 시작으로 홍주부 주사, 경북관찰부 주사, 중추

8 국채보상운동기념사업회, 〈국채보상연합회의소〉《국채보상운동기록물-취지서·발기문》 1, 도서출판 선인, 2017, 267~268쪽.

9 〈國債報償聯合近況〉《만세보》 1907년 4월 13일(최기영, 앞의 글, 2009, 243~244쪽 재인용).

원 의관 등을 역임했다. 여기에서 주목되는 부분은 경북관찰부 주사로서 재임이었다. 대구지역 의연금 수전소는 수창사壽昌社로 상인세력을 대표하는 단체였다. 그는 이 단체 회원으로 활동하다가 상경한 후에도 대구지역 인사들과 계속 교류하고 있었다.[10] 이러한 인연은 국채보상기성회를 발기하는 결정적인 배경이었다.

1907년에는 한성덕어(독일어)학교 부교관, 한성사범학교 교관으로 재직하였다. 이후 대한자강회 · 대한협회 · 기호흥학회 회원으로 활동하면서 기관지에 계몽운동과 관련된 30편 이상을 투고하는 등 열정과 실력을 겸비한 계몽론자였다. 그는 각종 논설을 통하여 사회진화론적 입장에서 생존경쟁시대에 부응하는 여러 방안을 강조했다. 즉 우승열패, 약육강식의 냉엄한 국제질서 속에서 대한제국이 국권을 상실하여 보호국 상태에 처한 원인 등도 분석하였다. 궁극적인 주장은 외국의 침략뿐만 아니라 실력양성이나 내수자강에 힘쓰지 않는 현실에 대한 비판이었다. 사회진화론에 바탕을 둔 '선자강 후독립론'은 그가 지향하는 논리였다. 실력이 없으면 성공하지 못하므로 먼저 실력을 양성하여 장차 독립 기회에 대비해야 한다는 입장이었다. 김성희가 주장한 주요 논지는 다음과 같이 정리할 수 있다.[11]

첫째는 교육진흥 곧 근대교육에 의한 실력양성론이었다. 국가의 독립은 오직 자강 여하에 달려 있으므로 자강의 방법은 국민교육을 통한 실력양성이 우선적인 과제였다. 이와 더불어 산업을 진흥시켜 국가가 부강해져야 한다고 인식했다. 학교 교육은 물론 가정교육 · 사회교육과 더불어

10 김형목, 〈윤웅렬, 김종한, 한규설, 김성희 등 서울지도자들〉, 앞의 책, 2021.

11 김형목, 〈서천의 애국계몽운동과 국채보상운동〉《서천의 독립운동사》, 서천군, 2020.

여성교육·의무교육 중요성도 강조하였다. 둘째는 식산흥업에 의한 실력양성론이었다. 국권 회복을 위한 지름길은 농공상업의 발달에 있다. 대한제국이 일본의 보호국이 된 궁극적인 원인은 식산 부진에 따른 국가의 경제적인 빈곤에서 찾았다. 셋째는 정치개혁에 의한 실력양성론을 거듭 강조했다. 정체론이나 국가건설론, 경제론 등에 대한 외국 학설 소개 등은 그의 정치구상과 밀접한 연관성을 지닌다.

지배자가 국가를 사유私有하여 국민의 생명과 재산 등 민권보장이 제대로 이루어지지 않으면 국민의 힘은 쇠잔해질 수밖에 없다. 국민에 대한 정치참여를 불허하여 국민이 국가의 일을 남의 일보듯이 하므로 애국심은 더더욱 생기지 않는다. 국민에 대한 가혹한 압제와 수탈로 국민의 생산의욕 감소로 인해 산업이 피폐해지고 국력이 쇠퇴해진다는 주장이었다. 그런 만큼 정치발전은 민지 계발에 의한 국민교육에 달렸다고 보았다. 이러한 주장은 지역사회로 근대교육을 확산시키는 주요한 계기로 작용했다.

한편 2월 26일 고종의 칙어와 함께 단연보상 참여는 커다란 반향을 불러일으켰다.[12] 이는 국채보상운동을 국가적·국민적 의거로서 공인한 셈이나 마찬가지였다. 초기 냉소적인 정부대신들도 이 소식을 접한 이후 금연 결심과 함께 참여하였다. 자의든 타의든 고관대작도 동참하지 않을 수 없는 상황이었다. 솔선수범은 아니라도 이를 아예 무시하거나 도외시할 수 없는 상황이 도래하였다. 노동자들이 담배값을 다투어 모은 일을 소개한 신문 만평란은 "현재 정부대신은 노동자 보기가 어떠할고."라고 보

12 〈大哉皇言〉《대한매일신보》 1907년 2월 27일; 〈斷烟請申〉《대한매일신보》 1907년 3월 1일.

도한 사실에서 엿볼 수 있다. 전현직 고관인 민영소·이종건·한규설·심상훈·조동윤·김성근 등 동참은 이러한 여론 등과 무관하지 않았다. 시간의 흐름과 함께 모금운동 열기는 점입가경으로 치달았다.

> (전략) 우리 동포 2천만 명이 1,300만 원을 분배하면 평균 65전에 불과합니다. 이런 적은 금액으로 다른 사람의 노예가 되는 것은 꿈에도 생각지 못하고 빚을 내어 구경만 다니다가 패가망신하는 날에 누구를 원망하고 누구를 허물하겠습니까? 답답한 양반들은 금연은 고사하고 아무것도 하지 않으니, 이런 돈만 모은다고 하더라도 금년 안으로 상환이 될 것입니다.[13]

친일단체인 일진회원도 동참을 마다하지 않았다. 삼화항 일진회 지회원은 난상토론 이후 의연금 모집에 나섰다. 단천군국채보상소 발기인 이병덕李炳德·김인화金仁化 등은 '국채보상가'를 지어 보급하는데 노력하였다. 주요 내용은 다음과 같다.

> 애국심에 애국심에 / 대구 서공 상돈일세
> 일천삼백원 국채 / 설립 동맹단연회라
> 면실지심 발양하니 / 대한국민 분명토다
> 지금 우리 국가 어려움에 처하여 / 이렇게 열성적인 사람은 누구인가
> 경상 대구 서공 등은 / 사람마다 미거를 찬양한다
> 대한 2천만인 중에 / 서상돈만 사람인가
> 단천군 이곳 우리들도 / 한국 백성 아닐런가

13 〈大最緊急忠告〉《대한매일신보》 1907년 3월 20일.

외인 부채 매년 이자가 / 너무 많아 지불할 수 없으니

(중략)

아홉 살 아이 이용봉도 / 세뱃돈을 얻어 보조하거늘

감발토다 감발토다 / 충애심으로 감발토다

포동 사는 안형식이 / 지금 여섯살 어린애로서

아버지의 의금 내는 것 보고 / 구화 2원을 의연하였네

(중략)

6세 9세 아이들도 / 외인 부채에 저러하거늘

모든 군자여 모든 군자여 / 보상하는 때를 잃지 말고

무릇 국채보상할 시에는 / 얼마나 즐겁고 기쁘지 아니한가

힘쓸지어다 힘쓸지어다 / 오직 우리 단천 군자들이여[14]

이처럼 국채보상운동이 전국적으로 빠른 시간에 전개될 수 있었던 요인은 언론활동에 크게 힘입었다. 《대한매일신보》·《황성신문》·《제국신문》·《만세보》 등은 2월 대구광문사에서 국채보상을 결의한 사실을 대대적으로 보도한 이래 운동 확산에 진력하였다.

참여 과정은 주민들에게 시세 변화를 일깨우는 '기폭제'였다. 활동영역은 근대교육 보급에만 한정되지 않았다. 토론회·강연회 개최 등은 일상사에 대한 관념을 근본적으로 타파하는 요인이었다. '재산'이나 마찬가지인 노비해방은 시세에 부응한 가치관 변화에서 비롯되었다. '인권'과 '행복추구' 운운 등은 이와 같은 실상을 잘 보여준다.[15]

14 〈국채보상가〉《대한매일신보》 1907년 4월 14일.

15 김형목, 〈한말 수원지역 계몽운동과 운영주체〉《한국독립운동사연구》 53, 2007, 39쪽.

국채보상 소식에서 남성 위주로 전개되는데 격분한 여성들은 조직적인 참여를 위한 여성단체를 조직하였다. 군민대회가 열린 직후 2월 23일에 대구에서는 정운갑 모친 서씨(서채봉), 정운화 처 김씨(김달준), 서석균 처 최씨(최실경), 서학균 처 정씨(정말경), 서덕균 처 이씨(이덕수), 김수원 처 배씨(미상) 등 7인은 남일동패물폐지부인회를 조직하기에 이르렀다. 이들은 격문을 통하여 "경고 아 부인동포라. 우리가 함께 여자의 몸으로 규문閨門에 처하여 삼종지도三從之道 외에 간섭할 사무가 없사오나 나라 위하는 마음과 백성된 도리에야 어찌 남녀가 다르리오. 듣사오니 국채를 갚으려고 2천만 동포들이 석 달간 연초를 아니 피우고 그 돈을 모은다고 하오니 즉시 사람으로 흥감케 할지요. 진정에 아름다움이라. 그런데 부인들을 논외로 한다 하니 대저 여자는 나라 백성이 아니며 화육중일물化育中一物이 아니니오."라며 남성 중심에 의한 국채보상운동을 비판하고 나섰다.[16] 논리는 남녀평등론에 의한 사회적인 존재로서 역할 분담과 국민으로서 의무임을 주장했다.

소식을 접한 여성들은 즉각적인 반응을 불러일으켰다. 진주 기생 부용·국향·난초·앵무 등은 진주국채보상부인회 활동을 지원했다. 이들도 취지서를 통하여 부인들 참여를 자발적으로 유도하는 등 대대적인 선전활동을 전개하였다. 당시 모금한 금액은 신화 573원 88전이었다.[17] 이에 대한 격려와 찬사는 지역적인 영역을 벗어나 전국적인 관심사 중 하나였다. 특히 서울 대안동 국채보상애국부인회를 주도한 신소당은 새로운 변화에 부응하는 활동이라고 높게 평가하였다. "동포부인께서 열심하오시

16 최혜령, 〈들불처럼 삶을 지핀 여성들〉《빛, 나눔으로 빛이 되다》, 국채보상운동기념사업회, 2019, 156쪽.

17 〈芙蓉吐香〉《대한매일신보》 1907년 3월 20일; 〈慶南愛國報償所婦人會發起人 晋州退妓芙蓉送函〉《만세보》 1907년 3월 20일.

니 동동촉촉하온 마음 일야간 생각하기를 애국성심은 남녀가 일반이요 경향이 없었는데 항곡에서 어떠한 부인께서 사업을 성입하오서 일체 합심하라는 희소식을 들으라고 각 신문을 보다가 천만 뜻밖에 진주군 부용형이 애국부인회를 고동하오시니 진주에는 이미 논개論介가 있었고 평양에는 계월향桂月香이 계시더니"라며 극찬을 아끼지 않았다.[18]

반면 일부 인사들은 기생들의 국채보상 참여를 상당히 부정적으로 인식했다. 신소당은 이를 비판하면서 가정부인의 적극적인 참여를 호소했다.

> 애국 성심이 부족하여 형의 충의가 간절하니 충성의 '충'자는 고금에 없을 듯하다. 두 겨드랑이에 날개가 없어서 바로 가서 칭송하지 못하나이다. 남산에는 지남석이 있고 북산에는 쇠가 있다 하는 말이 두 사람을 두고 말하는 듯하다. 형의 충의를 우리나라 백성으로 어느 누가 감동하지 않겠는가. 감히 어떤 사람들이라도 칭송하지 않을 사람이 없을 듯하다. 강주식이라는 남자는 알지 못하나 어떠한 사람이기에 사나움과 세력을 믿고 감히 저해하는가. 그는 만민의 죄인이요 나라의 도적이다. 신명이 위에 계시니 어찌 재앙이 없겠는가. 강주식의 많고 많은 죄상은 차례로 성토하여 2,000만 인민의 공분을 새로 만들고자 한다. 원하건대 부용 형은 대의를 저버리지 마시고 도내의 뜻있는 동포 부인들과 단결 합심하여 저와 같은 여인들도 나라의 은혜에 만분의 일이라도 갚아보시기를 천번 만번이나 바라나이다."[19]

18 〈진주부용형 전ᄉ례셔〉《대한매일신보》 1907년 3월 27일.

신소당의 신분 차별에 비판은 커다란 반향을 불러일으켰다. 빈부나 귀천에 구애되지 않는다는 취지서와 달리 실상은 가정부인이나 기생 등의 활동을 부정적으로 인식하는 현실이었다. 이를 계기로 기생이나 부실에 대한 사회적인 편향된 인식은 부분적이나마 변화되는 결정적인 계기를 맞았다.[20] 그녀가 남자학교인 동광東光학교 교장으로서 계몽운동을 주도할 수 있었던 배경은 여기에서 찾아진다. 헤이그특사 주인공인 이준李儁의 부인 이일정李一貞과 더불어 여권 신장을 위한 선두주자로서 자리매김은 전혀 우연이 아니었다.[21]

평북 의주군 신동에 사는 기생 산홍山紅은 대한매일신보사로 편지를 보내면서 국채보상에 참여한 동기를 밝혔다.

> 저는 의주의 천한 기생으로 시사에 골몰하다가 올해 나이 스물이 되어 학문과 지식에 힘쓰지 못함을 탄식하여 지난 달부터 여학교에 입학하여 공부하던 중에 소식을 들었다. 국채 1,300만 원에 대하여 일반 동포들이 술과 담배를 끊어서 다투어 의연금을 낸다고 하니 훌륭하다고 여겨서 본인도 비록 여자이지만 이천만 동포 중 한 사람으로서 의무로 신화 2원을 보냅니다. 국채보상에 1,000만 분의 1이라도 보탬이 되기를 바랍니다.[22]

라고 자신의 담담한 심정을 밝혔다. 기생은 결코 "폐물이 아니라" 당당한

19 〈귀부용형서〉《만세보》 1907년 4월 2일.

20 〈晉州補償會詳報〉《만세보》 1907년 4월 9일.

21 김형목, 〈이일정, 마음의 상처를 애국혼으로 승화하다〉《관보》 10월호, 독립기념관, 2015.

22 〈義妓寄函〉《대한매일신보》 1907년 5월 3일.

사회구성원이라는 '자기선언'이었다. 사회적인 암적인 존재라는 편견에서 벗어나 독립국가 건설에 참여하려는 의지는 여기에서 찾아진다.

안중근 의사 어머니 조마리아는 삼화항패물폐지부인회에 일원으로 참여했다. 안중근은 가족들에게 "국사는 공公이요 가사家事는 사私이다. 지부장인 우리 가정이 솔선수범치 아니하고는 다른 사람을 지도할 수 없다."면서 국채보상운동 취지를 설명했다. 가족들 동참이 우선적인 문제라고 생각했다. 이를 가족들에게 일제의 경제적 침략에서 벗어날 수 있다고 강조하는 의연함을 가족들에 요구할 만큼 관심을 보였다. 어머니와 부인은 물론 동생 부인 등도 주저하지 않고 패물을 의연할 수밖에 분위기로 이어졌다. 〈삼화항은금폐지회부인회 제이회 의연〉에서는 "안중근 자친 은지환 두쌍 넉량 닷돈중은 아직 팔리지 못하였음. 은투호 2개, 은장도 1개, 은귀이개 2개, 은가지 3개, 은부전 2개 등 합은 십종 넉량 닷돈중 대금 20원"이라고 보도했다.[23] 참여한 주요 인물은 삼화항 유지신사인 김경지·정익홍·백우형·김봉관·김문규·안적소 등 부인이거나 어머니였다.[24] 이들은 취지서를 통하여 자주적인 독립국가 건설을 국민의무로서 인식하고 있었다. 이처럼 여성들 활동은 주민들에게 변화를 절감시키는 현장이었다. 당시 설립된 여성단체인 〈표 1〉는 이러한 사실을 그대로 보여준다.

여성단체에 의한 자발적인 의연금 모금은 당시 사회를 강타하는 '빅뉴스'였다. 가정부인이나 부실·기생 등 적극적인 활동은 상상을 넘어 충격이나 다름없었다. 사실상 변화는 현실에서 그대로 목격하는 현장이었

23 김형목, 〈안중근 국내에서 계몽활동과 역사적 성격〉, 대구가톨릭대학교 안중근연구소, 《도마 안중근》, 도서출판 선인, 2017.

24 〈國債報償義捐金收入廣告〉《대한매일신보》 1907년 4월 6일; 5월 9일·12일·29일; 8월 2일.

〈표 1〉 국채보상을 위한 여성단체 현황[25]

단체명	발기일	지역	발기인	전거
남일동패물폐지 부인회	1907.2.23	대구	정운갑 모,서병규 처, 서학균 처,서덕균 처, 서석균 처,김수원 처	大1907.3.8·12/ 5.14~17
남산국채보상부인회	1907.6	〃	서주원,구연규 부인	大1907.6.20/11.27
부인의연회	1908.2	청도	오영섭 부인 이씨 등	大1908.2.28
대안동국채보상 부인회	1907.2	서울	남북촌 이씨,송씨,김씨,박씨, 계씨,염씨,한씨,정씨,신씨, 오씨,윤씨 등	大1907.3.6·8·15·17·19·21·23·27/5.29·30/6.1; 황1907.3.16/4.13; 만1907.3.14~17·19·23·29/4.2
부인감찬회	1907.2.28	〃	김일당(이낙용 부실),김석자(최영년 부실),박회당(이호백 부실)	大1907.3.3; 만1907.3.2·12; 황1907.3.1·15·30, 4.8
국채보상여자의성회	1907.3	〃	이옥경,정경옥,이숙자,이형렬, 김운곡,진정옥,박주경,김영자, 박청운,신영자 등	제1907.3.15; 만1907.3.14
국미적성회	1907.3.29	인천	박우리바,여누이사,장마리아, 정하쓰더,김쓸비 등	황1907.3.14; 제1907.4.1
부인의성회	1907.4	화성	김희경,김혜경,안마리아 등	제1907.4.17,4.29
국채보상부인회	1907.4	안성	일반부인(안성장터)	大1907.4.20
검단면국채보상 의무소	1907.3	김포	한씨,노씨,김씨	大1907.4.20; 제1907.3.25
흔바위예수믿는 부인회	1907.3	여주	기독교부인	大1907.8.14
감선의연부인회	1907.4	부산	유지부인	大1907.4.19,7.17
단연동맹부인회	1907.5	〃	상인부인	大1907.5.29,8.23
영도국채보상부인회	1907.6	〃	유지,기독교부인	황1907.6.22
진주애국부인회; 진주국채보상부인회	1907.3.19	진주	부용,매옥,금련 등 기생	大1907.3.20·27; 만1907.3.20/4.2,4.9; 황1907.5.22·23
애국상채회	1907.3	〃	이진사 부실,하첨정 부실	황1907.3.28~4.3
국채보상경남진주 부인회	1907.3	〃	김기화 조모;회장,이명화; 총무,조금년;재무	황1907.4.3

25 김형목, 〈국채보상운동에서 경남지역 여성단체의 활동과 위상〉《진주문화》47, 2022의 〈표 1〉과 〈표 2〉를 참고하여 정리함.

단체명	발기일	지역	발기인	전거
단성부인의무회; 단성군부인회	1907.5	산청	정송경(최원영 부실), 손씨(군수 김병길 숙부인) 등	만1907.5.24,6.1
창원항부인회	1907.4	창원	이개동 모,옥순직 모, 이종태 모,박대현 모	大1908.2.24·25, 1907.4.28.30
국채보상부인회	1907.3	진천	유지부인,취란(기생) 등	大1907.3.31;황1907.4.29
봉황정부인의회		금산	유지부인 등	大1908.3.17
삼도리부인회	1907.4	제주	신서봉 처 서씨 등	大1907.4.10
제주부인의성회	1907.4	〃	김수석 처 백씨,최원순 모 배씨,김홍석 모 김씨	만1907.4.20;大1907.5.4
국채보상회	1907.3	평양	주희 31인	大1907.3.8;황1907.3.8
비석동예수교부인 국채보상회	-	삼화항	기독교부인	大1907.4.24
삼화항패물폐지 부인회	1907.4	〃	김경지처 김씨,백우행처 이씨,안석조처 김씨 등	大1907.4.6,4.24,4.28- 30,5.1,8.2;제1907.4.4- 6,4.8
청북강계부인급수 보상회	1907.2.1	강계	이두일 부인,김동긍 부인, 이대규 부인,정병규 부인, 김상우 부인 등	황1907.3.30-4.3,4.8
선천군의성회	1907.2	선천	김희탁 부인, 김기언 부인 등	大대1907.4.10;1907.3.30
국채보상감반회	1907.6	영흥	권영호,강념주	大1907.6.28
국채보상탈환회	1907.4	안악	장의근 장모 공씨,김덕유 조 모 엄씨 등 10인	황1907.4.8; 大1907.4.20,4.23,5.16
연안이씨일문 부인회	1907.4	거창 웅양면	이현규 대부인 하동정씨 등	大1907.4.12.13,5.7.9.11
원일부인회	1907.3	지역 미상	기생 등	大1907.3.20.27.28; 만1907.4.2

비고: 大는《대한매일신보》, 황은《황성신문》, 만은《만세보》.

다. 여성들의 국채보상운동으로 참여와 '자기목소리'는 변화를 예고하는 전주곡이나 마찬가지였다.[26] 서울에서 조직된 여성단체는 전국적인 상황

26 홍성헌, 〈여성단체, 여성의 사회적 역할의 지평을 넓히다〉《국채보상운동의 의연사례》, 도서출판 선인, 2021.

을 언론사에 알리는 한편 이들의 활동을 격려하는 서신 등을 보냈다. 기생이나 부실(첩) 등은 변화하는 시대상에 '자기 목소리'로 적응할 수 있었던 직접적인 계기 중 하나는 바로 국채보상운동이라는 현장이었다.

3. 거국적 국민참여운동

러일전쟁에서 승기를 잡은 일제는 을사조약으로 무소불위를 휘두르는 통감부를 탄생시켰다. 초대통감에 부임한 이토 히로부미는 온갖 감언이설로 친일내각을 회유·압박하면서 식민지화에 박차를 가했다. '후발 자본주의'로 출발한 일제는 직접 식민지를 경영할 만한 여력이 없었다. 결국 차관 공세를 통하여 식민지배에 필요한 재정을 확보할 수밖에 없었다. 이리하여 1906년 12월 말경에 부채는 대한제국 정부 1년 예산과 맞먹는 1,300만 원에 달하는 거금이었다.

완전히 경제적으로 종속되었으나 정부는 이를 해결할 의지나 능력조차 거의 상실한 상황에 직면하고 있었다. 이때를 전후로 외채에 대한 경각심을 일깨우는 서적이 발행되는 동시에 신문도 이를 크게 환기시키는 분위기였다. 《애급근세사》·《월남망국사》 등 발간은 이러한 상황과 맞물려 상당한 반응을 불러일으켰다.[27] 《대한매일신보》·《황성신문》·《제국신문》·《만세보》 등도 외채로 식민지가 된 국가를 소개하였다. 1907년에 들어와 외채는 '뜨거운 감자'로 부각되었다.

대구에서 시작된 단연에 의한 국채보상운동 소식은 순식간에 국내는

27 김형목, 앞의 글, 2022, 183쪽.

물론 국외 한인사회로 파급되었다. 신문은 이를 알리는 '전도사'임을 자처하는 분위기였다. 곧바로 각지에서는 국채보상소회가 조직되는 등 국민운동으로 파급되었다. 이를 계기로 체계적인 모금활동을 위한 취지서가 신문에 보도되었다. 여성 참여는 사회적인 인식이나 가치관 변화로 이어지는 등 여성들의 '자기존재감'을 드러내는 결정적인 계기였다.

《황성신문》은 1907년 2월 25일 〈단연보국채斷烟報國債〉라는 논설을 통하여 국채보상을 국민의 의무사항으로 규정하기에 이르렀다. 《제국신문》도 3월 1일 〈국채보상금 모집에 관한 사정〉이라는 논설에서 국채보상을 정부를 위함이 아니라 국민을 위한 운동임을 선언하였다. 5월 27일에는 〈재외부인의연서〉에서 하와이 부인들의 의연활동을 소개했다. 《대한매일신보》는 가장 적극적으로 국채보상운동 관련 사실 보도에 앞장섰다. 2월 27일자 〈본사단연〉은 "금번 국채보상사에 대하여 위로는 황실과 공경가公卿家와 각 학교에서 거개 단연이온바 본사원도 일반의무로 동맹단연함"이라며 사원들 단명동맹을 선언하였다. 이어 국외 활동에 대한 소개로 이어졌다. 또한 각 신문사는 사내에 국채보상 모금처를 설치하고 전 국민적인 참여를 촉구하는 한편 각지에 조직된 기성회 취지서와 의연금납부자 명단을 게재했다. 물론 초기 일부 언론은 성과에 대하여 회의적인 태도를 보였으나 이후 범국민운동으로서 확산시키는데 가장 중요한 역할을 담당하였다.

태극학회도 기관지를 통하여 국채보상운동의 당위성을 강조하였다. 〈프랑스 대국민적 정신〉·〈국채보상의 문제로 외보의 논평〉은 대표적인 경우이다. 또한 국채보상운동에 대한 《시사신보》 혹평이나 《할빈보》 정평에 대한 평가도 소개하면서 더욱 분발할 것을 촉구하였다. 특히 《야뢰夜雷》나 《대동보大同報》 등은 국채보상운동 선전을 목적으로 발간된 잡지였다.[28] 이는 시대변화에 부응한 새로운 선전매체로서 신문이나 잡지에 주목한 사실을 보여준다. 김광제가 활동 근거진인 대구를 떠나 서울에서 《대동보》 발행인으로 활동한 이유도 각지에서 전개되는 국채보상운동 열기를 널리 알리려는 선전(홍보)활동의 일환이었다. 여기에 실린 내용 대부분은 미담 사례였다는 사실에서 추측할 수 있다.

신문에 대한 높은 신뢰도는 한국인들 항일의식 고취에 막대한 영향력을 미쳤다. 일제는 헤이그특사사건으로 고종이 양위했을 때에 《대한매일신보》가 한국인들을 선동했기 때문에 유혈충돌이 일어나 많은 사상자가 났다고 생각하였다. 곧바로 베델 추방을 위한 본격적인 공작이 추진되었다.

일본의 한국 침략에 가장 큰 장애물은 베델이었다. 이에 그를 추방하는 동시에 발행하는 신문을 폐간시켜야 한다고 영국정부에 끈질기게 요구했다. 외교교섭은 1904년부터 1910년까지 계속되었다. 영국은 일본의 요구와 독자적인 판단에 따라 베델을 두 번이나 재판에 회부하였다.

을사조약 체결 후 베델 문제를 거론하지 않은 채 은밀히 대책을 강구하던 일제는 1907년 4월에 본격적으로 문제를 제기했다. 고종의 밀서 사진이 게재되자 베델 처리문제에 적극적이었다.[29] 일본은 4월 11일 각서를 주일 영국대사관에 전달함으로써 본격적인 외교공세가 시작되었다. 첫 번째 재판은 1907년 10월 14일 주한영국총영사관에서 열려 근신형 6개월을 판결했다. 일년이 지난 1908년 6월 15일 주한영국총영사관에서 베델에 대한 제2차 재판이 열렸다. 2차 재판도 1차 재판과 별다른 차이점이 없었다.

28 〈대동보〉《한국독립운동사사전(운동 · 단체편 Ⅱ)》 4, 독립기념관 한국독립운동사연구소, 2004.

29 정진석, 〈공판정에 선 항일언론인〉《한국의 독립운동을 도운 영국 언론인 베델》, 독립기념관 한국독립운동사연구소, 2013.

베델이 상하이에서 복역하는 동안 통감부는《대한매일신보》와 관련자들에 대한 새로운 탄압계획을 실천에 옮겼다. 대한매일신보사 총무 양기탁을 국채보상의연금 횡령한 혐의로 구속한 사건이었다. 신문의 실무를 총괄하던 양기탁 구속으로 신문 제작에 치명적인 타격을 가하려는 의도였다.

이 사건은 양기탁을 구속하던 때로부터 경성재판소가 그에게 무죄판결을 내림으로 종결되었다. 70여 일이 소요된 기간이었으나 외교관들은 긴장된 대결을 벌였다. 영국 총영사관은 통감부를 향해 양기탁 구속을 강력하게 항의하고 석방을 요구하는 등 긴장을 고조시켰다.

통감부는 양기탁을 구속하면서 실상은 베델 국채보상금을 횡령했다는 혐의를 두었다. 그는 심리적인 부담과 아울러 명예도 크게 손상되었다. 영·일 양국 사이에 진행된 복잡한 외교교섭은 양기탁 무죄 석방으로 일단락되었다.[30] 물론 근본적인 문제는 해결되지 않았다.《대한매일신보》가 영국인 소유로 남아 발행이 계속되는 한 마음을 놓을 수 없었다. 저들의 우려는 갑작스런 베델 사망으로 새로운 전기를 맞았다.

1909년 5월 한국인들의 애도를 받으며 베델은 한강변 양화진 외국인 묘지에 묻혔다. 소리 없이 기념비를 세우기 위한 모금은 이듬해 4월부터 시작되었다. 모금을 알리는 광고조차도 전혀 없었다. 뜻밖에 연해주 블라디보스토크 교포들의 성금 89환 60전이 대한매일신문사로 전해졌다. 양기탁·신채호·장도빈 등 동료와 각지의 이름 모를 무수한 독자들이 소액을 흔쾌히 기부했다.

30 〈대동보〉《한국독립운동사사전(운동·단체편 Ⅱ)》4, 독립기념관 한국독립운동사연구소, 2004.

사망한 지 1년 뒤인 1910년 6월 비석이 완성되었다. 앞면에는 “대한매일신보사장 대영국인 배설의 묘”라 쓰고 뒷면에는 장지연이 지은 비문을 새겼다.

> 아! 여기 대한매일신보 사장 배설公의 묘가 있도다. 그는 열혈을 뿜고 주먹을 휘둘러서 2천만 민중의 의기를 고무하며 목숨과 운명을 걸어놓고 싸우기를 여섯 해. 마침내 한을 품고 돌아갔다.

비문에는 항일언론인으로서 보여준 그의 기개를 기록하였다. 그리고 이렇게 끝을 맺었다. “이제 명銘하여 가로되 드높도다 그 기개여 귀하도다, 그 마음씨여, 아! 이 조각돌은 후세를 비추어 꺼지지 않을 지로다.”

일제에게 베델은 사망한 이후에도 두려움의 대상이었다. 이에 비문을 깎아 없애는 옹졸하고도 파렴치하며 천인공로할 만행을 저질렀다. 해방 이후 전국 언론인들은 성금을 모아 1964년 4월 ‘신문의 날’에 작은 기념비를 세웠다.

국채보상운동을 발기한 대구광문사 사장 김광제는 국민운동 진전에 결정적인 계기를 제공했다. 김광제는 1866년 7월 1일 충남 남포군(현 보령시 남포면) 웅천면 평리에서 2남 중 차남으로 태어났다. 아버지는 김상하金商夏, 어머니는 풍천 임씨였다. 어린시절 이름은 홍제弘濟(또는 洪濟)이다. 호는 동양자東洋子, 시호는 석람石藍, 자는 덕재德在였다. 본관은 경주로 이곳에 오랫동안 세거한 재지사족이었다. 그의 17대조인 우제공愚濟公 한漢이 계유정란에 반발하여 남포로 낙향·은거한 이래 후손들은 대대로 이곳에서 살아왔다.

그럼에도 유년시절에 관한 사항은 거의 파악할 수 없다. 다만 사숙이나 가숙에서 전통학문을 수학하였을 것으로 추정된다. 김광제가 남긴

시집·저작물이나 상소문 등은 영민함과 학문적인 수준을 가늠할 수 있는 실마리를 제공한다. 특히 1906년 대구광문사에서 발행한 《만국공법요략萬國公法要略》 중간重刊은 국제적인 안목과 더불어 주요한 관심사의 일단을 잘 보여준다. 주지하듯이 이 책은 로렌스Laurence의 《Handbook of International Law》를 중국에서 알렌 영Allen Young[林樂知] 선교사가 한역한 저서이다.[31] 그는 책 발간에 즈음하여 장문에 달하는 서문을 남겼다. 국제법의 중요성에 대한 인식은 문명사회 건설을 위한 가장 기초적인 토대를 구축하는 문제로 귀결되었다.

그는 전통학문을 수학한 후 23세인 1888년 4월에 급제하여 관직 진출하였다. 1901년 1월에는 동래경무관에서 면직되는 등 관직생활은 그리 평탄하지 않았다. 1900년 9월 임명된 이래 약 5개월 동안 직무를 충실하게 수행하였다. 규장각 소장된 자료는 동래경무관으로서 활약상을 부분적이나마 보여준다. 당시 상권 분쟁을 둘러싼 갈등 문제로 경부에 피착되는 등 우여곡절을 겪기도 했다.[32] 을사조약 체결에 즈음하여 상소문을 올릴 당시까지 김광제의 현실인식은 충군애국적인 입장에서 크게 벗어나지 않았다. 물론 근왕적인 입장에 매몰된 수구적인 인물은 더더욱 아니었다. 당시 일반적인 관료처럼 전통적인 인식과 근대적인 사유가 공존하고 있었다.

경제문제에 대한 인식은 국채보상운동을 추진하면서 더욱 확대·심화되어 나갔다. 경제는 단순한 물건이나 재화 등 물질적인 문제에 국한되지 않는다. 인간과 물질이 상호 교류하면서 인간의 삶을 보다 풍요롭게 하

31 최종고, 〈한국의 법률가상; 석람 김광제〉 《사법행정》 314, 1967, 101쪽.

32 김형목, 앞의 책, 도서출판 선인, 2012.

는 중요한 매개체이다. 인간사회 흥망성쇠는 바로 경제문제에 달려있다는 근대 자본주의에 대한 해박한 논리를 전개하였다. 기업은 단순한 이윤 추구가 아니라 기업의 사회적인 공공성을 강조할 만큼 선견적인 입장을 개진했다. 사회적인 윤리성이 전제될 때에만 기업도 '사회적인 공기公器'로서 발전할 수 있는 가능성을 제시하였다.[33] 근대적인 기업 윤리관은 탁견임에 틀림없다.

김광제는 우국충정에서 우러나는 심정에 따라 을사조약을 부정하는 장문에 달하는 상소문을 올렸다. 여기에는 간절한 여망이 담겨 있는 동시에 상황을 보다 객관적으로 바라본 현실 인식을 보여준다. 상소문은 일제 식민지로 전락하는 원인을 가장 적절하게 지적하였다. 지배층의 외세 의존적인 자세와 가렴주구는 대한제국을 멸망시키는 요인으로 손꼽았다. 간신배나 아첨꾼을 멀리 하는 동시에 국가기강을 올바르게 바로 잡기 위한 대응책 강구도 강조했다. 그에게 국권회복을 위한 방안 중 급선무는 광범위한 근대교육 시행에 의한 인재육성과 엄정한 법 집행으로 귀결되었다. 이반된 민심 수습이 우선적인 긴급한 현안임을 주장하는 등 현실을 직시하고 있었다.[34]

1906년 초에 곧바로 대구로 가서 본격적인 계몽운동에 투신하였다. 교과서 · 교양서적 발행과 근대교육 보급을 위한 대구광문사(일명 달성광문사) 조직은 이와 같은 의도와 맞물려 추진되었다. 그는 설립인가원을 내부에 제출하는 한편 활동영역 확대에 노력을 경주했다. 동료인 이일우李一雨는 일찍부터 문명사회 건설에 필요한 민지 계발을 위한 시무학교時務學校를 설

33 김광제, 〈논설, 경제계〉《대한협회회보》 7, 1908, 23~24쪽.

34 김광제문집간행위원회, 〈상소〉《유고집(증보판)》, 19~29쪽.

립했다. 학생들 정서 함양과 지식 습득에 유용한 국내외 서적뿐만 아니라 신문·잡지 등도 구매하거나 구독하였다.[35]

당시 대구부 자치제 시행을 위한 대구민의소大邱民議所(일명 대구대의소 또는 경북대의소)도 조직되었다. 목적은 민지 계발과 민권 부식을 도모하는데 있었다. 이를 위한 기초적인 활동은 교육방침 연구와 권면, 법률 범위 이내에서 행동자유 보장, 관리에 대한 질문과 건의, 실업발달 도모 등이었다. 동양자의 근대교육 확산을 위한 노력에 대한 찬사는 곧바로 현지 계몽활동가들에 의하여 제기되었다. 대구지역을 대표하는 계몽운동가로서 명성을 얻었다. 이는 국채보상운동을 주창할 수 있는 든든한 배경이었다.

국채보상은 한민족으로서 '의무'임을 강조했다. 이를 위한 구체적인 '실천강령'도 제시되었다. 이는 일상사에서 가장 쉽게 실천할 수 있는 요소였다. 거창한 슬로건이나 구호가 아니었다. 2,000만 동포가 3개월간 자발적으로 단연하여 국채 1,300만 원을 갚자는 내용이었다. 누구의 재산이나 재물상 손실을 전혀 주지 않는 가운데 기호품을 절연하자는 '명쾌한' 논리였다. 결심만 하면 누구라도 동참할 수 있었다. 구체적·실천적인 방법으로 단연에 주목한 이유는 위생이나 건강상 폐해 등을 들 수 있다. 그때나 지금이나 건강은 소중한 자산 중 하나였다. 육체적인 노동이 중시된 당시에는 더욱 그러했다. 대다수는 육체적인 노동에 의하여 생활비를 벌었다.

보다 근원적인 요인은 다른 이유에 있었다. 당시 담배는 한국에 이주해온 일본상인들이 폭리를 취하는 대표적인 상품 중 하나였다. 이들은 군수품을 유출하거나 권련을 만들어 시중에 팔아 막대한 이득을 보았다.[36]

35 〈賀學校之鬱興〉《황성신문》 1905년 3월 24일.

36 김형목, 〈대구에서 국채보상운동 깃발을 올리다〉, 앞의 책, 2012.

일본제 담배는 종가세를 20% 부과하는 반면 군수품은 면세품이었다. 군납업자들과 결탁한 일본상인들은 이를 적극적으로 활용하였다. 이는 대구지역은 물론 일본인거류지가 형성된 곳에서는 일반적인 현상이었다. 금연은 일본제품배척운동 성격을 내포하고 있었다. 이는 1920년대 토산품 애용인 물산장려운동으로 계승·발전되었다.

김광제는 국채보상운동의 전국적인 확산에 전념하는 한편 대한협회 창립 초기부터 열성적인 활동을 전개하였다. 전북 전주·군산·임실·부안·김제·금구·함열과 전남 광주·목포·지도 등 호남지역 시찰원으로 파견되었다.[37] 각 지회를 순회하면서 행한 강연은 현지인들로부터 열렬한 찬사를 받았다. 대한협회 호남지역 시찰원으로서 그의 활동은 대단한 성황을 이루었다. 그곳에 설립인가된 지회 대다수는 사실상 그의 영향에 의하여 설립되었다고 해도 과언이 아닐 정도였다.

교남교육회 활동에도 초기부터 매우 적극적이었다. 규칙기초위원·평의원으로서 이 단체 기초를 수립하는데 중추적인 역할을 담당하였다. 김광제는 남형우南亨祐·이근영李根泳 등 5인과 함께 도서부 편술원과 교육부 학무원으로 피선되는 등 막중한 직책을 맡았다.[38] 그는 1908년 4월 15일 교남교육회 임시총회에서 〈교육과 회會의 관계〉라는 제목으로 강연하였다. 대한자강회·대한협회 등 정치사회단체와 대동문우회·교남교육회 등 각종 학회에도 가입·활동하였다.[39] 동시에 기관지·잡지·계몽도서 편찬·발행과 민중계몽을 위한 강연 활동도 활발하게 전개했다.

국채보상운동 소식이 알려지자, 서울에 거주하는 선각자들은 곧바로

37 〈視察과 勸設員〉《황성신문》 1908년 7월 31일.

38 편집부, 〈회중기사〉《교남교육회월보》 1, 교남교육회, 1909, 47~49쪽.

39 김형목, 〈사회활동으로 시세변화를 일깨우다〉, 앞의 책, 2012.

운동 확산을 위한 국채보상기성회를 다음날인 2월 22일에 조직했다. 발기인은 주로 출판이나 약국을 경영하는 계몽론자로서 자본가 계층이었다. 국채보상은 자주적인 독립국가를 수립하는 가장 근본적인 문제로서 각인되는 순간을 맞았다. 이들은 취지서를 통해 국채보상운동의 중요성을 강조하고 나섰다.[40]

4. 국민운동으로서 나눔과 책임 인식

국민운동으로 전개된 국채보상운동은 일제의 탄압으로 외형상 실패하고 말았다. 수수방관적인 일제는 의연금 처리에 적극적으로 참여하려고 노력했다. 대한매일신보사는 1907년 3월부터 이듬해 4월까지 수납한 의연금 총액은 13만 2,980여 원인데, 신문에 발표한 금액은 6만 1,040원에 불과하다는 내용이었다. 다시 말해, 차액 7만여 원을 양기탁이 횡령하였다는 혐의였다. 이는 국채보상운동 진전을 방해하는 동시에 배일적인 대한매일신보사를 파괴하기 위한 고의적이고 악의적인 조작이었다. 이를 계기로 국채보상 모금 분위기는 상당히 위축되는 가운데 사실상 종말을 고하고 말았다. 양기탁은 재판에 회부되어 결국 증거불충분으로 무죄를 선고받았으나 불씨를 되살리기에 역부족이었다.

일진회 등 친일단체를 동원하여 국채보상 모금도 방해하는 등 민족분열정책을 서슴지 않았다. 회장 송병준宋秉畯은 국채보상연합회의소에 나와 "한국이 무슨 재정으로 거액을 모으겠는가. 일찍 스스로 해산하라."라

40 〈국채보상기성회 취지서〉《황성신문》 1907년 2월 25일.

는 망언을 서슴지 않았다.[41] 일진회 기관지인 국민신보사에서 수합한 의연금은 55원에 불과할 정도였다. 나아가 국채보상지원금총합소 소장 윤웅렬 등을 동원하여 베델에게 국채보상금 반환을 청구하고 양기탁에게 횡령 의혹을 추궁하기도 했다.

이후 국채보상운동 지도부는 모금보다 모금액 보관·조사·감독 등에 관심을 쏟게 되었다. 대한매일신보사에 수합된 의연금 중 일부는 미국인 콜브란의 금광주를 매입하거나 외국인 기업에 대여 또는 예금했다. 베델 사망과 콜브란이 귀국한 뒤에는 이 문제를 누구도 언급하지 않았다. 이 문제로 국채보상기성회 총무 오영근이 귀속된 일도 있었다.

1909년 11월 유길준을 회장으로 하는 국채보상금처리회가 조직되었다. 이 단체는 의연금으로 교육사업·식산흥업·은행 설립 등에 사용할 것을 논의하였다.[42] 이듬해 4월 16일에는 전국대표 115명 모여 국채보상금 처리문제를 다루어 토지를 매입하고 증식하여 교육사업에 투자할 것을 결의했다. 이러한 계획도 국권 피탈로 실패하고 말았다. 국채보상처리회 명칭도 1910년 9월 20일 교육기본금관리회로 변경됨으로써 본질에서 일탈되었다. 이해 말에는 국채보상금으로 관리하던 모금액 약 15만 원을 경무총감부에 빼앗기고 말았다.

> 유길준·남궁훈·김주병 등이 관리하던 전 국채보상금처리회는 목하 교육기본금관리회 소관에 속한 보상금 9만여 원은 지난 12일에 그 전부를 총감부로 납입하였고, 전 국채보상금총합소장 윤웅렬·양기탁·박용규·김윤

41 〈靑萍埼笑〉《대한매일신보》 1907년 4월 4일.

42 〈處理會 申請笑〉《대한매일신보》 1910년 1월 22일.

오 · 김린 등의 관리에 관한 보상금 4만 2,000원을 작일부터 전부를 경무총감부 보관에 옮겼다더라.[43]

그밖에 주도세력의 조직적 통일이 이루어지지 못하여 지도논리와 구체적 계획이 부족한 사실은 국채보상운동의 실패한 원인 중 하나로서 지적할 수 있다. 지도층은 분열되었을 뿐만 아니라 모금 자체에만 주목하여 보상방안에 대한 구체적인 계획이 없었다. 이처럼 국채보상운동은 소기의 성과를 거두지 못하고 말았다. 그럼에도 일제의 국권 침탈이 강화되는 시기에 대중운동으로 전개되면서 애국심을 고취하였다. 이와 더불어 항일의식을 일깨우는 등 사회적인 존재로서 인식과 사회적인 책무에 공감한 사실은 역사적인 의의가 아닐까.

20세기에 접어들면서 당대인은 군사적 제국주의가 지나가고 경제적 제국주의가 도래하고 있음을 감지하는 분위기였다. 제국주의 열강은 물론 러일전쟁에서 승기를 잡은 일제는 차관 공세에 전력을 기울이는 형국이었다. 이집트나 베트남 망국사에 대한 관심 고조는 이와 같은 상황과 밀접한 관련성을 지닌다.

어떤 사람이 말하기를 '누가 그 돈을 썼나?' 남이 쓴 거라도 한푼이라도 구경을 했나. 왜 우리에게 물어내라고 하는가. 무슨 돈을 1,300만 원이나 차관하여 모두 어디에 썼는가. 우리들이 추렴하여 물어준다면 재미가 있어 또 자꾸 차관만 하게 되리라. 그 사람의 말이 그럴듯하기는 하나 조금만 생각해보면 잘못 생각하고 있음을 자각하게 된다.[44]

43 〈국채보상금 처분〉《매일신보》1910년 12월 15일.

> 일본이 억지로 빌려준 금액을 한국인들이 의연금으로 상환하려는 일은 희귀한 일이라고 일전의 보도에서 간략하게 말했다. (중략) 일본이 자기를 살찌우려는 욕심이 우리나라 사람을 핍박함이 한층 더하여 날마다 심해지고 있다.[45]

국채는 부패하고 무능한 대한제국 정부와 일제의 유혹 등에 시작된 사실을 지적하는 내용이다. 논자는 차관에 의한 무능한 '식물정부'나 마찬가지인 근본적인 원인을 진단할 만큼 현실 인식이 심화되고 있었다. 자립경제를 통한 국민국가를 건설하려는 실천적인 사회운동으로의 진전은 이후 항일운동을 이끄는 에너지원이었다. 개인보다 사회, 나아가 주권국가로서 유지는 곧 공익을 위한 행위임을 강조했다.

일제의 침략 강화는 배일의식을 새삼 일깨우는 동시에 민족적인 자긍심을 북돋우는 계기였다. 특히 상권을 둘러싼 경제적 불평등은 일상사에서 너무나 빈번한 현실이었다. 일본인 상인이나 자산가 등은 식민당국자의 지원하에 불법적인 행위를 일삼았다. 권력 비호와 거대 자본으로 무장한 이들과 경쟁은 애초부터 상대하기에 거대한 '괴물' 같은 존재였다. 전국 각지에 설립된 금융기관·기업 등의 자본력은 이러한 사실을 그대로 방증한다.[46] 제일은행권 통용은 민족자본 억제와 아울러 토착자본을 수렁으로 내몰았다. '침략의 최전선'에 거의 방치된 상인층의 적극적인 의연금 동참은 이와 맞물려 있었다. 물론 일본인과 결탁하여 자신들 이윤추구에

44 〈국채보상에 대하여 동포에게 경고함〉《대한매일신보》 1907년 2월 28일.

45 〈개량〉《대한매일신보》 1907년 3월 2일.

46 서은영, 〈대한제국시기 민영회사의 설립과 그 성격〉, 경희대학교 사학과 석사학위논문, 1995.

만 매달리는 경우도 적지 않았다.

자발적 · 경쟁적인 의연금 동참은 변화하는 현실을 절감하는 현장이나 마찬가지였다. 동시에 사회구성원으로서 최소한 '사회적인 책무'를 인식하는 순간을 맞았다. 자아 각성은 민족운동 참여로 이어지는 등 역동적인 대응책 모색으로 귀결되었다. 특히 아낙네나 노파 · 주모 · 기생 등은 자신의 존재성을 재발견하는 중요한 계기였다. 타율적 · 소극적인 참여가 아닌 변화에 부응하는 새로운 가치관을 정립 · 견지하는 차원에서 이루어졌다. 이는 경제운동 차원을 넘어 새로운 사회질서를 모색하는 방향으로 진전되었다. 인습이나 잔존한 신분제 철폐와 약자에 대한 인식 변화는 이러한 사실을 그대로 보여준다.

대한제국기 계몽운동 확산은 이와 같은 변화 속에서 이루어졌다. 서울에서 전개된 '공공성'에 입각한 사립학교설립운동이나 야학운동 진전은 이를 방증한다.[47] 국채보상운동은 개인의 사회적인 역할과 현실 인식을 확대 · 심화시키는 기반이었다. 계몽운동 확산에 따른 자발적인 참여는 이와 같은 역사적인 연원에서 가능했다. 스스로 사회구성원이라는 자각은 '존재감'을 크게 드높이는 인식으로 이어졌다.

모금이 시작된 지 5개월 뒤인 1907년 6월까지 모금된 의연금은 27만 원으로 일제 경무고문부는 파악하였다. 이는 당시 모금된 금액이 아니라 약정한 금액까지 포함한 것으로 보인다. 1908년 말 현재 20여 만 원이 모금된 사실에서 유추할 수 있다. 이를 정리하면 〈표 2〉와 같다.

〈표 2〉는 정확한 통계자료는 아니나 대체적인 흐름은 보여준다. 서울은 전체 의연금의 23%를 차지한 반면 함북은 0.5%에도 미치지 못하는 비

47 김형목, 《대한제국기 야학운동》, 경인문화사, 2005, 230~236쪽.

〈표 2〉 1907년 6월 말 현재 국채보상금 모금현황

도명	3~5월 모금액	6월 모금액	계	비고
서울	62,735.080	109.200	62,844.280	
경기	13,916.087	4,412.312	18,328.399	
충북	3,778.625	227.530	4,006.155	
충남	15,669.355	327.835	15,997.190	
전북	6,341.004	1,972.935	8,313.939	
전남	8,408.880	4,149.200	12,558.080	
경북	23,853.031	4,006.559	27,859.590	
경남	20,008.314	1,163.270	21,171.584	
황해	24,286.175	3,862.480	28,148.655	
평남	25,083.185	400.000	25,483.185	
평북	21,277.762	3,539.615	24,817.377	
강원	4,258.515	6,412.870	10,671.385	
함남	10,505.500	799.800	11,305.300	
함북	977.400	207.000	1,184.400	
합계		31,590.606	272,689.519	

출처: 〈경무고문 丸山重俊의 보고서(1907년 8월 22일)〉(독립기념관 소장자료 5-000926-000); 국채보상운동기념사업회, 〈國債報償募集金之件〉《국채보상운동기록물-통감부 문서·경성일보·총독부 기록물》 6, 도서출판 선인, 2019, 40~43쪽.

율이었다. 경북·황해·평남 등은 10%를 상회하였고, 평북과 경남이 그 뒤를 따랐다. 이는 단순한 수치 비교이나 국채보상의연금 모금은 서울과 관서지역·영남지역 등을 중심으로 활발하게 전개된 사실을 파악할 수 있다.

한편 1907년 6월 이후 모금은 크게 진척되지 않았다. 바로 일제의 방해책동 때문이었다. 서울에서 국채보상기성회가 조직되자 통감부 경무총장은 통감 이토 히로부미에게 보고서를 제출하였다.

> 작금 서울에는 국채보상기성회라는 조직을 발기한 사람이 있다. 그 뒤에는 청년회·자강회 등의 단체가 있고, 궁중에서도 암암리에 동정을 보내는

것 같다.《대한매일신보》도 크게 고취하고 있어 일반인 인심은 이를 크게 환영하여 의연금을 내는 자가 많다. 목적은 현 정부가 부담하고 있는 국채 1,300만원을 보상하는데 있다고 표방하나 내용은 국권회복을 의미하는 일종의 배일운동임은 말할 나위도 없다. 도화선은 이보다 앞서 대구에서 유지들이 회합하여 어느 기간 금연회를 조직하여 회원 1인이 1원씩을 거출하여 2,000만 동포에게 미치게 되면 1,300만원 국채는 보상하기 어렵지 않다고 하여 창도하였다.[48]

일제는 국채보상운동이 상동청년회·대한자강회 등 계몽단체에 의하여 움직이는 국권회복운동 일환으로 파악했다. 일제는 자발적인 국채보상운동을 탄압할 명분이 없어 영문판 기관지인《서울프레스Seoul Press》를 통하여 배일운동에서 시작된 이 운동을 비난하였다. 특히 미국인 선교사 등의 사주에 의하여 증폭되고 있다는 악의적인 선전도 마다하지 않았다. 이어 관련단체 지도부에 압력을 가하는 한편 이를 주도하던《대한매일신보》에 대한 탄압을 시도했다. 1907년 10월 15일 주한영국총영사관에 제소하는 등 발행인 베델에 대한 추방공작을 진행하면서 1908년에는 양기탁에게 국채보상금 횡령 혐의로 구속하였다. 이처럼 서울에서 전개된 국채보상운동은 영국과 일본 사이의 외교전쟁으로 치달았다. 제1·2차 영일동맹으로 식민지 '황금분할'에는 동의하였으나 자국민 보호와 국익을 앞두고 이해 관계를 달리했다.

반면 주민들 열의와 달리 활동가들은 이를 제대로 견인하지 못하였다. 일제 탄압이나 회유책에 효과적인 대안을 강구하기는커녕 사실상 속

48 국사편찬위원회,《고종시대사》6, 1972, 590~591쪽.

수무책이었다. 이들은 모금된 의연금을 중앙수금소로 전달하는 데에만 급급할 정도로 안주하고 있었다. 투명한 의연금 관리와 모집을 위한 방안 부재는 당시 상황을 극명하게 보여준다. 광무황제 강제 퇴위와 군대해산에 의한 사회적인 불안감 확산은 추진력을 반감시키는 결정적인 요인이었다. 이는 국채보상운동 분위기를 퇴조시키는 요인 중 하나였다. 1907년 8월 이후 급속하게 부진한 모금 활동은 당시 상황을 이해하는데 주요한 관건 중 하나였다.

5. 맺음말

국채보상운동에 대한 연구는 1948년 유자후의 《이준선생전》 발간을 계기로 시작되었다. 이후 주로 이와 관련된 인물들의 생애를 다루는 가운데 부분적으로 언급되는 수준이었다. 1968년 국사편찬위원회에서 발간한 《한국독립운동사》 1이나 1978년 독립운동사편찬위원회에서 발간한 《독립운동사》 8(문화투쟁사) 등도 극히 개괄적인 수준에서 언급했다. 내재적 역사발전론이 풍미한 시대적인 분위기 등으로 사실과 달리 지나치게 미화함으로 오히려 역사적인 성격을 이해하는데 혼란을 가중시켰다. 물론 박용옥의 여성참여, 최준의 언론활동, 이송희의 국채보상운동 전반에 대한 연구 등은 선구적인 업적으로 주목된다.

1993년 11월 25일 개최된 대구문화방송 창사 30년 기념학술회의는 새로운 분기점이었다. 한국민족운동사연구회 주관으로 개최된 "일제 경제침략과 국채보상운동" 학술회의는 역사학계·사회학계·언론계·경제학계 연구자 등은 다양한 관점에서 국채보상운동의 성격을 규명하였다.

이와 같은 분위기는 1997년 국채보상운동의 90년을 맞아 기념사업회가 출범하는 가운데 그동안 연구 성과를 집대성한 《국채보상운동사》가 단행본 출간으로 이어졌다. 21세기 접어들면서 일부이기 하지만 도道 단위로 하는 사례 연구가 진행되었다.[49]

2007년 국채보상운동 100주년을 맞아 대구광역시는 《국채보상운동 자료집》(전5권)을 발간했다. IMF라는 초유의 사태를 맞아 국채보상운동에 대한 학계는 물론 시민들의 관심도 높아졌다. 역사적인 사실을 규명하는 동시에 국채보상운동정신의 진정한 가치를 모색하는 결정적인 계기를 맞았다. (사)국채보상기념사업회는 국채보상운동기념관 건립과 국채보상운동기록물을 '유네스코 세계기록유산'으로 등재하기 위한 준비에 착수했다. 국제학술회의 개최를 통해 세계인이 공감하는 국채보상운동의 실상을 알리는데 노력을 아끼지 않았다. 결과로 10년이 지난 2017년 10월에 마침내 세계기록유산으로 등재되는 쾌거를 이루었다. 유네스코위원회에 제출된 자료는 2,457점에 달하는 방대한 자료였다. 이를 기념하여 기념사업회는 2017년부터 2021년까지 13권에 달하는 《유네스코 세계유산에 등재된 국채보상운동기록물》을 번역 · 발간하는 성과를 거두었다. 이러한 작

49 김기주, 〈광주 · 전남지방의 국채보상운동〉《전남사학》 10, 1996; 김기주, 〈전북지방의 국채보상운동〉《전북사학》 19 · 20, 1997; 김형목, 〈충남지방 국채보상운동의 전개 양상과 성격〉《한국독립운동사연구》 35, 2010; 김형목, 〈충청북도 국채보상운동의 지역운동사상 위치〉《한국민족운동사연구》 69, 2011; 김형목, 〈강원도 국채보상운동의 전개 양상과 지역운동사에서 위상〉《한국민족운동사연구》 82, 2015; 《충청도 국채보상운동》, 도서출판 선인, 2016; 이형주, 〈전남지방의 국채보상운동〉《호남문화연구》 26, 1998. 국채보상운동기념사업회, 《국채보상운동 연구총서》 11~20, 도서출판 선인, 2021에 출판됨으로 국내외에서 전개된 국채보상운동 전개 양상, 취지서 내용, 의연사례, 주요 인물 등 상당 부분이 밝혀졌다. 서울지역은 경기도의 일부로 언급되어 개괄적인 수준에서 벗어나지 못했다.

업은 계속 진행중이다. 이는 지구촌 시민들과 국채보상운동 정신을 공유하려는 의도에서 비롯되었다. 그동안 인물이나 지역별 사례에 대한 연구도 상당히 친척되었으나 만족할 만한 수준은 아니다. 서울은 북한지역과 마찬가지로 매우 개설적인 수준에서 언급되었을 뿐이다. 국채보상운동 발원지는 대구이나 국민운동으로 전진시키고 이끈 지역은 바로 서울은 사실을 염두에 두어야 한다. 수도이기 때문이 아니라 서울은 국채보상운동을 이끈 '중심축'으로 위대한 기록유신을 남긴 본거지이다. 국채보상기성회나 국채보상연합회의소 조직과 활동 등은 기록물을 통하여 우리에게 생생한 현장을 알려준다.

국채보상운동은 진행과정이 민중 주도의 국가재난극복운동Modern National Disaster overcoming Movement이었다. 과거 보릿고개나 가뭄·홍수 등 자연재해가 발생했을 때 국가는 구휼정책으로 백성을 구제했다. 근대사회 도래와 더불어 이루어진 국채보상운동은 국가가 아닌 민중이 주도한 국가재난극복운동이었다. 민중이 주체가 되고 민중이 주도하여 국가 위기상황에서 국가의 일원으로서 책무를 다한 자발적인 실천은 국채보상운동으로 귀결되었다. 양반·상인·양인·군인·백정·기생·종교인·부인·학생, 걸인·죄수 등 신분 고하를 막론하고 국가의 책무를 다하기 위해 자발적으로 참여한 국채보상운동은 시작과 진행과정 자체가 구국운동이며 재난극복의 과정이다. 국채를 갚기 위한 의연금 모금활동에서 신분과 성별, 지역의 경계는 자연스럽게 허물어졌다. 민중이 주체라는 것은 공개적인 의연금 기탁형식으로 공식화되었다. 의연금 모금활동의 참여자가 바로 국채보상운동의 주체가 되고 참여하는 과정이 바로 민족통합과정으로 볼 수 있다. 근대적 개혁·재난극복·참여·민족통합이라는 큰 틀 속에서 스스로 구국운동에 참여함으로 사회적인 책무를 자각하였다. 사회적인 공공성에 입각한 대한제국기나 일제강점기 민족운동의 진전은 이러한 역사적인 배경에서 가능할 수 있었다.

한편 국채보상운동은 권고·격려·논설·포고·연설·광고·의연 등 전 과정에서 기록화되었다. 의연금 명단은 국가위기를 극복하기 위한 근대 국민참여기록물modern national participation record로서 역사적 의미를 지닌다. 전개과정에서 민족 전체가 '구국'을 위해 참여하는 가운데 이전과 전혀 다른 인식과 제도의 틀을 뛰어넘었다. 국민은 참여자와 주체가 되어 의연금 모금 참여를 명분화·공식화되었다. 명분화 과정도 국민 전체를 대상으로 시도되고 공지되는 등 국민참여기록물 그 자체였다. 이와 같은 부단한 노력과 열정은 세계인이 공감하는 세계기록유산으로 자리매김하게 되었다. 서울지역 국채보상운동은 이러한 관점에서 더욱 조명되어야 마땅하다.

국채보상운동 참여는 신분 고하를 막론하고 '자기존재성'을 일깨우는 생활현장이었다. 1907년 당대를 달군 '뜨거운 감자'는 바로 국채에 대한 소식이었다. 이는 자발적이고 경쟁적인 모금대열에 참여하였다. 참여를 통한 소중한 체험은 현실인식 심화로 귀결되었다. 민중은 사회적인 존재감을 자각하는 가운데 사회적인 책무를 자각하였다. 대한제국기는 물론 일제강점기 사회적인 공공성에 입각한 민족운동 전개는 이러한 경험의 소산물이었다.

찾아보기

ㅁ

ㅂ

ㅅ

ㅇ

ㅈ

서울역사중점연구 15

서울의 국채보상운동

발행인 서울역사편찬원장 이상배
발행처 서울역사편찬원(history.seoul.go.kr)
서울특별시 송파구 올림픽로 424 올림픽공원 내(전화 02-413-9622)
기획 · 편집 박명호(시사편찬과장), 김웅호, 김윤정
발행일 2023년 6월 30일
판매가 10,000원
편집 · 인쇄 ANPR(전화 031-955-9202)

발간등록번호 51-6113542-000089-01
ISBN 979-11-6071-159-2
979-11-6071-023-6 (세트)